THE MEMOIRS OF VICTOR HUGO

维克多·雨果回忆录

[法]维克多·雨果 著　高稳 译

1823　1871

图书在版编目（CIP）数据

维克多·雨果回忆录 /(法) 维克多·雨果著 ; 高稳译. -- 北京 : 华文出版社, 2020.9
（华文全球史）
ISBN 978-7-5075-5334-5

Ⅰ.①维… Ⅱ.①维… ②高… Ⅲ.①雨果(Hugo, Victor 1802-1885) — 回忆录 Ⅳ.①K835.655.6

中国版本图书馆CIP数据核字(2020)第137984号

维克多·雨果回忆录

作　　者：	[法] 维克多·雨果
译　　者：	高稳
选题策划：	
插图供应：	18629596618
责任编辑：	戴明敏　毛娟
出版发行：	华文出版社
社　　址：	北京市西城区广外大街305号8区2号楼
邮政编码：	100055
网　　址：	http：//www.hwcbs.com.cn
电　　话：	总编室010—58336239
	发行部010—58336212
经　　销：	新华书店
印　　刷：	三河市国英印务有限公司
开　　本：	710×1000　1/16
印　　张：	23.25
字　　数：	265千字
版　　次：	2020年9月第1版
印　　次：	2020年9月第1次印刷
标准书号：	ISBN 978-7-5075-5334-5
定　　价：	98.00元

版权所有　侵权必究

出版前言

随着中国开放的大门越开越大,关注世界各国尤其是西方国家文明的源流、发展和未来已经成为当下世界史研究的一个热点,为了成系统地推出一套强调"史源性"且在现有世界史出版物中具有拾遗补阙价值的作品,我们经过认真论证,推出了"华文全球史"系列,首次出版约为一百个品种。

"华文全球史"系列从书目选择到人名地名的规范,从书稿中图片的采用到译者的确定,都有比较严格的遴选规定、编审要求和成稿检查,目的就是要奉献给读者一套具有学术性、权威性的高质量的世界史系列图书。

书目的选择。本系列图书重视世界史学科建设,视角宽阔,层级明晰,数量均衡,有所突出。计划出版的华文全球史中,既有通史,也有专题史,还有回忆录,基本上是世界历史著作中的上乘之作,填补了国内同类作品出版的空白。

人名地名规范。本系列图书中人名地名,译名规范,重视专业性。同时,在人名翻译方面,我们坚持"姓名皆全"的原则,加大考据力度,从而实现了有姓必有名,有名必有姓,方便了读者的使用。另外,在注释方面,书中既有原书注,完整地保留了原著中的注释;也有译者注,体现了译者的研究性成果。

书中的插图。本系列图书的一个重要特征是书中都有功能性插图,这些插图全方位、多层次、宽视角反映当时重大历史事件,或与事件的场景密切相关,涉及政治、军事、经济、社会、外交、人物、地理、民俗、生活等方面的绘画作品与摄影作品。功能性插图与文字结合,赋予文字视觉的艺术,增加了文字的内涵。

译者的确定。本系列图书的翻译主要凭借的是一个以大学教师为主的翻译团队，团队中不乏知名教授和相关领域的资深人士。他们治学严谨，译笔优美，为确保质量奉献良多。

"华文全球史"系列作为一套具有较高学术价值的优秀的世界历史丛书，对增加读者的知识，开阔读者的视野，具有积极的意义。同时要看到，一方面很多西方历史学家的观点符合事实，另一方面不少西方历史学家的观点是错误的，对于这些，我们希望读者不要不加分析地全盘接受或全盘否定，而是要批判地吸收外国文化中有益的东西。

华文出版社

2019年8月

序　言

这卷回忆录具有历史性和个人性。19世纪的生活与维克多·雨果的经历息息相关。据维克多·雨果在回忆录中的详细阐述，我们可以了解那些事对他的思想产生的影响。在回忆录呈现的所有人物中，维克多·雨果无疑最能引起读者的兴趣。伦勃朗·哈尔曼松·凡·莱因①的画中总有两个人物——一个是模特，另一个是他自身。维克多·雨果的叙述也具有同样的特点——即讲述了他那个时代发生的事情，也讲述了自身的经历。

这部回忆录不是一部按时间顺序撰写的日志，也不是一部连续性自传。与日志相比，回忆录记录的事情太少。与自传相比，回忆录涉及的内容又太多。这部作品比日志和自传更胜一筹，有点像杂乱无章的编年史，只讲述了异乎寻常的暴力事件和突发事件，避免了冗长又令人厌烦的细节描述。维克多·雨果漫长又多变的一生经历丰富——文学和政治、宫廷和民间、议会和剧院、斗争和失望、流放和胜利。因此，这部作品为我们展示了一系列多样的画面。

按下来，我们来快速浏览一下维克多·雨果的"画廊"。

首先，1825年，查理十世的加冕仪式在兰斯举行。这是对复辟时期饶有趣味的漫谈。加冕仪式的显赫因执行者的低俗品位大打折扣。他们毫不犹豫地毁掉教堂墙上的绝妙雕像，用纸板做的哥特式装饰"点缀"这座简朴的大教堂。19世纪和

---

① 伦勃朗·哈尔曼松·凡·莱因，荷兰画家和版画师，被认为是艺术史上最伟大的视觉艺术家之一，也是荷兰艺术史上最重要的艺术家之一。与17世纪的大多数荷兰大师不同，伦勃朗的作品从肖像和自我的角度描述了广泛的风格和主题。——译者注（本书中除原注外，均为译者注，不再另行说明）

作者一样，还不够成熟。对某些情况，当时的人们并不了解，维克多·雨果也无从知晓。当时，最有学问的人对文学著作的了解少得令人难以置信。譬如，让-夏尔·伊曼纽尔·诺迪埃①从未读过《歌谣集》，而维克多·雨果对威廉·莎士比亚的作品也知之甚少。

在开始进行文学创作时，维克多·雨果主要写诗歌。他完全沉浸在自己的创造性想象和文学作品中。诗歌为他的《熙德》和《艾那尼》提供了暴风雨般表演的舞台；诗歌是他的演员群——玛尔斯小姐、玛格丽特·乔治斯、弗雷德里克·勒迈特和天赋更高的法兰西的基恩·埃德蒙；诗歌是一个有不同圈子的学术院。

大概在同一时间，维克多·雨果急迫地询问一个目睹路易十六被处决的行人，还向一个护送拿破仑·波拿巴从厄尔巴岛返回巴黎的军官打探消息。终于，他得到了需要的相关信息。

然后，在"真实的幻象"中，维克多·雨果的最佳风格得以展现。用哈姆雷特的话说，这就是用"心灵的眼睛"去看事物。"陋舍"部分将引起人们的注意。因为它与埃德加·爱伦·坡②作品中的一些描述类似。不过，埃德加·爱伦·坡的作品被引入法兰西前，维克多·雨果就创作了"陋舍"。

在"狱中的爱"中，维克多·雨果探讨了社会问题。因为他更感兴趣的是社会问题，而非政治问题。然而，从进入贵族院开始，维克多·雨果就进入了公共生活。他扩大了自己的活动范围，经常出入杜伊勒里宫。路易·腓力一世喜欢给人讲自己的故事，寻求像维克多·雨果这样重要人物的理解和陪伴，而且全然信任他。维克多·雨果亲切又真诚地描绘了友善且智慧的路易·腓力一世，有些迷人且智慧庄重又可爱的奥尔良公爵夫人③和活蹦乱跳、和蔼可亲的亲王们，描绘了平凡、家庭式的宫廷生活。

---

① 让-夏尔·伊曼纽尔·诺迪埃，法兰西小说家和诗人，也是浪漫主义文学运动的代表人物之一。他把幻想场景、哥特式文学和吸血鬼故事介绍给了年轻一代的浪漫主义者。他与梦有关的作品影响了后来的杰拉德·德·内尔瓦尔的作品。
② 埃德加·爱伦·坡，美国诗人、小说家、编辑兼文学评论家，以诗歌和短篇小说，特别是他的神秘故事和恐怖故事而闻名。他被公认是美国浪漫主义和美国文学的中心人物，是美国浪漫主义思潮时期的重要成员。
③ 即梅克伦堡-什未林的海伦，路易·腓力一世的儿媳，奥尔良公爵斐迪南·腓力的妻子，也是巴黎伯爵腓力亲王的母亲。

然而，局势越来越紧张。自1846年起，法兰西新贵族注意到王权岌岌可危。1848年，革命爆发。维克多·雨果逐时叙述1848年2月3日发生的事。这些文字令人心惊。维克多·雨果不仅是旁观者，还是参与者。他走上街头向人民发表演讲，试图阻止骚乱。他有充分理由相信，建立共和政体的时机还不成熟。在巴士底广场，在逐渐发展的圣安托万郊区，他勇敢地宣告采取摄政统治。

1848年6月，苦难引起了可怕的起义。对共和政体来说，这是致命的一击。

1848年是群情激愤的一年。到处都充满了激情。暴力的人们和悲剧性事件随处可见。巷战发生后，"国民议会"开始进行激烈的辩论。维克多·雨果参与了这场激烈论战。我们和他一起见证了论战场景。他向我们指出了其中的主要参与者。维克多·雨果对国民议会中人物的"素描"最能充分展示"活灵活现勾勒人物"的真正意义。奥迪隆·巴罗、尼古拉·阿内·忒阿杜勒·尚加尼耶、皮埃尔-约瑟夫·蒲鲁东、路易·奥古斯特·布朗基、阿尔方斯·德·拉马丁和阿道夫·梯也尔来来往往，谈笑风生。他们都是活灵活现的人物。

最令人好奇的人物是夏尔-路易·拿破仑·波拿巴。当抵达巴黎担任法兰西第二共和国总统时，他拘谨、做作、可笑，不被共和党人信任并被保皇党嘲笑。最能激发人们联想和兴趣的就是他在爱丽舍宫担任总统后举办的第一次正式晚宴，还有他与将会被他流放近二十年的维克多·雨果——《小拿破仑》的作者——当时的受邀嘉宾之间最初相处的融洽关系。

接着，是被维克多·雨果称为"凶年"的部分。"凶年"时，巴黎被围困。这部分内容是便笺、私人笔记和个人日记的摘录，由日复一日的点滴记录组成。也就是说，这些札记并未叙述巴黎围困的相关事件，而是讲述一些新内容。譬如，重大事件的细节，日常生活的小事，向城市发射炮弹的数量及成本，寒冷程度，供给品的价格，人们说什么、唱什么、吃什么等。这些札记展示了巴黎人的心理状态——幻想、反叛、愤怒、痛苦和欢乐。因为在漫长的几个月里，巴黎人从未放弃希望，而是保持着乐观的心态并充满勇气。

在波尔多举行国民议会期间，维克多·雨果的日记中充斥着痛苦。法兰西不仅被征服，还四分五裂。征服者索要一大笔赎金。这是征服者的权利，也是强者的权利。征服者还夺走了法兰西两个省和忠于国家的居民。文明倒退到了野蛮状态，国民议会同意签署《法兰克福条约》。因此，维克多·雨果愤而退出国民议会。三天后，他看到长子夏尔·雨果因巴黎受困缺乏必需品而死。他的父爱和对国家的爱同时受到沉重打击。在充满痛苦的记录里，人们能更清楚地看到，这是一部真实的历史写照。

保罗·莫里斯

目 录

第 1 章　在兰斯（1823—1838） ································· 001

第 2 章　见闻录 ··· 023

　　第 1 节　处决路易十六 ···································· 023

　　第 2 节　1815 年 3 月 20 日拿破仑·波拿巴返回巴黎 ············ 030

第 3 章　真实的幻象 ··· 033

　　第 1 节　陋 屋 ·· 033

　　第 2 节　圣多明戈的叛乱 ································· 037

　　第 3 节　1847 年 9 月 6 日的梦 ····························· 040

　　第 4 节　带盾徽的挂毯 ··································· 041

　　第 5 节　1841 年 5 月 29 日发现雏菊 ························ 043

第 4 章　剧 院 ··· 045

　　第 1 节　1830 年 3 月 7 日午夜应若阿尼邀请参加晚宴 ·········· 045

　　第 2 节　玛尔斯小姐患病 ································· 046

第 3 节	弗雷德里克·勒迈特	046
第 4 节	1846 年 9 月，喜剧院	048
第 5 节	玛格丽特·乔治斯	049
第 6 节	活人舞台造型	053

第 5 章 法兰西学术院 … 055

第 1 节	1843 年 11 月 23 日的会议	055
第 2 节	1844 年 10 月 8 日的见闻	056
第 3 节	1845 年的会议	056

第 6 章 法兰西学术院院士选举会议 … 059

第 1 节	1847 年 2 月 11 日的会议	059
第 2 节	1847 年 3 月 16 日的见闻	061
第 3 节	1847 年 4 月 22 日的见闻	061
第 4 节	1847 年 10 月 4 日的见闻	061
第 5 节	法兰西学术院的讨论	062
第 6 节	1850 年 3 月 26 日的见闻	065
第 7 节	1850 年 3 月 28 日的选举会议	065

第 7 章 狱中的爱 … 067

第 1 节	狱中传递爱	067
第 2 节	爱情的内蕴	070
第 3 节	女囚的悲剧	077
第 4 节	堕 落	079
第 5 节	爱的力量	080

第 8 章　杜伊勒里宫（1844—1848） · 083
- 第 1 节　国　王 · 083
- 第 2 节　奥尔良公爵夫人 · 113
- 第 3 节　1847 年的王子们 · 120

第 9 章　上议院 · 133

第 10 章　1848 年革命 · 143
- 第 1 节　二月的几天 · 143
- 第 2 节　驱逐和逃亡 · 181
- 第 3 节　流亡期间的路易·腓力一世 · 183
- 第 4 节　热罗姆一世 · 187
- 第 5 节　1848 年 6 月的几天 · 192
- 第 6 节　弗朗索瓦-勒内·德·夏多布里昂 · 198
- 第 7 节　国民大会对 6 月那几天的辩论 · 202

第 11 章　1849 年 · 209
- 第 1 节　冬季花园 · 209
- 第 2 节　杀害布雷亚将军的凶手 · 212
- 第 3 节　安托南-马里·穆瓦纳自杀 · 216
- 第 4 节　参观老上议院 · 219

第 12 章　下议院人物素描 · 221
- 第 1 节　罗迪隆·巴罗 · 221
- 第 2 节　阿道夫·梯也尔 · 221
- 第 3 节　朱尔斯·阿尔芒·迪福尔 · 222

- 第 4 节　尼古拉·阿内·忒阿杜勒·尚加尼耶 …… 223
- 第 5 节　弗雷德里克·德·拉格朗日 …… 224
- 第 6 节　皮埃尔–约瑟夫·蒲鲁东 …… 224
- 第 7 节　路易·奥古斯特·布朗基 …… 226
- 第 8 节　阿尔方斯·德·拉马丁 …… 227
- 第 9 节　亨利·乔治·布莱·德·拉·默尔特 …… 228
- 第 10 节　安德烈·马里耶·让·雅克·迪潘 …… 229

第 13 章　夏尔–路易·拿破仑·波拿巴 …… 231
- 第 1 节　初次亮相 …… 231
- 第 2 节　夏尔–路易·拿破仑·波拿巴就任总统 …… 234
- 第 3 节　第一次官方晚宴 …… 238
- 第 4 节　第一个月 …… 247
- 第 5 节　摸索前进 …… 250

第 14 章　围困巴黎之日记摘录 …… 255

第 15 章　在波尔多召开的下议院之日记摘录 …… 317

译名对照表 …… 333

第1章

在兰斯

（1823—1838）

  1825年，在兰斯，经夏尔·诺迪埃介绍，我第一次听说威廉·莎士比亚的名字。这时，正是查理十世加冕期间。

  1825年，没有人很认真地谈论威廉·莎士比亚。伏尔泰对威廉·莎士比亚的嘲笑像律法限定着人们的思想一样。杰曼·德·斯塔尔夫人已经接受伊曼努尔·康德、弗里德里希·席勒和路德维希·冯·贝多芬等伟大人物诞生的土地——德意志。让-弗朗索瓦·迪西正处于创作巅峰时期，在学术方面获得的荣誉可与雅克·德利尔比肩，在戏剧界获得的荣耀与雅克·德利尔不相上下。让-弗朗索瓦·迪西成功地翻译了威廉·莎士比亚的一些作品，使它们能被人们接受。他吸取了威廉·莎士比亚作品中的"悲剧色彩"。人们认为他能从莫洛克[①]身上塑造出阿波罗。那时，伊阿古[②]被称作"佩扎雷"，霍雷肖[③]被称作"诺西斯特"，苔丝德蒙娜被称作"赫德尔蒙"。迪拉斯公爵夫人克莱尔迷人且机智。她常说："苔丝德蒙娜，多难听的名字啊！呸！"丹麦王子扮演者穿着一件带毛皮的淡紫色绸缎短袍，常叫道："滚开！可怕的幽灵！"事实上，只有在幕后，人们才能容忍这个可怜的幽灵。幽灵如果敢冒险露头，就会遭到埃瓦里斯特·迪穆兰的严厉责骂，某个叫热南或者别的什么人就会顺手抓起鹅卵

[①] 莫洛克是古代腓尼基人信奉的火神，将儿童作为祭品。
[②] 伊阿古是威廉·莎士比亚作品《奥赛罗》中的人物。
[③] 霍雷肖是威廉·莎士比亚作品《哈姆雷特》中的人物。

查理十世

伏尔泰

杰曼·德·斯塔尔夫人

伊曼努尔·康德

弗里德里希·席勒

路德维希·冯·贝多芬

让-弗朗索瓦·迪西

雅克·德利尔

石砸它——用尼古拉·布瓦洛的话说就是：精神绝对不会被不相信的东西撼动。在舞台上，幽灵被丹麦王子扮演者胳膊下夹着的"骨灰盒"取代。幽灵是荒谬的，"骨灰"就是这种风格！人们不是还在谈起拿破仑·波拿巴的"骨灰"吗？把棺材从圣赫勒拿岛转到荣军院难道不是暗指"骨灰归来"吗？《麦克白》中的女巫被严令禁止出现。法兰西剧院的看门人接到命令，但可能对接到的命令完全置之不理。不过，不能说我之前没听说过莎士比亚。因为我和其他人一样，都听说过莎士比亚，只是没有读过他的作品，也嘲笑过他。我的童年，就像所有人的童年一样，从一开始就带着偏见。一个人的偏见在孩童时便已存在，在职业生涯中会被减弱，而常在年老时复归。

1825年的这段旅程中，为了消磨时光，我和夏尔·诺迪埃相互讲述植根于兰斯的哥特式故事和传奇爱情故事。我们的记忆有时会结合想象。因此，我们讲的故事都带有传奇色彩。兰斯最可能出现传奇故事。异教徒的领主们曾经住在兰斯，其中有人把玻里斯提尼斯中被称为"阿喀琉斯的跑道"的小片狭长地带作为女儿的嫁

拿破仑的骨灰安放在荣军院

妆。在故事集①中，吉耶纳公爵途经兰斯围攻巴比伦。巴比伦是海军上将戈迪修斯的首府，重要性与兰斯不相上下。正是在兰斯，由欧佐拉伊洛克里②派出的代表团，到提亚纳的阿波罗尼奥斯③的"贝洛娜大祭司"④"登陆"。在讨论贝洛娜大祭司登陆时，我们就欧佐拉伊洛克里的问题进行了争论。据夏尔·诺迪埃说，因为欧佐拉伊洛克里人是没有完全进化的人，所以被称为"猫人"。不过，据我所知，这是因为他们住在福基斯沼泽地。我们在现场重新描述了圣雷米吉乌斯传说和他在仙女迷宫里的奇遇。香槟之乡有很多传说，几乎所有古老的高卢寓言都源自兰斯，兰斯是幻想之地。也许正因为这个原因，国王们才在兰斯举行加冕仪式。

提亚纳的阿波罗尼奥斯

① 12世纪到13世纪法兰西流行的世俗滑稽故事。
② 是古希腊的一个地区，居住在那里的一个部落的人叫欧佐拉伊洛克里人。
③ 阿波罗尼奥斯是一位希腊新教徒哲学家，来自罗马安纳托利亚的卡帕多西亚的提亚纳镇。
④ 贝洛娜是古罗马的战神。她的主要特征是戴在头上的军帽。她经常手持剑、矛或盾牌，在乘坐四马战车参加战斗时挥舞火把或鞭子。

传奇故事以兰斯——一块幻想之地——为背景再自然不过，因此，查理十世加冕仪式的故事立即在兰斯萌芽。诺森伯兰公爵休·珀西代表英格兰参加加冕仪式。据说，他非常富有。他是富人，又是英格兰人，怎么可能不受欢迎呢？那时，英格兰人虽然不受普通民众的欢迎，但在法兰西上流社会很受欢迎。某些沙龙推崇英格兰人是因为最近的滑铁卢战役，而且极其推崇法语英语化。因此，诺森伯兰公爵休·珀西还没到兰斯，就已经被大家所知。兰斯传播着他富有传奇色彩的故事。对兰斯来说，加冕典礼是天赐之福。大批富人如潮水般涌入兰斯，就像尼罗河河水一样源源不断地涌入兰斯。房主们翘首以待，期盼着客人们的到来。

　　1825年，在一条通往广场街道拐角，有一栋很大的石头房子，房子有一个马车入口和一个按路易十四皇家风格砌成的阳台，阳台面朝大教堂。下面是关于这栋房子和诺森伯兰公爵休·珀西的故事：

　　1825年1月，房子的阳台上贴了启事"出售"。法兰西《环球箴言报》随即宣布查理十世的加冕典礼将于1825年春季在兰斯举行。城里的人们欢欣鼓舞，出租房间的启事随处可见。最差的房间租价每天至少也要六十法郎。有天早上，一个穿着考究的黑衣人打着白色领结，说着一口蹩脚法语，出现在这栋房子里。他是一个英格兰人。他看着房子的房主，房主仔细地打量着他。

　　英格兰人问道："你想卖房子吗？"

　　"是的。"

　　"多少钱？"

　　"一万法郎。"

　　"不过，我不想买它。"

　　"那你想做什么？"

　　"只是想租用。"

　　"那就另当别论了。租一年吗？"

　　"六个月吗？"

　　"不是。我想租三天。"

　　"啊！"

"租金多少？"

"三万法郎。"

这个穿着考究的英格兰人就是诺森伯兰公爵休·珀西的管家。他正在为主人寻找参加加冕仪式的临时住所。房主察觉这个人是英格兰人，因此，猜到了他的主人便是诺森伯兰公爵休·珀西。管家对房子很满意，房主也坚持自己的要价。因为诺森伯兰公爵休·珀西是诺曼人后裔，所以他接受了房主的租金价格。诺森伯兰公爵休·珀西付了三万法郎，在房子里住了三天，每小时的租金为四百法郎。

我和夏尔·诺迪埃都是探险家。我们偶尔一起旅行时，会各自探索喜爱的东西。他会寻找珍藏本，我会寻找遗址废墟。他会因为得到一部完好的《钦巴龙丘》欣喜若狂，而我会为找到一个破损的门而狂喜。我们将对方比喻为魔鬼。他对我说："你被恶魔奥吉夫附体了。"我回答："你被恶魔埃尔策菲尔①控制了。"

在苏瓦松，我在探索圣让德威尼斯时，夏尔·诺迪埃在郊区遇到了一个拾荒者。虽然拾荒者的篮子里是破布片和废纸，但拾荒者是乞丐和哲学家的桥梁。夏尔·诺迪埃捐助乞讨者，有时候也捐助善于思考的人。这时，他进入拾荒者的家。拾荒者本是个书商，夏尔·诺迪埃从他的书堆中看到一本很厚的书。这本书大概有六百或八百页，是西班牙语版本，每页分两栏。这本书被严重虫蛀，底部的封面也缺失了。夏尔·诺迪埃问拾荒者这本书的价格。拾荒者颤抖着答道："五法郎。"他唯恐遭到拒绝。夏尔·诺迪埃同样颤抖着付了五法郎，但内心充满喜悦。这本书是《歌谣集》全集。现在在市面上，这个版本的完整本只有三本。几年前，有一本售价七千五百法郎。这个版本仅存的三本正迅速被虫蛀。为贵族供应图书的人不愿花钱去印制新版本以保存人类智慧遗产。因此，就像《伊利亚特》一样，《歌谣集》未曾再版。

查理十世加冕的三天里，兰斯的街道上、大主教邸宅和沿韦德尔河的大道上都挤满了人。他们渴望一睹查理十世的尊容。我对夏尔·诺迪埃说："我们去看看大教堂吧。"

兰斯以哥特式基督教艺术闻名于世。人们在谈论教堂时常说："亚眠的中殿，

---

① 洋娃娃制造者埃尔策菲尔是《血魔传奇：凯恩的遗产》中的一个次要角色。他是血魔传奇事件中的一个小人类巫师，对灵魂有一定的控制力。埃尔策菲尔偷走了威伦多夫公主的灵魂，把它囚禁在一个粗制的洋娃娃里。

诺森伯兰公爵休·珀西

路易十四

查理十世加冕

沙特尔的钟楼，兰斯的教堂外观。"查理十世加冕前一个月，一群石匠爬上梯子，攀着绳子，花了一星期时间用锤子把教堂正面墙上雕像突出的地方敲了一遍，以免石头从浮雕上脱落砸在国王头上。敲下的碎片散落在人行道上，随后被扫走。在很长一段时间里，我一直保有一个被敲下的基督头像。不过，1851年，头像被偷走了。这个头像很不幸，先是因为一个国王被打落，后来又在我流亡途中被弄丢。

夏尔·诺迪埃是个令人敬佩的文物研究者。大教堂里面到处是脚手架、彩绘风景画和舞台侧灯。我们把整个教堂探索了一遍。中殿仅由石头砌成。石匠们用一大块硬纸板盖住中殿。毋庸置疑，这是因为纸板建筑与当时的君主制更加相似。为了查理十世的加冕仪式，他们把一座教堂变成一个剧院。从此，人们看到教堂就不由得想到了剧院。因此，刚到教堂门口，我就问当值的警卫："我的包厢在哪里？"

兰斯大教堂是所有大教堂中最美的。在教堂正面，雕刻的是国王们，在半圆壁龛上，雕刻的是被刽子手施以酷刑的人们。教堂正面墙上的画像是不和谐的音符奏出的最惊人的交响乐之一。很久以来，人们梦想着一睹这个以宗教主题为主的教堂画面。从广场仰望，高度令人目眩。在两座塔的底部，有一排巨大的雕像代表着法兰西国王们。他们手里拿着权杖、宝剑、赦免权杖和地球仪，头上还戴着古色古香的、镶着耀眼宝石的冠冕。场景壮丽辉煌又阴森可怖。推开敲钟人的门，爬上蜿蜒的楼梯——"圣吉尔斯的螺旋楼梯"，来到塔楼上祷告的高台。往下看去，雕像就在下面。映入视野的是一排排国王，好像要冲进无底深渊，钟声的低语随空中微风的轻吻而颤动。

一天，我从塔顶透过教堂斜面窗洞往下面看，整个教堂映入眼帘。顺着教堂朝下看去，看到一个长长的石头支架。支架的形状模糊不清，看起来像是一个圆盆状的东西。雨水在那里聚集，在底部形成了一面狭窄的镜子，还有一簇开了花的小草和一个燕子搭的窝。在直径只有两英尺①的空间里，有一片湖、一个花园和一块栖息地——一个小鸟的天堂。我看着燕子给雏儿喂水。在盆地边上，有个地方看起来像枪眼，燕子就在那里筑巢。我仔细查看这些鸢尾状的垛口。石头支架像一尊雕像。这个快乐的小世界是一个老国王的石头王冠。如果有人问上帝："这个叫洛塔里奥

---

① 英尺，英制长度单位，一英尺约合零点三零五米。

的、叫腓力的、叫查理的、叫路易的皇帝或国王有什么用？"上帝也许会答道："他成就了这尊雕像，还为燕子提供了住处。"

查理十世的加冕仪式如期进行，此处不再赘述。对1825年5月29日加冕仪式的回忆已有人讲过，而且比我讲得更详细。

我只想说这是个光芒四射的日子，上帝似乎赞成这场庆典。阳光透过透明的长窗——因为兰斯已经没有彩色玻璃窗——洒进教堂。阳光洒在大主教身上，祭坛上也洒满阳光。查理十世的内务大臣洛里斯东元帅雅克·亚历山大·伯纳德·劳为阳光

雅克·亚历山大·伯纳德·劳

雅克·伊尼亚斯·希托夫

欢欣鼓舞。他忙得不可开交,与建筑师让-弗朗索瓦-约瑟夫·勒库安特和雅克·伊尼亚斯·希托夫不时低声交谈。晴朗的早晨使人们有说"加冕的太阳"的机会,就像人们过去常说的"奥斯特利茨的太阳"[①]一样。在灿烂的阳光下,很多灯和蜡烛努力发出一束束光。

---

① 1805年,拿破仑·波拿巴于奥斯特利茨击溃俄奥联军。当时,阳光明媚,这样的天气对作战有一定帮助。因而,奥斯特利茨的太阳是指非常适宜的天气。

不一会儿，查理十世穿着一件樱桃色的、镶着金条纹的长袍，匍匐在大主教脚边。法兰西贵族站右边，身着绣着金线，用羽毛装饰的亨利四世风格的，由天鹅绒和白色鼬皮做成的长袍。代表们站在左边，穿着蓝色的礼服，领子上绣着银色鸢尾。

教堂见证过各种情况：枢机主教们的教皇祝福，其中的一些主教见证过拿破仑·波拿巴的加冕仪式；元帅们的胜利；法兰西王储昂古莱姆公爵①的遗传特征；跛

法兰西王储昂古莱姆公爵

---

① 昂古莱姆公爵，是法兰西国王查理十世的长子。1830年七月革命期间，由于父亲退位，他实际上当法兰西和纳瓦拉国王不到二十分钟。

夏尔·莫里斯·德·塔列朗-佩里戈尔

脚但能走动的夏尔·莫里斯·德·塔列朗-佩里戈尔先生的满足；约瑟夫·德·维莱勒家族的兴衰；放飞的鸟儿带来的喜悦；四个信使扮演扑克牌中的大小王。

从大教堂一端到另一端的旧石板上铺着一条巨大的特制"加冕地毯"，地毯上绣着鸢尾，盖住了石板地面上的碑石。浓郁的香烟充斥在教堂中。放飞的鸟儿在这片烟云中飞来飞去。

查理十世换了六七次服装。奥尔良公爵路易·腓力——即后来的路易·腓力一世帮他更换服装。五岁的波尔多公爵亨利·达托瓦——即后来的香波伯爵亨利坐在查理十世旁边的座位上。

我和夏尔·诺迪埃与代表们坐在长椅上。当加冕仪式进行到一半,查理十世俯伏在大主教脚边时,一个来自杜省的代表——埃莫宁先生转向旁边的夏尔·诺迪埃。他把手指放在嘴唇上,表示不想打扰大主教的祈祷,顺手把一本书塞到我朋友手里。夏尔·诺迪埃接过书并瞥了一眼。

奥尔良公爵路易·腓力

我低声问:"什么东西?"

他答道:"没什么珍贵的,只是一卷残缺不全的格拉斯哥版的威廉·莎士比亚的作品。"

教堂的一个挂毯就挂在我们对面,挂毯上的图案是约翰·雷克兰和腓力·奥古斯都的一次不太重要的会面。夏尔·诺迪埃翻了几分钟书,然后指着挂毯说:

"看到那个挂毯了吗?"

"看到了。"

"您知道它的内容是什么?"

"不知道。"

"约翰·雷克兰。"

"那又如何?"

"约翰·雷克兰也在这本书里。"

这本书由羊皮装订,书角已磨损。这是一本《约翰王》。

埃莫宁先生对夏尔·诺迪埃说:"买它时,我花了六苏。"①

1825年5月29日晚,诺森伯兰公爵休·珀西举办了一场舞会。这是一场壮观的、童话般的舞会。这个《天方夜谭》的使者给兰斯带来了一个天方夜谭般的夜晚。每个参加舞会的女士都在自己的花束里发现了一颗钻石。

我不会跳舞。夏尔·诺迪埃自十六岁起就没跳过舞,因为当时有个老妇人看到他的舞蹈看得入迷,并且赞扬他:"你很迷人,跳舞就像旋转的车轮!……"因此,我们没参加诺森伯兰公爵休·珀西举办的舞会。

我问夏尔·诺迪埃:"我们今晚做什么?"

他举起那本残缺不全的书答道:

"我们读这本书吧。"

于是,我们当晚读了那本书。

换句话说,是夏尔·诺迪埃读了那本书。虽然我觉得他不会说英语,但他应该能读懂书中内容。他大声朗诵,边读边翻译。在他休息的间隙,我把从苏瓦松的拾

---

① 苏是法兰西原辅助货币,一法郎相当于二十苏。

荒者那里买的《歌谣集》拿出来读了几段。像夏尔·诺迪埃一样,我也边读边翻译。我们比较他那本书中的英语和我这本书的西班牙语并比较戏剧与史诗。夏尔·诺迪埃为威廉·莎士比亚辩护,因为他能用英语读威廉·莎士比亚的作品,而我为《歌谣集》辩护,因为我可以读西班牙语版的《歌谣集》。我们对比他书中的私生子福康布里琪和我书中的私生子穆达拉。我们一点一点地争论并说服对方。最终,夏尔·诺迪埃爱上了《歌谣集》,而我对威廉·莎士比亚敬佩有加。

接着,我们的听众来了。在加冕这天,即使不去参加舞会,在兰斯这个偏僻的小镇上也会度过一个美好的夜晚。我们的小俱乐部很快成立了。首先,法兰西学术院院士——罗歇先生来了;接着,来了一个文人——斐迪南·埃克斯坦先生;然后,我父亲的朋友、乡下的邻居马塞洛先生——总是拿我父亲的和我的保王主义思想开玩笑——参与进来;随后,好心的埃布维尔侯爵来了;最后,花了六苏买书的赠书者埃莫宁先生也来了。

罗歇惊呼道:"这钱花的不值!"

我们的交谈变成一场辩论。大家批判《约翰王》。马塞洛先生宣称行刺亚瑟是不可能的。有人向马塞洛先生指出这是史实,但他难以接受,因为对国王来说,自相残杀是不可能的事。马塞洛先生认为,把国王推向断头台始于1793年1月21日①,弑君就等于1793年的断头台事件。杀死国王是一件闻所未闻的事,只有"平民"才能做到。除了路易十六,没有国王曾被暴力处死。然而,马塞洛先生勉强承认查理一世被暴力处死。在查理一世的死亡中,马塞洛先生看到了民众的力量。其他的都是蛊惑人心的谎言和污蔑诽谤。

虽然马塞洛先生是个非常忠诚的保王党人,我还是冒昧地暗示他,16世纪已存在这种情况。那时,耶稣会士明确提出"让显贵流血",也就是说国王应该被杀。这个问题一经提出,就取得了显著效果。两个国王——亨利三世和亨利四世被刺死,一个耶稣会士——吉尼亚尔神父被绞死。

我们接着谈论剧本、环境、场景和人物等细节问题。夏尔·诺迪埃指出,

---

① 路易十六于1793年1月21日被推上断头台。

马蒂厄·帕里斯①说福康布里琪和"狮心王"理查一世的私生子——法尔卡修斯·德·特伦特是同一个人。为了证明这一点，斐迪南·埃克斯坦提醒大家，据拉斐尔·霍林斯赫德②的说法，福康布里琪或法尔卡修斯·德·特伦特为了给父亲报仇，杀死了利摩日子爵艾马尔五世，因为"狮心王"理查一世在查卢兹的围困中受伤致死。查卢兹城堡是利摩日子爵艾马尔五世的财产。利摩日子爵艾马尔五世虽

"狮心王"理查一世

---

① 马蒂厄·帕里斯，修道士、编年史作家，主要以其大量详细的编年史著作而闻名，其作品是1235年至1259年欧洲事件最重要的信息资源之一。
② 拉斐尔·霍林斯赫德，英国编年史家，他的作品通常被称为《霍林斯赫德的编年史》，是威廉·莎士比亚许多戏剧中使用的主要来源之一。

然不在,但对从城堡里射出的箭或掷出的石头落到国王头上这件事,必须用性命偿还。罗歇先生嘲笑剧本中描写的"奥地利利摩日"的叫喊声,嘲笑威廉·莎士比亚把利摩日子爵艾马尔五世和奥地利公爵混为一谈。罗歇先生在讨论中取胜,他的嘲笑解决了讨论的问题。

因为谈论已改变方向,我没再多说什么。威廉·莎士比亚剧本的内容触动了我。他庄严的剧本给我留下了深刻印象。《约翰王》不是一部杰作,但有些情景崇高有力。在康斯坦丝的母性中,也呈现出许多极具天才的成分。

这两本书一直放在桌子上,被我们翻来覆去地阅读。我们大笑时会停止阅读。最后,夏尔·诺迪埃像我一样开始沉默。我们被打败了,他们大笑着。然后,他们离开了。我和夏尔·诺迪埃陷入沉思,想着那些未被赏识的伟大作品,为文明时代的人们,包括自己的文学欣赏水平的低下感到惊愕。

最后,夏尔·诺迪埃打破了沉默。现在,我能看到他的笑容了。他说:"他们一点儿也不了解《歌谣集》。"

我回答道:"他们还嘲笑威廉·莎士比亚!"

十三年后,机缘巧合,我再次来到兰斯。

那是1838年8月28日。接下来我要解释我为什么一直记得这个日期。我正要从武济耶回来,一看到远处兰斯的两座塔楼,就突然渴望再去参观大教堂。因此,我去了兰斯。

刚到大教堂广场,我就看到一门大炮架在大门附近,旁边的炮手们手里拿着点着的引信。1825年5月27日,我在广场上看到过炮兵部队。我原以为在广场上放一门大炮是惯例,就没怎么注意。我继续往前走,进入教堂。

一个外套袖子为紫色的、有点儿像牧师的人接待了我,带我参观教堂各处。教堂里的石头黑幽幽的,雕像很阴森,神坛看着很诡秘。教堂里没有点灯,阳光透过窗户,在地面阴森的石板上投射出窗户长长的暗影。在教堂其余部分的阴郁黑暗中,窗户的剪影就像躺在坟墓上的幽灵。教堂里没有人,没有低语声,也听不到脚步声。

这种孤独令人心酸,令人心醉神迷,给人一种被舍弃、被忽视、被遗忘、被流放和崇高的感觉。经历了1825年的喧嚣，教堂恢复了昔日的尊严和平静，不再有华丽的装饰，也不再有举行仪式的礼服，并且撤去了所有的装饰。现在的教堂是光秃秃的、没有任何修饰的教堂，但看起来很美。教堂高耸的穹顶上不再有国王的华盖。宫廷仪式不适合这些肃穆的地方。在这里举行加冕典礼只是教堂的宽容。人类创造这些高贵的圣地不是用来献媚的。要把国王的宝座从教堂中除掉，将加冕国王从神面前赶走。这样一来，就增加了教堂的威严，而路易十四曾遮盖耶和华的神像。

把教堂里的牧师撤走。在使教堂变得黯然失色的一切都被撤走后，可以直接看到白昼的光芒。祈祷、仪式、圣经和这个场合的惯用词等都会消解神圣的光芒。教义就像一个黑暗的密室。通过宗教，人们可以看到上帝的圣光，而非上帝本身。废旧的教堂反而显得更宏伟。当人类宗教从这座神秘且被精心守护的教堂中撤出时，神圣信仰进入其中。如果让幽静孤独统治教堂，就会在那里感受到天堂。一个被废弃的、在废墟中的圣所，像瑞米耶日修道院、圣贝尔坦修道院、维莱尔修道院、霍利鲁德修道院、蒙特罗斯修道院、帕埃斯图姆神殿群、底比斯山的古墓和神殿，几乎

帕埃斯图姆神殿群

成了一种典型特点，具有稀树草原或者森林那种原始而神圣的壮美。在这样的废墟中，人们才能找到某种真正的存在。

教堂是真正神圣的地方。人们在教堂中冥想，与自己的心交流。冥想中寻得的真理得以留存，而且随着时间的推移，变得更伟大。于是，冥想者的心中几乎不再有任何声音。已经消失的教条甚至连灰烬都未留下。不过，过去的祈祷留下了芬芳。祈祷本身具有绝对意义。正因为这样，曾是犹太教堂、清真寺、佛塔的地方庄严且值得敬仰。冥思者从不嘲笑祈祷者跪拜的令人敬仰的石块。俯首敬仰上帝的人留下的遗迹总令人敬佩。

在大教堂里漫步时，我爬上了三层大殿，到拱形的扶手下，然后，爬上教堂顶部。教堂尖顶下的工艺令人钦佩，但不如亚眠的像"森林"一样密密麻麻的栗木尖顶那么精美。

大教堂的阁楼外观阴森凄凉。教堂阁楼内部就像一座迷宫，各种椽子、横木、横梁、托梁、桁架、柱顶过梁、大梁、厚橡木板盘根错节，让人很容易眼花缭乱。人们可能会想象自己置身于巴别塔的框架中。这个地方像顶楼一样光秃，像洞穴一样荒凉，风凄厉地呼啸而过，老鼠在这里安家。蜘蛛讨厌栗木的气味，因此，在教堂墙面与屋顶交界处的石头上安家，在幽暗的地方吐丝结网。蜘蛛网倒悬着，常被参观者迎面撞到。这里的神秘尘埃让人感觉吸口气就能体验到几个世纪的历史。和房屋里的灰尘不同，教堂里的灰尘会让人联想到坟墓里的骨灰。

大教堂巨大阁楼的地板上有裂缝。人们可以透过缝隙俯瞰无底洞般的教堂。无法看到的角落仿佛是一个个暗影。猛禽从一扇窗户飞入，又从另一扇窗户飞出。闪电时常光顾这些高而神秘的区域。有时，闪电靠得太近，会引起鲁昂、沙特尔或伦敦圣保罗教堂的大火。

教堂执事走在我前面。他看了看地板上的鸟粪，摇了摇头。根据鸟粪，他就能辨别出鸟的种类。他从齿缝中低声抱怨：

"这是乌鸦拉的；这是鹰拉的；这是猫头鹰拉的。"

我说："你应该研究人心。"

一只受惊的蝙蝠从我们面前飞过。

我们几乎走在险境中。我们跟着这只蝙蝠，看着各种鸟粪，呼吸着灰尘，在充斥着蜘蛛网和奔跑的老鼠的昏暗中，来到一个黑暗角落。角落里有一辆大推车。我只能分辨出车上有一个用绳子拴着的长包裹，包裹看起来像一块卷起的布。

我问教堂执事："那是什么？"

他回答："那是查理十世加冕时用的毯子。"

我站在角落里凝视着这个包裹。这时，我真切地听到震耳欲聋的响声。响声听起来像雷声，但来自地面而非天空，它震动着教堂里的木制建筑结构并在教堂里不断回响。接着，我又听到了一声巨响，然后是第三声。响声隔一定时间发出。我知道那是大炮发出的声音。因此，我想到了在广场上看到的那门大炮。

我问教堂执事："那是什么声音？"

"电报在传播消息，大炮开炮了。"

我继续问："什么意思？"

教堂执事说："也就是说，路易·腓力一世的一个孙子刚出生了。"

鸣炮宣告巴黎伯爵腓力亲王[①]的诞生。

以上就是我对兰斯的回忆。

---

① 路易·腓力一世的孙子，奥尔良公爵斐迪南·腓力的儿子。

第 2 章

见闻录

第1节 处决路易十六

一些独特细节与路易十六的处决有关,但没有被载入史册。一个见证人①给我讲了如下细节。我把这些细节首次呈现给读者。

断头台并不像人们通常认为的那样立在广场的正中央,也就是方尖碑现在所在的地方,而是在临时执行委员会的法令中明确规定的地方:"在基座和香榭丽舍大道之间。"

这个基座是什么?现在的几代人曾目睹很多事发生、很多雕像崩塌、很多基座被推翻,但不知道这个模糊的名称意味着什么,也说不出革命执行委员会说的充当基石的神秘石碑是什么纪念碑。这块石碑上刻有路易十五的像。

我们顺便关注一下这个广场,它曾经被称作"路易十五广场""革命广场""协和广场""路易十六广场""王室宝藏库广场"和"香榭丽舍广场"等,但没保留住任何一个名字,也没保留住任何一座纪念碑。广场中曾经有路易十五的雕像,但后来不见了。广场中心有一个赎罪喷泉,用来洗刷广场中心的鲜血,不过,喷泉甚至没有铺设基石。广场上有一座粗糙的《1814年宪章》纪念碑的雏形。现在,除了纪念碑

---

① 这位见证人叫勒布谢。1792年12月,他从布尔日抵达巴黎,目睹了路易十六的行刑过程。1840年,勒布谢给维克多·雨果讲述了自己见到的很多细节。正如人们想象的那样,这些细节给维克多·雨果留下了深刻的印象。——原注

路易十八

的底座,其他什么也看不到了。一座代表《1814年宪章》的铜像即将竖立时,七月革命伴随着《1830年宪章》到来。然后,就像路易十五雕像的基座一样,路易十八雕像的基座也消失了。现在,在广场上,人们放置了一座方尖碑。沙漠吞没半个广场需要三千年,如果完全吞没广场需要多少年呢?

在法兰西第一共和国成立的第二年,执行委员会称为"基座"的东西是一块不成形的丑陋石块。这是王室邪恶的象征。基座的大理石和青铜饰物被毁,光秃秃的石头遍是裂隙。基座四边是巨大的方形缺口,这是被毁浮雕的位置。在基座的顶端,几乎看不出残存的柱顶。在檐下,一串被磨损的圆凸形线脚装饰被建筑师们称为"珠状花冠"的装饰覆盖了。在基座的台面上,人们可以看到一堆废墟残片,残片中长着杂草。这堆无名的东西取代了王室雕像。

断头台竖立在离废墟几步远、稍靠后的地方。断头台上横盖着长木板，遮住了框架。断头台后面是一个没有栏杆的梯子。人们大胆地将这个可怕建筑的头朝向王室宝藏库。一个里面铺着皮革的圆柱形篮子被放在国王的头掉下来的地方，以便接住国王的头颅。在柱上楣构①的一角、梯子右侧，有一个用来装尸体的长柳条筐，其中一个刽子手在等待国王时，把帽子放在筐上。

现在，想象一下在广场中间，有两件令人伤心、相距不远的东西——路易十五的基座和路易十六的断头台，即王室逝者的废墟和王室生者的殉难所。杜伊勒里宫有四队强大的武装人员围着它，人群中是一个空旷的巨大广场，在绞刑架左侧是香榭丽舍大道，右侧是杜伊勒里宫，这些都不被公众注意。在公众眼中，这些已经变成肮脏的垃圾堆和臭沟渠，是不值一看的荒地。荒凉的建筑，黑漆漆的、没有一片叶子的树，沮丧的人群，还有冬日清晨阴沉的天空，都会使人们想到路易十六被行刑的场景。1793年1月21日10时左右，路易十六身穿白衣，手中紧握《诗篇》，乘坐巴黎市长的马车来到广场，等候处决。

这是难以想象的屈辱和痛苦：路易十六像埃及法老们那样被捆绑着，就像法老在两层生石灰之间被烧死前那样。在凡尔赛，路易十六曾经有一座金质王座，但在圣丹尼的六十块花岗岩石棺上，仅仅留下一个松木平台和一个柳木的棺材。

以下是一些不为人知的细节：刽子手有四人，两人执行死刑，一个在台阶下面，另一个坐在离绞刑架几英尺的马车上。马车正等着把路易十六的尸体送到玛德莱娜公墓。

刽子手们穿着革命时期改装的马裤和法式外套，戴着巨大的有三色帽檐的三角帽。

处决路易十六时，他们没有摘帽。行刑后，他们揪着路易十六的头发，向人们展示被砍下的头颅。片刻间，鲜血从头颅上慢慢地滴到台阶上。

同时，路易十六的贴身男仆或助手解开了"吊带"。人们一会儿凝视路易十六的尸体——正如我所说，他身着白色衣服，双手仍被绑在背后；一会儿凝视路易十六紧贴着摆动板上和善的侧面，侧面背后映衬的是杜伊勒里宫朦胧昏暗的树丛。在行

---

① 希腊柱式的顶部，由上楣（即飞檐）、中楣及下楣三部分组成。

杜伊勒里宫

路易十六被带到断头台下

刑时，作为市政官员奉命到场的公社委托的两位牧师坐在市长的马车里，大声地说笑。其中一个牧师是雅克·鲁，他在嘲讽卡佩的小腿和腹部。

　　围着绞刑架的武装者拿着剑和长矛，很少配有火枪。大多数人戴着大圆顶帽子或红色帽子，几排穿着制服的骑兵隔一段时间就与这些军队合在一起，一整支骑兵中队在杜伊勒里宫的露台下列队严阵以待，叫马赛海军火力营的队伍围着广场的一侧。

　　当今工匠们看来，断头台——写这个可怕的词总是令人反感——构造很粗糙。刀被随意地固定在上横梁中间的滑轮上，滑轮和一根拇指粗的绳子组成了整个断头台。刀很小也不重，边缘弯曲，形状像倒转的弗里吉亚帽①。没有兜帽、头巾或面罩遮住国王的头，以防国王的头落在地上，在场很多人都看到路易十六的头掉下。万幸的是，可能因为刀子比较小且不太锋利，头颅没有飞出篮子，弹到了石板地上。在

路易十六被处决

---

①　帽成锥形，帽尖向前突出。

恐怖时期，处决犯人时，常出现可怕的事件。如今，处决杀人犯和毒贩的场面变得越来越文明，断头台已经做了许多改进。

在路易十六头颅掉下的地方，有一条细长的血流从断头台的木板流到石板地面上。行刑结束后，刽子手把路易十六的大衣扔向人们。大衣的布料是白色麦尔登呢，很快被成千只手撕破，不一会儿就消失不见了。

路易十六的头掉落时，亨利·埃塞克斯·埃奇沃思神父站在路易十六旁边不远。路易十六的血喷到他身上，他匆忙披上一件棕色长衣，从断头台上下来，消失在人群中。第一排观众惊奇且敬重地为他让开一条道。他走了几步后，大家的注意力又集中到刚结束处决的广场中心。因此，没有人注意亨利·埃塞克斯·埃奇沃思神父的去向。

可怜的亨利·埃塞克斯·埃奇沃思神父裹着一件厚厚的外衣，掩盖住满身血迹，不知所措地逃走。他像一个梦游者，似乎不知道该去往何处。然而，出于梦游者的本能，他渡过了河，走上了巴克街，然后走到了拉雷格德街，设法到了靠近缅因的巴利耶尔的夏尔·德·勒扎迪埃夫人的家。

到巴利耶尔的夏尔·德·勒扎迪埃夫人家，亨利·埃塞克斯·埃奇沃思神父脱下沾血的衣服，待了几个小时。他完全崩溃，脑袋一片空白，说不出一句话。

一些目睹路易十六被处决的保王党人也到了。他们围着亨利·埃塞克斯·埃奇沃思神父，给他提起他向国王告别时说的话："圣路易之子，升天吧！"然而，虽然这些话令人难忘，但说出这些话的人没有任何印象。目击者们说："我们听到了。"他们很感动，也很震惊。亨利·埃塞克斯·埃奇沃思神父回答："或许吧，但我不记得说过这样的话。"

亨利·埃塞克斯·埃奇沃思神父十分长寿，但从来记不清自己是否真的说过这些话。

当时，夏尔·德·勒扎迪埃夫人已经病了一个多月，她无法承受路易十六被处决的打击。1793年1月21日晚，夏尔·德·勒扎迪埃夫人逝世。

第2节 1815年3月20日拿破仑·波拿巴返回巴黎

拿破仑·波拿巴于1815年3月20日抵达巴黎的某些细节在史册和同时代的回忆录中已经被删减,或者在很大程度上叙述太少,甚至被完全忽略,只有亲历的目击者才能矫正或充实这些细节。

1815年3月19日晚,拿破仑·波拿巴离开桑斯,并且于1815年3月20日3时到达枫丹白露。1815年3月20日5时左右,天刚破晓,他检阅了带来的几支部队和来枫丹白露与他会合的部队。士兵们来自各个兵团,带着各种武器。有些士兵是拿破仑·波拿巴伟大的军队成员,有些是他的护卫队成员。1815年3月20日6时左右,检阅结束,一百二十名骑兵骑马提前出发去埃松等候。骑兵指挥是加尔博瓦上校。他是陆军中将,最近在君士坦丁取得了杰出战果。

为了让马休息,骑兵们在埃松停了约四十五分钟。这时,拿破仑·波拿巴的马车到达了。骑兵们瞬间骑上马,簇拥着拿破仑·波拿巴的马车。马车没有换马就立即出

拿破仑·波拿巴归来

发了。途中，拿破仑·波拿巴在一些大村庄稍做停留，接受居民的请愿书和当地官员们的呈文，有时还听他们长篇大论的汇报。拿破仑·波拿巴坐在马车后座上，穿着制服的亨利·加蒂安·贝特朗将军坐在他左侧。加尔布瓦上校在拿破仑·波拿巴的马车门旁飞快地传递信息。亨利·加蒂安·贝特朗将军一侧的门由一个叫费里的骑兵军需官看守。这名骑兵军需官现在是皮托一家酒馆的老板，之前是非常勇敢的骠骑兵。拿破仑·波拿巴和他很熟，可以直呼其名。路上鲜少有人接近拿破仑·波拿巴。给拿破仑·波拿巴准备的一切都需经亨利·加蒂安·贝特朗将军过目。

在离埃松三四里格①远的地方，皇家护卫队发现皮埃尔·达维德·德·科尔伯特-沙巴奈将军带着两个中队和三个团排成梯队，突然封锁了通往巴黎的路。

亨利·加蒂安·贝特朗将军

---

① 里格是长度单位。一里格相当于三英里。

皮埃尔·达维德·德·科尔伯特-沙巴奈将军曾经是骑兵团上校，护送拿破仑·波拿巴的卫队就是从这个团中抽调出来的。皮埃尔·达维德·德·科尔伯特-沙巴奈将军认出了自己带过的骑兵，骑兵们也认出了他。骑兵们喊道："将军，到我们这里来！"皮埃尔·达维德·德·科尔伯特-沙巴奈将军回答："孩子们，履行好你们的职责，而我也在履行自己的职责。"然后，皮埃尔·达维德·德·科尔伯特-沙巴奈将军拉过缰绳，带着几个跟随自己的骑兵向右穿过田野而去。他身后的士兵高喊："皇帝万岁！"这让他几乎无法抗拒走过去的诱惑。

拿破仑·波拿巴只停了几分钟便继续前行，一百二十个骑兵就这样簇拥着他到了巴黎。拿破仑·波拿巴从通过枫丹白露的屏障进入巴黎，走左边的林荫大道进入蒙帕纳斯大道，然后，穿过荣军院旁的林荫大道，过了协和桥，走过河边码头，来到卢浮宫正门。

1815年3月20日20时15分，拿破仑·波拿巴抵达杜伊勒里宫。

第3章

真实的幻象

第1节 陋 屋

你要我描述这座小房子吗？我不知道自己的描述会不会让你感到不舒服。虽然怕你不舒服，但既然你想要我描述，我还是描述一下吧！不过，你只能怪自己。这是你的错。

你说："哞！我知道会是什么样子。一片乱七八糟的荒凉废墟，一座破烂不堪的房子！"

首先，我需要说明，这座房子并非破败，而是新建的。

的确，一座旧房子！你想着会看到一座破旧房子，因此，事先就对它不屑一顾。你不希望买旧房子！一座破旧的倒塌小屋！为什么？你难道不觉得破旧、倒塌的小屋很迷人吗？旧房子的墙很美，颜色温暖。旧房了有飞蛾洞、鸟巢。彩色玻璃圆花窗的旧钉子上挂着蜘蛛网。蜘蛛网上挂着各种有趣的东西，看起来很不均匀。窗户是一扇老虎窗①，长长的杆子自窗中伸出，上面挂着各种样式、不同颜色的衣服。衣服在风中被晾干，白色的破旧衣服、红色的破布片、劣质的旗帜给小屋带来了欢乐的氛围，各色的衣服在阳光下光彩夺目。旧房子黑黢黢的门已裂开，不过，走近

---

① 建在斜屋顶上的窗。

检查一下,你肯定会发现上面有一块路易十三在位时期的古铁制品,被剪得像一块网状花边布。屋顶满是裂缝,但每个裂缝里都有一朵会在春天开花的旋花或一朵会在秋天开花的雏菊。破瓦片用茅草修补。当然,屋顶上盖的瓦片为粉红的龙花和野蜀葵花提供了一片沃土。细嫩的绿草像地毯一样铺在破旧的墙根,常春藤愉快地爬上破败荒芜的地方,苔藓像绿色天鹅绒一样盖在门口的石座上。大自然中的一切都会同情、欢迎这座被你称为"小屋"的破败又迷人的建筑。啊,小屋!宁静又温馨宜人的老住所!每年四五月它都会焕发生机!墙上的花为小屋带来芬芳,燕子在小屋栖息。

  不过,我写的不是旧房子。我需要重申,这不是一栋旧房子,而是一栋新房子。

  房子建成不过两年,墙上有难看的灰泥。房子做工粗糙,建材劣质,高高的,呈三角形,看着像是吝啬鬼切古老也奶酪①作甜点时,切出又薄又窄的三角。新装的门关不严,窗框上镶着白色玻璃,玻璃上到处是星星点点的斑点,上面被细心地贴上纸片。这个地方有种可怕的虚伪的奢华,让人感到痛苦——被空心铁勉强固定在墙上的阳台。花哨低劣的锁,锁扣周围已经腐烂,在锁扣的三根钉子上,由覆满铜绿的浮雕黄铜做成的丑陋装饰物摇摇晃晃,被漆成灰色的百叶窗由新木材制成。因为工匠偷工减料,所以百叶窗不等虫蛀就已脱槽。

  看着这栋房子,你会感到一阵冷意,一进去就会瑟瑟发抖。墙脚潮湿且泛绿。这幢刚建成没多久的建筑不仅是一片废墟,还是一场灾难。人们觉得房主已经破产,承包商已经逃离。

  房子后面有一堵白色的墙。这堵墙和其他墙一样新,围起一个小到容不下一支乐队的地方。这就是花园,园中一棵小树在风中瑟瑟发抖。细细高高的小树看起来病恹恹的,没有一片叶子,似乎总处在冬天。这棵扫帚一样的树是杨树。花园其他地方遍是旧陶罐和瓶底,甚至可以看到两三只拖鞋。在一堆牡蛎壳一角,有个破旧的锡制喷壶,被漆成绿色。壶上到处是凹陷、锈迹和裂隙,成了鼻涕虫的住所。鼻涕虫的黏液把喷壶染成了银色。

  我们看看这栋小屋的内部。在别的房子里,你可能会发现一个"摇摇晃晃的"

---

① 古老也奶酪原产于瑞士弗里堡州,口感醇厚浓郁。古老也奶酪又叫格鲁耶尔奶酪或库耶尔奶酪。

马蒂兰·雷尼耶

楼梯。正如马蒂兰·雷尼耶①所说,楼梯"从顶部通往到底部"。在这里,你也会发现一个楼梯。

楼梯由铜箍栏杆"装饰",有十五或二十阶木台阶,台阶高且狭窄。楼梯呈直径十八英寸左右的螺旋状,拐角尖尖的,直通一楼。看到这样的楼梯,你难道不想要个梯子吗?

如果能到楼梯顶端,就可以到一个房间。

想大致了解这个房间的确很困难,因为它是"陋屋"中最令人恶心的部分。整个房间的东西质量低劣,呈现出一种新的悲惨景象。这间房没有过去,也没有未来,更

---

① 法兰西讽刺诗人,用极富活力和现实主义的笔触描写了那时的典型人物。

无法在任何地方扎根。人们想，租户或访客如果前一天住进来，第二天就要搬出去。租户或访客住下时，没有人问他从哪里来，而他离开时，会把钥匙直接放在门下。

墙上"装饰"着深蓝色带有黄色花朵的壁纸，窗子被红色印花布帘"装饰"，布帘上满是小窟窿，看起来像是印了花儿一样。窗前放着一把底部已经损坏的、质量很差的椅子，椅子旁有个炉子，炉子上有个炖锅，炖锅旁是个底朝上的花盆，一支羊脂蜡烛插在花盆盆底的洞里。花盆旁是筐煤，让人有自杀和窒息的念头。筐上方有个架子，上面堆满了莫名的东西，其中可以辨别清楚的是一把破扫帚和一个骑红马的绿衣骑手的旧玩具。壁炉架又小又窄，上面铺着有上千个白色斑点的黑色大理石。大理石上放满了破碎的玻璃杯和没有洗过的茶杯。一副锡边眼镜插在一个杯子里。地板上有颗钉子。壁炉里有块抹布挂在一个壁炉架上。壁炉或炉子里没有火，而是一堆肮脏的垃圾。壁炉台上没有镜子，只有一张漆布画像，画着一个裸体黑人跪在一个身着低领露肩舞会礼服的白人女性面前。在壁炉架对面，有一顶男帽和一顶女帽，挂在一面破裂镜子两侧的钉子上。

房间里有张床，或者可以说，有个床垫铺在几个台子上的两块木板上。床上有一些木板，木板中间有裂口，上面堆着乱七八糟的亚麻布、衣服和其他破破烂烂的东西。被称为"法兰西羊绒"的仿羊绒从木板中露出来，悬在草垫上。

这些东西很脏，散发着恶臭，带着星星点点的油污，还满是灰尘。在床边角落里，有一大袋刨花，袋子旁的椅子上放着一张旧报纸。我好奇地看着报纸上的文章标题和日期，那是1843年4月25日的《立宪主义者报》。

现在我还能讲些什么呢？我还没有讲房子最可怕的部分。虽然整栋房子令人作呕，房间糟糕透顶，床垫肮脏不堪，但这些都不算什么。

我走进房间时，一个女人正睡在床上。她又老又丑，身材粗壮，皮肤发红，臃肿油腻，个子高大。她头上歪戴着一顶丑陋的帽子，灰白的头发从一侧露出来，并且透出粉色的头皮。

她穿得整整齐齐，披着一件发黄的三角形披风，穿着一条棕色裙子，套着一件短外套。这些衣服堆在她可怕的腹部。她还围着一条像囚犯的亚麻裤子一样脏兮兮的大围裙。

一见到我进来，她立马坐了起来，露出套着廉价蓝色长袜的胖腿。她伸着强壮的胳膊打了个哈欠，她的拳头和屠夫的一样大。

我意识到这个老妇人可怕并难以对付。

她转向我并睁开眼睛。不过，我看不见她的眼睛。

她非常温和地说："先生，你想干吗？"

我要跟她说话时，感觉像在叫一头母猪"夫人"。

我一时不知该如何回答，就想了一会儿。当时，我的视线飘到窗外，看到挂在外面像是招牌一样的照片。事实上，这真的是一个招牌，是一个年轻漂亮的女性的画像。画上的女子戴着一顶巨大的羽毛帽，怀里抱着一个婴儿，穿着露肩礼服。整个招牌带着路易十八时代的烟囱板的风格。画像上用大写字母突出如下内容：

贝科尔夫人

助产士

放血治疗兼接种疫苗

我说："夫人，我想见贝科尔夫人。"

这头母猪蜕变成一个女人，面带和蔼的微笑着回答道：

"先生，我就是贝科尔夫人。"

第2节　圣多明戈的叛乱

我原以为自己是在做梦。但凡没有目睹这个场景的人都无法理解。在这里，我将尽力描绘这个场景，简单叙述自己亲眼看到的东西。我把一个大场景的一小部分详细描述出来，这样一来，你就对圣多明戈在三天掠夺期间的总体情况有一些了解。只要把这些细节随机叠加，就可以看到这个场景的总体效果。

当时，我躲在城镇的大门处。交叉板条钉在被涂成黄色的长板条上，形成了大门。大门是道小小的屏障，顶部尖尖的。大门附近是类似棚屋的建筑。一些不幸的殖民者被赶出家园，在城镇大门处寻求庇护所。他们沉默着，似乎因彻底绝望而吓呆了。在庇护所外，一个老人坐在一棵桃花心木的树干上哭泣。那棵树倒在地上，看起来像一根柱子。另一个人试图阻止一个吓得发狂的白人妇女逃跑，结果没能拦住她。白人妇女不知道自己要去哪里，只是疯狂地从一群怒气冲冲、衣衫褴褛、不停嚎叫的黑人中穿过并试图逃跑。

这些黑人是自由人和获胜者。他们醉酒、狂欢，丝毫不关注可怜的、孤独的白人群体。距我不远处，两个人正用牙咬着刀子，要屠宰一头牛。他们跪在牛身上，脚沾着牛血。再往前走一点儿，可以看见两个穿得像侯爵夫人一样的相貌丑陋的黑人妇女。她们穿着饰有缎带的蓬蓬裙，将乳房露在外面，头上戴着羽毛和花边丝带。她们正在争夺一件华贵的中国丝织物。其中一个用指甲紧紧抓住丝织物，另一个用牙咬着丝织物。在她们脚边，很多黑人小孩正在疯抢装那件丝织物的破箱子。

其他情况令人难以置信，也难以描述。这是一群人、一群暴徒。这个场景仿佛是一个化装舞会、一场狂欢、一座地狱、一幕可怕的恶作剧。黑人和黑白混血儿，用各种姿势、各种装扮，展示着各种服装，更糟的是，还展示自己的裸体。

看看这个大腹便便的丑陋且愤怒的混血儿。他穿着白色面料的背心和裤子，像种植园园主一样。他头戴主教的冠冕，手里拿着十字架。在另一处，三四个黑人戴着三角帽，身穿红色或蓝色的军大衣，身上系着肩带。他们正在攻击抓到的一个不幸的民兵。民兵的双手被绑在背后，然后被拖着游街。黑人们大笑着，拍打着民兵涂过粉的头发，拽他的长辫子。他们时不时停下，强迫民兵跪下，还用手势向他暗示他要被开枪打死。然后，他们用步枪枪托推他，让他站起来并重复这个表演。

许多年老的混血儿围成一圈，在暴徒中间蹦蹦跳跳。他们穿着我们最年轻、最漂亮的白人女性穿的最整洁的服装。在跳舞时，他们拉起裙子，露出瘦削的、干瘪的小腿和黄色的大腿。人们想象不出还有什么比路易十五这个轻浮的世纪更奇怪的时尚和服饰了。面容丑陋、鼻子扁平、头脑混乱，让人感到害怕的黑人穿着华托式[①]的牧羊女服装，戴着羽毛、丝带等装饰品。因此，他们不再是黑人，而是猿猴。

---

① 法兰西画家华托作品中的女子服装式样。

此外，这里充斥着震耳欲聋的喧嚣。每个人都忙着。有的人在扮各种鬼脸，有的人在大喊大叫。

我还没有说完。你必须接受这个场景最微小的细节。这样一来，你才能得到一个完整的画面。

距我二十步的地方是一家酒馆，那是个可怕的小屋。酒馆的招牌挂在尖嘴镐上，是干香草做成的花环。酒馆只有天窗，还有三条腿的桌子。房子像低矮麦舍一样，桌子也摇摇晃晃。黑人和混血儿在酒馆喝酒。他们自娱自乐，称兄道弟。只有亲眼看见过这种场景的人才能描述清楚。在醉醺醺的人们的桌前，一个年轻的黑人女孩在卖弄风骚。她穿着一件没有扣子的男式背心，裙子宽松地系着。她没有穿内衣，袒露着腹部，头上戴着地方法官的假发，一边肩上扛着一把阳伞，另一边肩上扛着带刺刀的步枪。

在混乱中，几个赤裸的白人痛苦地奔跑。一个壮汉的裸尸被扔在褥草上，他的胸部插着一把匕首，就像竖在地上的十字架。

在这里，所有人都忙碌着。有人跪着，有人坐着，有人蹲着，有人挤在一起。有人开箱子，有人砸锁，有人试戴手镯，有人往脖子上套项链，有人穿外套或裙子。东西被人们摔破或撕坏。两个黑人在抢一件外套，他们一只手拽着衣服，另一只手握成拳狠狠攻击对方。这是洗劫城镇的第二个阶段，抢劫的喜悦已经超过了愤怒。在角落里，仍有人在杀戮，但大多数人都在抢劫。所有人都带着战利品，有人把战利品抱在怀里，有人把战利品放在篮子里，还有人把战利品放在手推车里。

在这个场景中，最令人惊奇的是，在令人难以置信的、喧闹的暴民中，有一队看不到尽头的队伍正在行进。队伍的成员是富有的、幸运的，是拥有马和马车的掠夺者。车队井然有序，像游行队伍一样隆重庄严，在人群中显得格格不入。

想象一下满载各种物品的各式马车：一辆由四匹马拉的马车上装满了破烂的陶器和厨房用具，每匹马上都骑着两三个盛装打扮的、用羽毛装饰的黑人。装满用绳子仔细捆扎的大包东西的牛车，上面装满锦缎扶手椅、煎锅和草叉，在金字塔状的车顶上，坐着一个戴着项链、头发上插着一根羽毛的黑人妇女。还有一辆由一匹骡子拉着的农村用的破旧拖车，车上装着十根树干，还载着十个黑人，其中三个黑人骑在骡背上。拖车上堆满了各种抢来的东西——浴椅、杂物、珍贵的家具和最肮脏的破烂东西。拖车是把大车和小车简单地连接在一起拼成的,用来拖走掠夺者在镇上抢的东西。

令人费解的是,小强盗们面对大抢劫犯,表现得很镇定。他们走到一边,给大抢劫犯们让路。

如果五六只猴子伪装成士兵,随心所欲地敲鼓就可以被称为"巡逻"的话,那么街上确实出现过几个巡逻者。

在车队出城要通过的城门附近,有个忙碌的混血儿。他高高瘦瘦、面色发黄,摆出十足的恶棍做派。他穿着法官的袍子,系着白色领带,卷起袖子,手里拿着剑,露着双腿。这个恶棍正狠踩在一匹在人群中胡乱踢腾的、健硕的马的肚皮上。他是负责维持城门秩序的治安人员。

再往远一点儿,可以看到另一群人飞奔而来。一个黑人身穿红色外套、系着蓝色腰带、佩戴将军肩章、戴着一顶三色羽毛装饰的巨大帽子,从这群乌合之众中挤过。他前面是一个戴头盔的、敲着鼓的、可怕的黑人男孩,后面跟着两个混血儿。一个人穿着上校衣服,另一个人把自己打扮成土耳其人,他很丑,戴着非常难看的"狂欢节"长头巾。

在远处平地上,我可以看到大批衣衫褴褛的士兵围着一座大房子站着。大房子上有个阳台,阳台上挂着一面三色旗,看着像是有人在阳台上发表演说。

在军队、阳台、旗帜、演说台的远处,是平静而宏伟的景象——迷人的绿树,壮美的山脉,晴朗无云的天空,平静如镜的海洋。

令人感到奇怪和悲哀的是,人在上帝面前会变得如此厚颜无耻!

第3节 1847年9月6日的梦

1847年9月5日晚,我们一直在谈论暴乱,谈论在圣奥诺雷路发生骚乱的先兆。因此,我梦见了如下情景:

我走进了一条昏暗的过道。人们从我身边走过,在暗处用胳膊肘撞我。我走出过道，来到一个大广场。广场是长方形的，有一圈高大的墙，换句话说，有像墙一样的高楼，将广场紧紧围住。墙上既没有门也没有窗，只有几个零散的洞。墙面的一些地方似乎被炮弹打得满目疮痍，而墙面的另一些地方有了裂缝，好像经历过地震一样。这面墙让人想到东方的一些城市因衰落而变得荒凉的景象。

我没有看到一个人。这时，天刚破晓。石头是灰色的，天空也是灰色的。在过道尽头，我隐约看到了四个模糊的物体，看起来像是准备射击的大炮。

一大群衣衫褴褛的男人和孩子满脸恐惧地从我身边冲过去。

其中一个叫道："救救我们！霰弹就要打来了！"

我问道："我们现在在哪儿？这是什么地方？"

那人回答："你不是巴黎人吗？这里是宫殿。"

我环视四周，在这片可怕的、被毁灭的广场废墟中，认出昔日皇家宫殿的影子。

逃亡的人消失了。我不知道他们去哪里了。

我本来也想逃走。不过，我无法逃走。在晨曦中，我看见一束光在大炮周围移动。

广场上空寂无人。我能听到叫喊："快跑！他们要开枪了！"不过，我看不见说话的人。

一个女人从我旁边经过。她衣衫褴褛，背着一个孩子。她没有跑，而是走得很慢。她很年轻，很冷漠，面色苍白，看起来状态很差。

从我旁边经过时，她说："生活太糟了！面包卖到三十四苏。尽管面包价格这么高，但面包师还在投机，不给够分量。"

我看到广场尽头有光，也听到了大炮的轰鸣声。我醒了。

这时，有人砰的一声关上了前门。

第4节 带盾徽的挂毯

陋屋那张床对面的墙上挂着一张很旧的挂毯，上面满是灰尘，看起来黯淡无光。初看挂毯，你只能看到挂毯上有些模糊的线条和大致轮廓。不过，如果移开视线，不去想这块挂毯时，凝视具有的神秘的、不由自主的顽固性，会让你的视线回到挂毯上。这样一来，挂毯上一些奇异的细节就从混乱而模糊的画面上显现，人的好奇心也会被激发。人在注意力集中时就像一束光。挂毯上的画面渐渐清晰，最终全部呈现出来。在阴暗的墙壁上，挂毯仿佛发出了朦胧的亮光。

这只是一块上面有盾徽的挂毯。毫无疑问，这是昔日房主的盾徽。不过，这个盾徽很奇特。

盾徽在挂毯底部。然而，最先吸引人们注意的地方不是盾徽本身，而是15世纪神圣罗马帝国盾徽样式的奇异形状。盾徽底部是圆的，垂直竖立在一块磨损的石头上，石头上长满了苔藓。盾徽顶部有两个角，一个角像旧书折起的书页一样向左边弯折，另一个角向上弯折。在这个角的最上面，可以看到一个非常大且绮丽的头盔的侧面。头盔的护颈圈比帽檐突出，使头盔看起来像一个可怕的鱼头。头盔顶部由一只鹰展开的一对巨大翅膀组成，一只翅膀是黑色的，另一只翅膀是红色的。翅膀的羽毛看起来像是巨大海草盘起来的一张网，上面的枝叶似乎还是鲜活的。因此，这些羽毛更像水螅。一条弯曲的飘带从羽毛中飘出，挂在一个粗糙的木制干草叉上。草叉插在地上，有只手紧紧地抓住它。

盾徽图案的左边画着一个女人。她身材苗条，戴着一条镶着大宝石的项链，穿着一件织锦长袍。长袍的褶皱落在她脚旁。她有一头茂密的金发，戴着一顶金丝冠。金丝冠不是圆的，而是和她的头发一样呈波浪状。她的脸虽然很大很圆，但很美。她有天使般的眼睛和圣母玛利亚般的嘴巴。不过，在她天使般的眼睛里，有种世俗的表情。她圣母玛利亚般的嘴角挂着俗女的微笑。就在这一刻，在这个地方，在挂毯的画中，她身上天使般的神圣狂喜和俗女的人类肉欲融合在一起，呈现出迷人又可怕的景象。

女人身后有一个男人。男人向她鞠躬，好像在她耳边低语。

那是个男人吗？可以看到他的身体——双腿、胳膊和胸膛——都像猿一样毛茸茸的。他手脚弯曲，像老虎的爪子，没有什么比他的容貌更怪诞、更可怕。在他浓密的髯须中，有一个像猫头鹰嘴一样的鼻子和一张嘴。他的嘴巴像野兽一样龇咧着。这样一来，正好能清楚地看到嘴的形状。他的眼睛被茂密的卷发遮住了一半，每个发卷都呈螺旋状，很尖且很扭曲，像一条条小蝮蛇。仔细观察会发现，这些发卷就是一条条小蝮蛇。

男人对女人微笑，令人感到不安和危险。两个虚构的生命体，一个几乎是天使，另一个几乎是怪兽。想象的两个极端产生令人反感的冲突。男人拿着木叉，女人用娇嫩的粉红手指抓住挂在草叉上的飘带。

挂毯颜色灰暗，几乎呈黑色。在挂毯中间，可以看见一个银白色的、瘦削变形的东西，和挂毯上的其他东西一样，最后也变得清晰可见。那是一颗骷髅头。骷髅头没有鼻子，眼眶又空又深，右侧可以看到耳洞和到头盖骨的所有接缝，下颌只剩两颗牙齿。

不过，黑色盾徽和灰白的骷髅头设计得非常精巧，在挂毯上显得格外突出。与盾徽旁两个似乎在黑暗中低语的男女相比，盾徽给人的感觉就没那么可怕了。

第5节 1841年5月29日发现雏菊

几天前，当我路过沙特尔街[①]时，一道连接着两座六层高的房屋的木围栏引起了我的注意。围栏在人行道上投下了一道阴影。阳光照在有缝隙的木板上，映出平行的漂亮影子，就像文艺复兴时期精美的黑色缎面一样漂亮。我漫步走去，透过裂缝向内张望。

围栏围着杂耍剧院所在的位置。1839年6月，杂耍剧院毁于火灾。

1841年5月29日14时，阳光灿烂，街上空无一人。

一扇被漆成灰色的门上有洛可可艺术的雕刻。一百年前，这扇门可能是某个小姑娘闺房的入口，而现在已经变成围栏。抬起门闩，我进入围栏里。

没有什么比这个场景更悲惨、更凄凉了。围栏里是白垩质土壤。到处堆着的石匠们曾打磨的大石块。被抛弃的一些石块已经泛白，像坟墓里的石头和废墟中的石头一样变得发霉。围栏里没有人，在相邻房屋的墙上，火焰和烟熏的痕迹依稀可见。

[①] 沙特尔街在现在罗汉馆坐落的位置，从卡鲁塞尔的开阔地通到皇宫广场。古老的杂耍剧院就坐落在这里。——原注

然而，自1839年6月的火灾后，先后发生的两次大火灾已经烧软了这片地面。在这块梯形地的角落，一块巨大石头后的地面上已经长出青苔。石头下成了木虱、千足虫和其他昆虫的栖息地，一小片草长在石头的阴影处。

我坐在石头上，俯身看着这片草地。

天哪！这是世上最漂亮的小雏菊，迷人的小飞虫飞来飞去。在这里，小雏菊正平静地生长着，遵循自然的法则，生长在巴黎市中心的露天处，在几条街道之间，在离王宫和卡鲁塞尔几步之遥的地方，在行人、公共马车和国王轿辇间静静地开放。

这朵野花长在人行道边上，为人们打开了广阔的想象空间。两年前，谁能预见一朵雏菊会生长在这里呢！如果像人行道毗邻的地面上，除了房屋就是房主、房客和来来往往的搬运工，还有在睡觉前小心翼翼熄灭蜡烛和炉火的居民，这里定不可能长出这样的野花。

这朵花容纳了人间多少事、多少失败或成功、多少被摧毁的家庭、多少起暴力事件、多少奇遇冒险、多少灾难啊！对所有靠每晚传讯人们生活的人们来说，这朵花如果两年前出现在他们眼前，那么会是可怕的幽灵！命运像座迷宫，需要多么神秘的力量才能长出这朵带着白边的、小太阳般的花啊！这朵雏菊的诞生需要一座剧院和一场大火，它们给一座城市带来欢乐和恐惧，是人类最快乐的发明之一，也是上帝对人类最可怕的惩罚之一。它们是人们三十年的欢笑，也是三十只号角吹出的激情旋律。

第4章

剧 院

第1节　1830年3月7日午夜应若阿尼邀请参加晚宴

　　1830年2月25日以来,演员们一直在法兰西剧院演出《艾那尼》。每场演出的收入为五千法郎。每晚,观众都在喝倒彩,这是很罕见的。正厅观众席发出轻蔑的倒彩,包间里的观众发出嘲笑声。演员们感到羞愧,也感受到了观众的敌意。大多数演员嘲笑自己不得不说的话。新闻界几乎每天上午都异口同声地取笑这部戏剧及其剧作家。如果我走进阅览室,我拿起的每张报纸上都会写:"像艾那尼一样荒谬,像艾那尼一样糊涂、虚伪、夸夸其谈、自命不凡、奢侈浪费、愚蠢荒唐。"我如果在演出期间突然走进剧院走廊,就会看到观众从包间里出来,愤怒地甩门而去。玛尔斯小姐认真忠实地扮演自己的角色。不过,即使在我面前,她也会嘲笑这个角色。米什洛无奈地扮演着自己的角色,却在我背后嘲笑这个角色。换背景的人、管理员、管灯光的人都指责我。

　　1830年3月7日,我和邀请我的若阿尼一起吃饭。若阿尼扮演瑞伊·戈麦斯,他和侄子住在花园路一号。他侄子是个年轻的神学院学生。在晚宴上,人们没有喝酒,只喝了饮料。参加的人中有些是记者,还有多瓦尔夫人的丈夫梅尔·多瓦尔先生。晚饭后,拥有世上最美白发的若阿尼起身,把酒杯倒满,然后转向我。当时,我坐在他右侧。下面是他对我说的话。我一回到家,就将他的话一字不落地记了下来:

　　维克多·雨果先生,二百年前,那位尚不为人知的老人扮演了《熙德》中的狄埃格。皮埃尔·高乃依给予他的尊敬和赞赏比今天您给予我这个扮演瑞伊·戈麦斯的老人的尊敬和赞赏要少。

第2节 玛尔斯小姐患病

上次生病时,玛尔斯小姐时常神志不清。有一天晚上,当医生来时,她正一阵阵发高烧,精神恍惚。玛尔斯小姐喋喋不休地谈论着自己珍视的一切,包括剧院、母亲、女儿、侄女乔治娅。她时而大笑,时而哭泣,时而尖叫,时而深深叹息。

医生走到玛尔斯小姐的床边说:"亲爱的女士,冷静点,是我。"她因为精神恍惚,所以没有认出医生。医生接着说:"张嘴,让我看看你的舌头。"玛尔斯小姐凝视着医生,张开嘴说:"瞧,这里!哦!我的牙齿都是自己的!"

当时,扮演塞利梅纳①的演员还健在。

第3节 弗雷德里克·勒迈特

弗雷德里克·勒迈特脾气暴躁,孤僻寡欢,但很善良。他和孩子们与情妇克拉丽丝·米鲁瓦一起过着平静的隐居生活。

弗雷德里克·勒迈特喜欢聚餐,不过,他向来只邀请带头捧场者②波尔谢。弗雷德里克·勒迈特和波尔谢是直接以"你"③相称的好朋友。波尔谢非常聪明、彬彬有礼,而且很富有。他慷慨地将钱借给急着还租金的作家。波尔谢是阿雷尔说的那种"喜欢保护又蔑视文人"的人。

弗雷德里克·勒迈特桌上的菜从不少于十五道。在仆人上菜时,他看着菜品,评价菜品,但并不品尝。

---

① 莫里哀作品《愤世嫉俗》中的人物。
② 剧场中负责引领观众鼓掌的人,是法兰西戏剧演出时的重要角色。在给定的信号下,他带头为一部戏剧或某个演员喝彩,并从中获取报酬。——原注
③ 从14世纪开始,英语单词"thou"被用来表示亲密、熟悉的关系,有时有不尊重的意思。根据语境,在这里是表示他们的亲密关系。"thee"是"thou"的宾格。

他常说："味道太糟糕了。"

"你吃了吗？"

"没有！坚决不吃！"

"还是尝一尝吧。"

"不吃。"

克拉丽丝·米鲁瓦说道："我尝尝吧。"

"我劝你不要尝。"

"我只是尝一下。"

"把那盘菜端走！弄脏了！"

因此，弗雷德里克·勒迈特派人去找厨子，还严厉地责骂克拉丽丝·米鲁瓦。

弗雷德里克·勒迈特的家人都很怕他。他的家仆整天提心吊胆。在餐桌上，如果弗雷德里克·勒迈特不说话，就没人说话。当弗雷德里克·勒迈特沉默时，谁敢打破沉默？人们会认为吃饭的都是哑巴，或是特拉比斯会修道士。不过，有值得庆祝的特殊情况。吃晚饭时，弗雷德里克·勒迈特喜欢在最后吃鱼。如果有大比目鱼，他会在吃完奶油后食用。吃饭时，弗雷德里克·勒迈特喝一瓶或半瓶波尔多酒。晚饭后，他点燃雪茄并喝两瓶红酒。

不过，弗雷德里克·勒迈特是一名有天赋的喜剧演员，为人也很好。他很容易流泪，只要对他说一句生气或责备的话，他就会流泪。

事情可以追溯到1840年。以路易丝·博杜安之名扮演《吕伊·布拉斯》[①]女王的阿塔拉·博杜安小姐，离开了杰出的喜剧演员弗雷德里克·勒迈特。弗雷德里克·勒迈特非常喜欢她，因此，他很难过。

阿塔拉·博杜安的母亲曾为这件事极力劝告过女儿。弗雷德里克·勒迈特尽管很爱她，但偶尔会出现暴力倾向。此外，当时，一个俄罗斯贵族出现在阿塔拉·博杜安的生活中。简而言之，阿塔拉·博杜安小姐坚定自己的选择，拒绝见弗雷德里克·勒迈特。

弗雷德里克·勒迈特做出威胁，尤其是对阿塔拉·博杜安的母亲。一天早晨，有

[①] 维克多·雨果的剧本。

人疯狂地按阿塔拉·博杜安家的门铃。她的母亲一开门,就吓得缩成一团。按门铃的人是弗雷德里克·勒迈特。他走进屋,一屁股坐在离自己最近的椅子上,对老妇人说:"别怕,我不是来跟您置气的,我是来哭泣的。"

第4节 1846年9月,喜剧院

波捷已经老了,生命即将终结时,他在圣马丁门演戏。他在街上演戏和在舞台上演戏一样认真。小男孩们会跟着他说:"波捷在这里!"他在巴黎附近有间小屋。之前,他常去小屋,骑在一匹小马上排练。他细长的腿几乎可以挨着地。

蒂耶尔瑟兰是希腊文化研究者,欧德里是瓷器鉴赏家。伊曼纽尔·勒潘特很高大,像大象一样笨拙,他负债累累,玩世不恭。

圣马丁门

就像在舞台上一样,阿尔西德·图斯兹、桑维尔和拉威尔在演员休息室里信口雌黄地开玩笑。

艾蒂安·阿纳尔创作经典的歌词,他钦佩的人物是大力士参孙。因为没有被授予十字架勋章,所以他很生气。在演员休息室里,他鼻子上和脸上涂着胭脂,头上戴着假发,在扇人耳光和被扇耳光之间,他谈论弗朗索瓦·皮埃尔·纪尧姆·基佐[①]的最后一次演讲、自由贸易和罗伯特·皮尔爵士[②]。艾蒂安·阿纳尔停下并登上舞台表演,然后回来继续严肃地演讲:"我刚才说罗伯特·皮尔……"

近来,可怜的艾蒂安·阿纳尔几乎被逼疯了。他很爱一个情妇,不过,情妇骗了他。他的情妇有了足够的钱后,就对艾蒂安·阿纳尔说:"我们的关系是不道德的,因此,我必须结束这种关系。一个诚实可靠的人向我求婚,我要和他结婚了。"因此,艾蒂安·阿纳尔郁郁寡欢。他的情妇说:"我可以优先考虑嫁给你。"不过,艾蒂安·阿纳尔已经结婚了,于是,他的情妇离开了他,摇身一变,成为中产阶级。艾蒂安·阿纳尔极度悲伤,差点失去理智。然而,他仍要每晚在歌舞剧院演唱自己的讽刺诗,用自己的丑陋样貌、年龄和满脸的麻子寻开心。他自嘲所有妨碍自己取悦心爱女人的东西,使观众发笑。不过,他的心碎了。他穿着寒碜的红色燕尾服。在小丑的自嘲中,有多少永久无法治愈的悲哀啊!大笑是多么令人伤心的事啊!

第5节 玛格丽特·乔治斯

1867年10月23日,玛格丽特·乔治斯来看我。她穿着蓝色裙子,上面有白色条纹。她很优雅,又很悲伤。她说:

"我很疲倦也很气愤。我要求得到玛尔斯小姐的抚恤金,他们答应给我两千法郎,但并未兑现承诺。对他们来说,两千法郎只是一口面包而已,但他们拒绝给我

---

① 弗朗索瓦·皮埃尔·纪尧姆·基佐,法兰西历史学家、演说家和政治家。1848年大革命之前,他是法兰西政治中的一个主要人物。
② 罗伯特·皮尔爵士,英国政治家和保守党政治家,曾两次担任英国首相,两次担任内政大臣。他被认为是现代英国警务之父,因为他建立了都市警察局。

阿尔西德·图斯兹

艾蒂安·阿纳尔

弗朗索瓦·皮埃尔·纪尧姆·基佐

罗伯特·皮尔爵士

这个吃面包的机会！他们想让我在历史剧院参演历史剧，但我拒绝了。像我这样的胖女人能在那些一目了然的演出中做什么呢？此外，作者在哪里？剧本在哪里？角色在哪里？至于去各省巡演，我在1866年试过，但没有阿雷尔，我不可能做好。我不知道如何管理演员。你觉得我怎么能和这些坏人相处好？我本打算在1867年10月24日完成演出。然而，1867年10月20日，我付给他们报酬，然后逃了回来。我回到巴黎，到可怜的阿雷尔坟前祭拜。在墓碑上看到他的名字真是太可怕了！但我没有哭。我的眼睛很干涩。我感到冷漠。人生多难测！想想看，这么聪明、这么机智的人竟会像白痴一样死掉！他就这样度过了短短的一生。无缘无故地死了，没有留下什么。一切都自生自灭。我要让拉谢尔给我当助演。我要和她一起演老掉牙的故事——《伊菲格涅》。我们会赚钱的，但我不在乎是否赚钱。此外，我敢肯定她不会演《罗多庚》！如果可以的话，我会演一幕《卢克雷齐亚·波吉亚》。你知道，我支持拉谢尔，因为她有演艺才能。看看她如何击败狡诈的法兰西演员们！她续签了聘用协议，保证自己有表演的机会、假期和酬金。签合同时，她说：'我忘了告诉你们，我已经怀孕四个月。因此，五个月后，我才能演出。'她做得很好。如果我当初也像她那样做，将来

历史剧院

就不会死得太悲惨。您瞧，悲剧演员最终去演喜剧。你知道可怜的多瓦尔夫人的结局吗？她是一个值得怜悯的人！我不知道多瓦尔夫人在哪里演出。她可能在图卢兹，可能在卡庞特拉，也可能在谷仓里。她演出就是为了生存！像我一样，多瓦尔夫人很落魄，她的头发已经脱落。在只有四根牛脂蜡烛做舞台台灯，用得很粗糙的木板搭建的舞台上，她拖着可怜的、年迈的躯体继续演出。她和去过监狱或应该待在监狱的流动演员同台演出！啊！维克多·雨果先生！对健康和富有的您来说，这不算什么。不过，我们是贫穷的可怜虫！"

第6节 活人舞台造型

1846年，在巴黎的演出引起了轰动。女人们只穿粉色紧身衣和薄纱进行表演。她们摆的姿势被称作"活人舞台造型"。她们在圣马丁门和巴黎的半圆形剧场演出，只有少数男性观看。有一天晚上，我出于好奇，去看幕后的女人们。我去了圣马丁门，因为她们打算在那里重新上演《卢克雷齐亚·波吉亚》。舞台经理维尔莫身材瘦小，但很聪明。他说："我带你去看看美女们吧。"

后台有很多男士——作家、演员、喷火手、舞台掌灯人、更换舞台背景的人。他们跑来跑去，或工作或参观。七八个几乎全裸的女人在他们中间四处走动，个个神态天真恬静。这些女人从头到脚穿着薄而透明的粉色紧身衣。她们的脚趾、肚脐和乳房，甚至身体各个部位的静脉和皮肤上最不明显的地方都一览无余。不过，腹部的紧身衣比较厚，只能显出那里的形状。帮女演员做造型的男人也穿着类似的衣服。这些人都是英格兰人。

每隔五分钟，幕布会打开一次，女人们做一个舞台造型。她们在一个由枢轴转动的巨大木制圆盘上摆出固定姿势。一个十四岁的孩子靠在圆盘下的垫子上负责转动圆盘。男女演员们穿着薄纱或由细毛线织成的衣服。从远处看，他们非常难看；从近处看，他们就像一座座质量很差的粉色雕像。圆盘每转动一圈，演员向坐在昏暗剧场里的观众全方位地展示了"活人舞台造型"后，幕布就会被拉上。片刻后，另一个舞台造型布置好了，演出再次开始。

有两个女演员很漂亮。一位女演员长得很像1840年上演的《吕·布拉斯》中演过女王的雷伊夫人，她身材极好。另一位不但漂亮，可以说是貌若天仙。她忧郁的黑色眼睛、轻蔑的嘴角、迷人又傲慢的微笑极美。我相信，她叫玛丽亚。在一个被称为"奴隶市场"的舞台造型中，她表现出王室的绝望和裸体王后被廉价卖给第一个买主时坚忍的沮丧。她的紧身衣在臀部被撕破，露出了结实的白皮肤。然而，她们毕竟是伦敦的贫穷女孩，所有人的指甲里都是污垢。

　　演员们回到后台演员休息室时，与换舞台背景的人和作者肆无忌惮地说笑。她们一边说着蹩脚的法语，一边卸妆，露出姣好的面容。她们的微笑很自然，是完美纯真或腐化堕落的微笑。

第 5 章

法兰西学术院

第1节 1843年11月23日的会议

夏尔·诺迪埃说:"为了顺应习俗,法兰西学术院发出通知,如果一个动词中的辅音委婉地取代了词根'ad'的'd',就禁止在动词中重复这个辅音。"

我说:"我承认自己非常无知。我不知道习俗的力量已经到了能影响禁令的程度,而且学术院也已认可。因此,人们不应再使用'atteindre, approuver, appeler, appréhender'这类词,而是写成'ateindre, aprouver, apeler, apréhender'这样的形式吗?"

维克多·库赞[①]先生说:"我想向维克多·雨果先生指出,他提出异议的词汇形式变化来自语言自身的变化。语言的变化就是走向衰落。"

我回应道:"既然维克多·库赞先生向我发表了个人意见,那么我请求反过来向他指出——在我看来,他的意见纯属个人观点。我还可以说,正如我所见,'语言的变化'和衰落没有任何共通点,没有比这两者的区别更清楚的了,变化绝不能证明衰落。从形成的第一天起,语言就一直在发展,我们能说语言是在衰落吗?运动就是存在,衰落就是死亡。"

维克多·库赞先生说:"法语的衰落始于1789年。"

我问道:"那么,始于哪一刻?"

---

① 维克多·库赞,法兰西哲学家,他是"折中主义"的创始人。折中主义是法兰西哲学的一个具有短暂影响力的流派,融合了德国理想主义和苏格兰常识现实主义的元素。他负责管理公共教育十多年,对法兰西的教育政策产生了重要影响。

第2节 1844年10月8日的见闻

纳西斯-阿希尔·萨文蒂①和阿贝尔-弗朗索瓦·维尔曼②一起吃饭。餐后,他们到客厅休息并聊天。钟声敲响时,阿贝尔-弗朗西斯·维尔曼的三个女儿来给父亲道晚安。这时,正值1844年10月8日20时。最小的孩子叫吕塞特,五岁的她非常可爱,吕塞特的母亲因生她精神错乱。

阿贝尔-弗朗索瓦·维尔曼说:"吕塞特,我亲爱的孩子,你睡前不背让·德·拉·封丹的寓言吗?"

纳西斯-阿希尔·萨文蒂说:"瞧,这个小人现在天天背诵寓言,总有一天,寓言会激发她创作传奇故事的灵感。"

吕塞特不明白纳西斯-阿希尔·萨文蒂先生在说什么,她只是睁着大眼睛好奇地望着坐在椅子上带着慈爱神情的纳西斯-阿希尔·萨文蒂。

纳西斯-阿希尔·萨文蒂说:"来吧,吕塞特,你不想给我们背篇寓言吗?"

不需要催促,她稚嫩的声音就开始响起。她美丽、坦率、甜美的眼睛一直注视着纳西斯-阿希尔·萨文蒂。

人们很容易相信自己是法兰西的一个大人物。

第3节 1845年的会议

弗朗索瓦·蓬萨尔的《柳克丽丝》上演期间,在法兰西学术院开会时,我与让·庞斯·吉劳姆·维耶内③进行了如下对话:

让·庞斯·吉劳姆·维耶内问道:"你看过在奥德翁剧场上演的《柳克丽丝》吗?"

我答道:"没看过。"

让·庞斯·吉劳姆·维耶内说:"演出很不错。"

---

① 纳西斯-阿希尔·萨文蒂,法兰西政治家,出生于一个贫穷的爱尔兰家庭。
② 阿贝尔-弗朗索瓦·维尔曼,政治家、作家。
③ 让·庞斯·吉劳姆·维耶内,法兰西政治家、剧作家和诗人。

纳西斯－阿希尔·萨文蒂

阿贝尔－弗朗索瓦·维尔曼

我问道:"真是不错吗?"

让·庞斯·吉劳姆·维耶内说:"不是不错,而是很好。"

我问道:"真的很好吗?"

让·庞斯·吉劳姆·维耶内回答:"不是很好,而是极精彩。"

我问道:"真的极其精彩吗?"

让·庞斯·吉劳姆·维耶内说:"极其精彩!"

我继续问:"和《扎伊尔》一样好吗?"

让·庞斯·吉劳姆·维耶内说:"天哪!你想太多了。当然比不上《扎伊尔》。"

我说:"对啊,你瞧,实际上,《扎伊尔》演得非常糟糕!"

第6章

法兰西学术院院士选举会议

第1节 1847年2月11日的会议

本次会议有三十一个法兰西学术院院士出席,得到十六票的人即可当选学术院院士。

投票结果如下:

第一轮投票	
埃米尔·德尚	2票
约瑟夫-维克多·勒克莱尔	14票
阿道夫-西蒙尼·昂皮	15票

第一次投票结束时,阿尔方斯·德·拉马丁和皮埃尔-西蒙·巴朗什到达。第二次投票开始时,阿道夫·梯也尔到达。因此,第二次投票的有三十四个人。

学术院院长皮埃尔-安托万·勒布伦问阿道夫·梯也尔是否保证参加投票。阿道夫·梯也尔笑着回答:"没有承诺,但我已经答应投票。"(笑声)

维克多·库赞对皮埃尔-安托万·勒布伦说:"您没有用宗教用词问他。您不应该问院士是否保证投票,而应该问他是否宣誓投票。"

第二轮投票结果如下:

第二轮投票	
埃米尔·德尚	2票
阿道夫-西蒙尼·昂皮	18票
约瑟夫-维克多·勒克莱尔	14票

因此,阿道夫-西蒙尼·昂皮胜出。这次选举由阿尔方斯·德·拉马丁和皮埃尔-西蒙·巴朗什共同决定。

出来时,我在路上遇到莱昂·戈兹朗。他问我:"选举结果如何?"

莱昂·戈兹朗

我回答:"阿道夫-西蒙尼·昂皮胜出。"

他问道:"您怎么看?"

"各有利弊。"

"你认为阿道夫-西蒙尼·昂皮怎么样?"

"与让-雅克·安培相比,阿道夫-西蒙尼·昂皮更差。"

第2节　1847年3月16日的见闻

1847年3月16日,在法兰西学术院,巴朗特先生一边听着要送去参加比赛的糟糕透顶的诗歌,一边说:"在这个年代,我们真的不知道该如何写平常诗歌了。"

巴朗特先生没有意识到这时的诗人们对目前的诗歌创作的卓越成就有高度的赞扬。

第3节　1847年4月22日的见闻

让-雅克·安培当选法兰西学术院院士。这是对1847年2月11日选举的一次缓慢革新。法兰西学术院像个老人,在革新方面进展很慢。

选举期间和选举结束后,阿尔方斯·德·拉马丁让一个引座员给我传达如下信息:

"让-雅克·安培取代阿道夫-西蒙尼·昂皮并不是很好。"

我让引座员给他带回信息:

"不过,阿道夫-西蒙尼·昂皮取代让-雅克·安培可能会更糟。"

第4节　1847年10月4日的见闻

我刚听见让·庞斯·吉劳姆·维耶内说:"我大胆地思考。"

第5节 法兰西学术院的讨论

1848年12月28日,我有两件事要做——参加国民大会、参加法兰西学术院会议。一个讨论盐的问题,另一个讨论的问题相对次要——关于法兰西学术院的两个空缺席位。不过,我更倾向参加法兰西学术院的讨论。因为在波旁宫,必须防止路易-尤金·卡芬雅克将军派残杀新内阁;在马扎林宫,必须防止法兰西学术院对弗朗索瓦-勒内·德·夏多布里昂产生不好的回忆。在有些情况下,逝者比生者更有价值。因此,我选择去法兰西学术院。

1848年12月28日,会议开始时,只有四五个人坐在盖着绿色桌布的桌子周围。他们还没来得及打照面,法兰西学术院就突然决定于1849年1月11日,也就是三星期

路易-尤金·卡芬雅克将军

后，填补弗朗索瓦-勒内·德·夏多布里昂和让·瓦图的空缺院士席位。且不说是谁，就措辞"代替弗朗索瓦-勒内·德·夏多布里昂和让·瓦图"来看，这种把名字连在一起的奇怪做法在学术院一直延续着，法兰西学术院就是这样形成的。法兰西学术院的机智和产生很多愚蠢想法的智慧由极度轻率和极度严格结合而成。因此，法兰西学术院犯了许多愚蠢的错误，采取过很多愚蠢的做法。

然而，轻率外表下掩盖着一种意图，这种反常举止蕴含着深刻的含义。到处都有派别，甚至法兰西学术院也不例外。领导法兰西学术院的属于无所畏惧的派别。这个派别希望能像变戏法一样，尽量同时填补弗朗索瓦-勒内·德·夏多布里昂和让·瓦图空出的席位。在公众注意力转向别处、政治吞并一切时，将两颗豌豆放在同一个锅里煮——将两个人混淆，这样一来，在一个晴朗的早晨，震惊的公众将注意力转回来时，只会看到弗朗索瓦-勒内·德·夏多布里昂的座位上坐着的保罗·德·诺瓦耶。对此，公众表示无所谓，觉得不过是一个贵族代替了一个作家！

保罗·德·诺瓦耶

一阵笑声过后,大家又开始忙自己的事。因为政见的突然转向,分散注意力的事很快会来。在法兰西学术院多加入一位公爵贵族,会引起人们更多的嘲笑。不过,这有什么关系?法兰西学术院会继续存在!

此外,保罗·德·诺瓦耶是非常重要的人物。在路易·腓力一世的领导下,他声名显赫、举止傲慢,拥有巨额财富,有一定政治影响力,被保守党接受。或许因为他是个正统主义者,所以人们听信他的演讲。在贵族院,他地位超然,这反倒说明贵族院在法兰西并不重要。

弗朗索瓦-勒内·德·夏多布里昂讨厌一切可以取代自己的人,却微笑接受一切让他感到后悔的事。在朱莉·雷卡米耶的炉边,弗朗索瓦-勒内·德·夏多布里昂曾友好地告诉保罗·德·诺瓦耶:"希望你能成为我的继任者。"因此,保罗·德·诺瓦耶匆匆写好关于弗朗索瓦·德·曼特农侯爵夫人的两卷本的大部头书籍。不过,在书籍序言第一页开头,一句严重违背语法规则的话使我很惊讶。

弗朗索瓦·德·曼特农侯爵夫人

我决定去法兰西学术院时的情况就是这样的。

法兰西学术院会议宣布1849年1月11日14时开始，像往常一样，15时15分开场。1849年1月11日15时30分，保罗·德·诺瓦耶成为候选人，"取代"弗朗索瓦-勒内·德·夏多布里昂，以绝大多数票当选。

毋庸置疑，我本应该去参加国民大会。

第6节 1850年3月26日的见闻

1850年3月26日中午，我早早到达会议现场。

天很冷，地面被雪覆盖。这种天气不利于杏树成长。我在壁炉台边取暖时，弗朗索瓦·基佐靠着壁炉台对我说："作为戏剧评审委员会一员，我昨天读了一天剧本，不少于六部戏剧！"

我回答："那是对你的惩罚，因为你十八年来没看过一次戏剧表演。"

这时，阿道夫·梯也尔来了，他们二人互相问候。

阿道夫·梯也尔说："下午好，弗朗索瓦·基佐。"

弗朗索瓦·基佐说："下午好，先生。"

第7节 1850年3月28日的选举会议

弗朗索瓦·基佐主持会议。当点到加斯东·奥迪夫莱-帕基耶的名字时，他说："首相先生。"在点到国民大会主席安德烈·马里耶·让·雅克·迪潘的名字时，他叫道："安德烈·马里耶·让·雅克·迪潘先生。"

投票结果如下：

第一轮投票	
阿尔弗雷·德·缪塞	5票
德西雷·尼扎尔	23票
德西雷·尼扎尔胜出	

1850年9月12日，法兰西学术院成员们忙着编纂字典。他们讨论"increase（增长）"这个词。例子取自杰曼·德·斯塔尔夫人作品中的一句话：

"贫穷增加无知，无知也增添贫穷。"

例子立即引起三项反对意见：

首先，这是对偶句；

其次，这句话取自当代作家作品；

最后，这种表达方式很危险。

因此，法兰西学术院拒绝采用上述例句。

第 7 章

狱中的爱

第1节 狱中传递爱

除行为不轨、抢劫、抢劫后分割赃物、黄昏时在巴黎到处敲诈勒索外，强盗、小偷和囚犯通常还有一个行当——理想的爱情。

这需要解释。

贩卖黑奴使我们同情，而且有充分的理由值得我们同情。我们研究这个社会的痛处。在这方面，我们做得很好。不过，我们也要学会揭露另一个更令人痛心的社会痛处——白人女性的非法交易。

这就是与我们文明世界中的悲惨混乱情形相关的奇异情况之一——每个监狱都有一个被称为"艺术家"的囚犯。

监狱中特有的行业在铁窗里滋生并发展。监狱内有甘草水小贩、围巾小贩、作家、辩护律师、放高利贷者、建小屋者和拉皮条的人。艺术家、作家和律师在这里的地位差不多。

要成为艺术家，就必须知道如何画画吗？不是这样的。一把可以坐的凳子、一堵可以靠的墙、一根铅笔、一片纸板、一根卡在一块木质把手上的针、三个裂开的山毛榉匙里的一点黑墨汁或黑颜料、一点深蓝色颜料和一点朱红颜料——以上就是所有的必需材料。没必要去了解绘画知识，盗贼像孩子一样喜欢涂画，像野人一样喜爱文身。艺术家用三勺颜料来满足第一个需求，用针满足第二个需求，而他的报酬只是一口红酒。

这会导致以下情况：

譬如，有些囚犯一无所有或仅希望活得更舒适，因此，他们联合起来侍候艺术家，给艺术家送杯酒或送碗汤，然后送张纸并订束花。花的数量一定是囚犯的数量。如果有三个囚犯，一定是三朵花。每朵花都有一幅画，或者，如果更喜欢用数字，花上就有一个数字，数字是囚犯的号码。

彩绘好的花束通过监狱间各种神秘的、警方无法阻止的沟通方式传到圣拉扎尔女子监狱。哪里有女人，哪里就有怜悯。花束在被警察管理拘留的圣拉扎尔女子监狱中的可怜犯人间传递着。几天后，绝密信通知送花束的人：帕尔米尔选择了晚香玉，法妮更喜欢杜鹃花，塞拉芬接纳了天竺葵。任何时候送进闺房——女子监狱——花朵都会被人捡起来。

此后，三个匪徒有三个为他们服务的女人，分别叫帕尔米尔、法妮和塞拉芬。女性行政拘留期相对较短，因此，会比男囚犯释放得早。她们出狱之后做什么工作？她们援助这些男犯人。用典雅的话说，她们就是上帝的安排；用通俗的话说，她们就是产奶的母牛。

怜悯已经转化为爱情，女性的心容易产生低沉的忧伤情绪。女囚们说："我结婚了。"她们确实结婚了。通过谁？通过那朵花。和谁结婚了？和这个地狱般的地方。女囚变成无名氏的未婚妻。对此，她们欣喜若狂，成了幻想和雾中苍白的书拉密女[①]。当已知世界如此可憎，如何禁得住不去爱未知的世界？

一切秘密地进行，如风般散播。男女囚犯几乎不可能见面，恋人们只能在梦中相见。女囚很可能永远不会见到那个男人。他年轻吗？他老吗？他英俊吗？他丑吗？她都不知道。她对他一无所知，但她非常爱他。因为不认识他，所以她爱他。偶像崇拜正是出于神秘。

女囚在如潮的人生中漫无目的地漂泊着，渴望得到某种自己能抓住的东西——一条束缚她的绳子、一种要履行的责任。监狱给了女囚需要的东西，她接受

---

① 《雅歌》中的女主角。

并为其献身。神秘的男囚成了向日葵或鸢尾花,也成了她的信仰。女囚在夜色中嫁给男囚,她对他有为人妻无微不至的关心。她对自己很吝啬,对他却很慷慨。她用自己温柔的关爱爱护着这个囚徒。她对他忠贞不渝,全心全意地爱着他。动摇不定者创造了坚定不移者。女囚从不背叛爱人,这是无形的、纯粹的、超凡的爱,像春天的气息一样微妙,既坚定又勇敢。

一朵花就够了。人类的心脏是多么深的一口井啊,让看向这口井的人感到眩晕!瞧!它会勾起人们怎样的想象?芳香四溢!一支百合花让妓女爱上了窃贼。向人类思想深处潜入多深才能看到这朵花?谁能猜到从泥塘中突然长出花需要多大的渴望?这些不幸女性的内心深处是一种具有抚慰能力的、难以理解的心理平衡。男囚送的一朵玫瑰就能抵消自己曾犯下的耻辱罪行。

因此,恋情是建立在幻想上的,靠幻觉来维持。一个女孩崇拜一个盗贼,她不知道他的面容,也不知道他的名字,她看见的是在茉莉花或香石竹的香气中产生的幻影中的他。此后,花圃、五月的阳光、鸟巢里的鸟、精美色调、灿烂的花朵、成箱的橙子和瑞香、吸引金色蜜蜂的绒绒的花瓣、春潮的气息、香脂、香水、熏香、清澈的小溪和柔软的绿草等各种各样的独特味道,都与这个盗贼联系在一起。他身上洋溢着自然天赐的微笑,透出无限光芒。

对失去的乐园的极度渴望,对美丽的畸形幻想,在男人身上同样坚不可摧。他转向那个女人,即使断头台两根红柱子的可怕影子投到牢房的窗户上,他也很专注。在被处决的前一天,穿着紧身夹克的特拉佩团伙的领头人德拉波特透过囚室门上的格栅,看到犯人科尼亚尔经过,问他:"今天早上有漂亮女人来探监吗?"还有一个被判死刑的人,叫阿大里尔。多好的名字!就在同一间牢房里,他把仅有的五法郎赠给了一个女囚犯。他曾远远见过她。他说:"这是为了让她给自己买条时髦的三角形披风。"

在监狱的男女间,可悲可怜的梦想可以说筑起了一道叹息桥。道德沦丧的社会泥潭与牢狱之门相互连接,就像街角的阿斯帕西亚①渴望拦住树林角落的过路人阿尔西比亚德斯②,要与他共存亡一样。

---

① 阿斯帕西亚是古希腊著名政治家伯里克利的爱人。
② 阿尔西比亚德斯,克列尼亚斯的儿子,雅典著名的政治家、演说家和将军。

你笑了吗？你不应该笑，这种事很可怕。

第2节 爱情的内蕴

杀人犯是情妇的花，妓女是太阳神阿波罗的克丽蒂亚，被诅咒的女人温柔地在爱神木中寻找撒旦。

这种现象是什么？这是对完美情人的需要，是一种崇高而骇人的需要。

这是病吗？这是补救办法吗？两者都是。这是崇高的向往，既是对同样处境和心境的人们的惩罚，又是对他们的奖赏，是充满赎罪感的感官享受，是对犯错的惩

撒旦

施德汉纳斯

戒,是由此带来的悲伤的补偿!没人能逃得过,这是魔鬼对天使的渴望。基督教的圣德肋撒①经历过,麦瑟琳娜②也体验过。这种非物质的需求是所有需求中最根深蒂固的。人必须有面包,但更重要的是要有理想。小偷和街头流浪者更要有正当的理由和理想。一个人在黑夜中待得越久,越是渴望黎明的曙光。施德汉纳斯③成了矢车菊,普拉勒是紫罗兰。因此,这些可怕的思想结合在一起。

---

① 16世纪的西班牙天主教神秘主义者,加尔默罗会修女,反宗教改革作家,天主教会圣人,通过默祷过沉思生活的神学家。
② 克劳狄一世的妻子。她在婚内出轨,并暗算丈夫,最后被处以死刑。
③ 约翰内斯·布克勒,绰号为施德汉纳斯,是臭名昭著的歹徒。

然后会发生什么呢?

发生了我刚才说过的事。

阴沟就是一个深渊。在监狱里,人类的心房被打开,显露出难以想象的深度。阿斯塔蒂①变成柏拉图式的精神恋爱者,通过爱改造怪物的奇迹正在发生。地狱正被镀金,秃鹫正蜕变成蓝知更鸟,田园诗中没有恐怖。你以为自己在沃格朗斯的作

阿斯塔蒂

---

① 阿斯塔蒂,古代闪米特语地区的腓尼基人等崇拜的丰饶和爱的女神。

品和帕伦特-沙特莱帕朗的作品中，实际上，自己在朗格斯①的作品中。再往前走，你就会跌进阿诺德·贝尔坎②作品中，在邦迪森林里遇到达佛涅斯和克洛伊③。这的确很奇怪！

圣马丁运河穿过腾特河，汇入利尼翁河。河面幽暗，因此，河边的强盗抢走受害者手表时，常将受害者推入河中。鲍尔曼乞求得到一个缎带蝴蝶结。受到诱惑的人想把牧羊人的曲柄杖送给帕巴维④。透过木鞋上的稻草，人们看见可怕的脚跟上出现了蛛丝般的翅膀。玫瑰花的奇迹为戈顿表演，所有因暴力产生的死亡结合产生了一朵花。模糊不清的朗布依埃城堡与硝石库慈善医院重合。原本难看的斑点墙突然盖满鲜花，给朱丽叶的花环添了一个吊坠。弗兰齐斯科·彼特拉克的十四行诗——在灵魂深处的理想爱情的翱翔——被一个无法了解的模糊的亲和力吸引，在暮色中冒险走向卑微和痛苦。这就像有时看到一群蜜蜂在粪堆上嗡嗡叫，因为从粪堆上冒出来一朵花，只有蜜蜂才能感觉到与臭气交织在一起的花香。这朵花是乐土。美妙的结合形成的梦幻丝线漂浮在人类厄瑞波斯⑤最黑暗的穹窿下，把绝望的心与猛兽般的心绑在一起。玛农⑥通过无限的力量传递给卡图什⑦一种无法形容的微笑，就像埃弗拉林用微笑让芬戈尔入迷一样。从痛苦的一端到另一端，从一座地狱到另一座地狱，从监狱到妓院，囚犯和妓女疯狂地接吻。

到晚上，克拉马尔镇骇人的沟渠开了口，从中升起一股毒气和一团磷光。磷光呈两个分开饼状，发出闪烁的光。幽灵成形了，它的头与身体叠加在一起，恶狠狠地凝视着黑暗。幽灵从沟渠中不断上升，变得越来越大，越来越蓝，盘旋片刻后，飞向天空，打开太阳的宫门。在那里，蝴蝶在花间飞舞，天使轻快地在星星间飞翔。

---

① 《达佛涅斯和克洛伊》的作者。
② 阿诺德·贝尔坎，法兰西儿童作家。他最著名的作品是《孩子的朋友们》，由玛丽·斯托克代尔第一次翻译成英语，并于1783年到1784年由玛丽的父亲约翰·斯托克代尔在伦敦出版。
③ 达佛涅斯和克洛伊是《达佛涅斯和克洛伊》的主人公。
④ 帕巴维夫人，法兰西作曲家，1755年前与小提琴家路易·奥古斯特·帕巴维结婚。关于帕巴维夫人，没有其他的消息，甚至她的名字也是个谜。1761年后，她的名字很少被提及。
⑤ 幽冥神，永久黑暗的化身。
⑥ 玛农是宇宙中无所不知、无所不能的创造者，也是巫术的神圣赞助人。玛农被认为是自然的化身，代表了人类的原始本性和野性。
⑦ 在埃及象形文字中，卡图什是一个椭圆形，一端有一条水平线，表明所附文字是皇室名称。

朗布依埃城堡

硝石库慈善医院

在奇怪又和谐的现象中，人类所有法则均无容身之地。我们刚提到的神秘婚姻、奴役和监狱中的爱情夸大了理想，因为理想被可怕的命运压垮了。这是个多么可怕的组合！正是监狱里升起了毒气和磷光，使两个令人敬畏的词相遇，而人类的存在总结在两个词中——享乐和受难。

唉！我们怎样才能阻止脱口而出的呐喊？对不幸的人来说，享受、欢笑、歌唱、求爱、寻爱、维持着爱。不过，歌声中有死亡气息，笑声中有刺耳的声音，享受中有堕落，求爱中有废墟的苍白灰烬，爱中有黑夜。这些欢乐与人类的命运息息相关。

那有什么关系呢？人们渴望看到充满梦想的，令人感到悲伤又奇怪的光的隐约闪现。

什么是烟草？对囚犯来说，烟草为什么如此珍贵？这是一个梦想。囚犯说："只要给我一些烟叶，把我关在地牢里都行。"换句话说："只要给我一座宫殿，我宁愿被扔进阴沟。"妓女和土匪挤在一处，塔耳塔洛斯①和阿韦努斯②混在一起，搅动社会上所有肮脏东西聚集的致命染缸，把所有畸形的东西堆积在一起。这样一来，会产生什么？会产生一种无形的东西。

理想是暗沟里熊熊燃烧的希腊之火。理想的光辉使有思想的人深思，触动了他的心。尼尼·拉什蒂用菲塞希③的情书唤醒并点亮每个女性心中的维斯塔④那盏昏暗的灯。和加尔默罗修会的修道士或修女心中的那盏灯一样，在高级妓女的心中这盏灯永远不会熄灭。这就是《圣经》对"贞女"一词的解释，它同样适用于解释愚蠢童女和聪明处女。

过去是这样，现在还是这样。表面再次发生变化，而根基保持原貌。中世纪毫不掩饰的苛刻在我们这个时代正在消解，爱被以一种猥琐下流的方式表达出

---

① 在希腊神话中，塔耳塔洛斯是一个深不可测的深渊，被用作邪恶的痛苦和折磨的地牢，也被用作泰坦巨神的监狱。根据柏拉图的《高尔吉亚篇》（约公元前400年），塔耳塔洛斯是灵魂在死后被审判的地方，在那里邪恶的人受到神圣的惩罚。
② 阿韦努斯是意大利卡梅附近的一个火山口的古名，位于那不勒斯西部的坎帕尼亚地区。
③ 菲塞希家族是意大利热那亚的一个贵族商人家庭，他们是贝尔蒙特的费希·拉瓦希里王子的后裔，费希家族在中世纪意大利的盖尔夫（教皇党）政治中发挥了巨大的影响。
④ 维斯塔是罗马宗教中灶神或家室女神。她很少被描绘成人的形象，在罗马论坛上，她经常被神殿的火焰所代表。由于她被认为是罗马人民的监护人，她的节日维斯塔利亚被认为是罗马最重要的节日之一。在维斯塔利亚节期间，母亲们光着脚走路。

来，图瓦农叫作奥林匹亚①或因佩里亚②，托马斯-拉-马劳德被叫作圣阿方萨斯③。过去的毛毛虫是真实的，现在的蝴蝶是假的，那只是形态的蜕变，其力量已经很弱小。

马蒂兰·雷尼耶过去常说她们是"母猪"。我们说她们是"活泼的小姑娘"。

形式不同，但态度不变。

愚蠢的贞女很可悲，却无法改变。

第3节 女囚的悲剧

这种痛苦的目睹者见证了人类极端的不幸。

黑暗就是这些极端的不幸。人们对夜晚充满恐惧。灾祸降临到他们身上，死亡的威胁让他们感到绝望。在黑夜中，种种苦难和无尽的悲伤如倾盆大雨倾泻，侵蚀着他们。他们的生活不断遭受狂风暴雨般的折磨，飓风般的苦难席卷而来，不断骚扰着他们。恐怖、邪恶、犯罪、夜晚的黑暗如倾盆大雨不停降临。然而，我们必须去探索这种黑暗。在阴沉的暴风雨中，我们的想象力尝试进行一次艰难的飞翔，就像一只被淋湿的鸟艰难飞行一样。

在地狱般的牢笼，总有种模糊的、幽灵般的恐惧。因为这些地方在人类社会中很少存在，所以为幽灵的存在创造了空间。因此，把这朵花与比塞特收容所送给硝石库慈善医院的不祥花束或由拉福尔斯监狱送给圣拉扎尔女子监狱的邪恶花束联系起来，故事就不足为奇。监狱的看守夜巡后，人们会在牢房和看守所里讲故事。

---

① 奥林匹亚是希腊伯罗奔尼撒半岛上伊利斯的一个小镇，以附近的同名考古遗址而闻名，它是古希腊的一个主要的泛希腊宗教圣地，古代奥运会在这里举行。该遗址主要是为宙斯而建，吸引了来自希腊和世界各地的游客，作为这些"泛希腊"中心之一，帮助建立了古希腊人作为一个国家的身份。尽管有这个名字，但它离奥林匹斯山很远。
② 因佩里亚是一个沿海城市，在意大利的利古里亚地区。
③ 圣阿方萨斯是意大利天主教主教、精神作家、作曲家、音乐家、艺术家、诗人、律师、经院哲学家和神学家。他建立了最神圣的救赎主的会众。1762年，他被任命为圣阿加塔代戈蒂主教。作为一位多产的作家，他一生中出版了九本道德神学著作，以及其他虔诚和苦行的著作和书信。

马德洛涅茨监狱

货币兑换商约瑟夫被谋杀后不久,一束花从拉福尔斯监狱传到了女子监狱——圣拉扎尔或马德洛涅茨监狱。一个女囚在这束花中挑选了一朵白丁香花。

一两个月过去了,挑了白丁香花的女囚被释放了。她深深地迷恋着送自己白丁香花的人。她开始为他履行奇怪的职责——作为姊妹、母亲和神秘配偶的职责。她不知道他的名字,只知道他的监狱号码。她将所有积蓄寄存在监狱办事员那里,全花到那个男人身上。为了和他更亲近,在春天,她在田野里摘了一小枝真正的丁香花。她用一条天蓝色的丝带把这枝丁香花拴在床头,挂在圣盒的带叶小枝上。这些荒废的壁龛从没缺少过圣盒,丁香花就这样枯萎了。

像所有的巴黎人一样,她听过发生在王宫里的风流韵事,也听过两名意大利人——马拉古蒂和拉塔的事情。他们因货币兑换商约瑟夫被捕。

她并不关心与自己无关的不幸,只活在自己的白丁香花里。对她来说,丁香花是最重要的,她只想为这朵花尽自己应尽的"义务"。

在阳光明媚的日子里,她坐在房间里缝制衣物或生理期时用的夜间卫生用品。她不时抬起头,看着挂在床头的丁香花。有时,她凝视着枯萎的花枝直到凌晨4时。

然后,她幻想出一件奇事。

一颗深红色的珍珠从花茎末端渗出,逐渐变大,滚落到白色的床单上。

那是血迹。

就在那天,就在那时,拉塔和马拉古蒂被处决了。

很明显,丁香花是他们中的一个赠予她的。不过,到底是谁呢?

这个不幸的女孩疯了,她被送进硝石库慈善医院,后来在那里逝世。她一天到晚不停地、语无伦次地说:"我是拉塔-马拉古蒂夫人。"

这些伤心女子的心如此的忧郁孤独。

第4节 堕 落

这些不幸女子的感情像伊西斯①的付出一样,没人掀起过她们的面纱,她们身上有个斯芬克斯之谜,没人能解开这个谜。这个谜是戴着面具的裸体。多么可怕的场景!

唉!我们刚才说的一切,男人令人可怜,女人令人感动。

有多少不幸的人被逼着堕落!

深渊是美梦的朋友。正如我们谈到的,除了梦想,堕落者可悲的心里没有别的东西了。

使她们毁灭的是另一个梦——一个关于财富的可怕的梦,一个充满荣耀和天堂幻境的梦魇,还有穷人胸中的狂喜。地狱里听到的喇叭声,伴随着幸运者的胜利,在浩瀚的夜晚显得十分辉煌。奇妙的序曲预示着黎明的到来!马车滚滚而来,黄金飞下如雨,丝带沙沙作响。

为什么我不能拥有这些?多么可怕的想法!

---

① 伊西斯是古埃及神话中的生命、魔法、婚姻和生育女神,是赫里奥波里斯的九柱神之一。她被视为完美女性的典范。她是伟大的母亲和忠贞的妻子,自然和魔法的守护神,也是亡灵和幼童的保护神。

透过可怕的通气孔的光线使她们眼花缭乱，闷热的蒸汽使她们头晕目眩。她们先迷失，然后变得富有。

财富是致命的、遥远的光。女人疯狂地飞向它。这束光拦住了百灵鸟一样的女人。

因此，她们已经富有，她们也有过狂喜陶醉的日子，有过值得庆祝的时刻，有过神采飞扬的瞬间。

她们对谦虚有着致命的狂热，她们饮尽酒杯中的虚无，她们沉醉在遗忘的疯狂中。多美好的希望啊！多大的诱惑啊！无所事事却拥有一切。唉！什么也没有，甚至失去了自我。要成为沉迷于肉体的人，成为待售的美人，爱上一样东西的女人！她们曾梦想过，也曾有过——完全拥有同样的东西，但只是一个梦——豪宅，马车，穿制服的仆人，充满欢笑的晚宴，充满金子、银子、丝绸、天鹅绒、钻石和珍珠的房子，还有奢侈的生活。这是所有的快乐。

哦！这些可怜的小人赤着脚在海边玩耍。黄昏时，她们听到了悬崖上山羊的铃铛声。这样的情景多么美好啊。

她们短暂的、难以置信的欢乐在第二天就灰飞烟灭了。"爱"这个词意味着仇恨。看不见的东西让看得见的东西加倍重现，令人心灰意冷。分享她们狂喜的人，她们给予一切的人，收到了一切，却拒绝了一切。她们——堕落的人们——在灰烬中播种，即使正被拥抱，也被抛弃了。亲吻只是表象，藏在背后的抛弃之心在窃笑。

现在，她们该怎么办？她们不得不继续爱下去。

第5节 爱的力量

哦！不幸的人如果能够忘记自己的感情和梦想，用一种无法软化的坚韧来硬化自己，永远保持冷漠和无情，就能抛却七情六欲，变成恶魔！她们如果再也无法思考了，如果能忽略花朵，抹去星星，堵住深洞口，关上天堂门，那么至少不会继续受苦了。不过，她们没有那样做。她们有结婚的权利、爱的权利、受折磨的权利、追求理想的权利。任何对感情的打击和内心的冷酷都无法熄灭她们内心的火焰。不管她们感到多冷，内心的火焰都会燃烧。我们说过，这既是她们的苦难，也是她们的胜利王冠。崇高与落魄结合在一起，压倒了她们，然后，又把她们举起来。无论她们是否愿意，无法熄灭的东西永远不可能被熄灭。幻想是不可驯服的，没什么比梦想更无敌。人几乎是由梦构成的，人的本性不愿接受失败。一个人必须思考、渴望、爱。如果需要的话，大理石就是一个榜样。雕像变成了女人，而不是女人变成了雕像。

下水道是个避难所。它是不健康的，里面有变质的空气，但不可抗拒的现象出现了。所有神圣的慈爱在这里得以充分发挥。愤世嫉俗和怜悯的隐秘绝望被狂喜驱赶，仁慈的辉煌照亮耻辱。一个孤儿似的人觉得自己是妻子、姐妹、母亲。她把无家可归的亲情，无子可爱的母性，无处寄托的爱慕之情，全丢进外部的黑暗中。有人娶了她。谁？黑暗中的人。她看到手指上的戒指由梦中神秘的金子制成。她啜泣着。泪水从她眼中涌出，那是悲伤的快乐。

同时，让我们重复一遍，她遭受了前所未闻的折磨，她不属于自己以身相许的人，每个人都让她伤心。公众残酷的手抓着这个可怜人，不愿放她走。她想逃离。逃去哪里？逃离谁？逃离你，逃离她自己，主要逃离她爱的他，她理想中的那个只适合出现在葬礼上的男人。不过，她无法做到。

因此，这些都是极端的痛苦。不幸的人接受惩罚。她之所以需要赎罪，是因为她的自命不凡。无论她做什么，她都必须爱。她认定了末日之光，她不得不吊唁，她必须出手相助，必须全心全意地奉献。她必须善良，一个失去了质朴品质的女人，再也不会明白爱情。感情的退潮就像海潮一样不可避免。心灵的光，就像夜间的灯一样，始终如一。

我们心中有永远不能失去的东西。舍弃、牺牲、温柔、热情，所有光芒都照着她内心深处的自我，打击她并灼烧她。所有美德留在她身上，让她一直痛苦。她本可能为人妻，而现在只是一个奴隶。她所做的一切等于在朦胧的幻觉中安抚一个强盗，用一片星光闪闪的布片装饰下层社会的切口。她的做法是没有希望的，是不会有结果的。她是罪犯的慈爱的姐妹。她付出爱。唉！她长期忍受着绝不可接受的慈爱的神性。她宽宏大量，而且陶醉其中。她为一种可怕的幸福感到高兴。她回到让上帝愤怒的伊甸园。

我们没有充分反思这一点，这是我们自身具备并不可丢失的东西。

沦落风尘、作恶和犯罪有什么关系呢！

夜晚可以变成自己喜欢的黑色。不过，火花仍然存在。无论你走到多卑微的地方，那里都有光。光无处不在。光在流浪者中，在乞丐中，在盗贼中，在街上行走的人中。你走得越远，奇迹般的光就越多。

每颗心中都有非常珍贵的东西。对无论是沟壑一样狭隘的心胸，还是海洋般宽阔的胸怀，爱都是一样珍贵的。

任何艰难困境都不能消磨上帝创造的心脏。因此，在阴暗、绝望、冷酷和遗弃的极端，在混沌黑暗中，在腐败处，在监牢中，在黑暗的小径中，在沉船中，在重重苦难下，在公众鄙视的沼泽中，在骇人的雪花飞舞的漩涡背后，法官、宪兵、狱吏、刽子手、嫖客在阴沉的灰色薄雾中来来往往，而阴暗的薄雾对这些可怜虫来说就像太阳。在残酷的死亡阴影下，在用花岗岩或仇恨建成迷宫似的拱顶下、在恐怖的最深处、在窒息过程中、在一切黑暗混乱的深处、在由痰液形成的可怕洪流中、在一切都灭绝的地方，一些东西在移动并闪闪发光。它是什么？是火焰。

它是什么火焰？

它是灵魂的火焰。

哦，可爱的奇迹！

爱——理想的东西，即使在地狱中，也能被找到。

第 8 章

杜伊勒里宫

（1844—1848）

第 1 节 国 王[①]

1844年6月28日

路易·腓力一世告诉我，有一天，夏尔·莫里斯·德·塔列朗-佩里戈尔对他说道："您永远无法和阿道夫·梯也尔一起做任何事，尽管他有很高的利用价值。他属于那种凡事先提要求的人。但从目前来看，他提出的要求永远得不到满足。不幸的是，处在我们这个时代的他，不可能成为枢机主教。"

关于巴黎的防御工事，国王告诉我拿破仑·波拿巴如何得知盟军占领巴黎的消息。

由卫队开路，拿破仑·波拿巴进军巴黎。在瑞维西附近，在枫丹白露森林中立着一座方尖碑的地方——路易·腓力一世说："每次看到这座方尖碑，我都感到沉重。"——一个信使去见拿破仑·波拿巴并告诉他巴黎投降的消息。巴黎被占领了，敌人已经进入巴黎。拿破仑·波拿巴面色苍白，用手挡住脸，一动不动地待了十五分钟。然后，他一句话也没说，转身踏上回枫丹白露的路。

---

① 指路易·腓力一世。——原注

路易·马里·巴蒂斯特·阿塔兰目睹了这一幕并向路易·腓力一世讲述了当时的情况。

1844年7月

几天前，路易·腓力一世当着其他人的面对让-德-迪乌·苏尔特元帅说："元帅，你还记得加的斯围困吗？"

"记得，加的斯被围困前，我发誓一定要夺回来。我投入很多，但没有夺回来，反而被迫离开。"

让-德-迪乌·苏尔特元帅

"元帅,你到加的斯时,我就在里面。"

"我知道。"

"西班牙议会和英格兰内阁给我西班牙军队的指挥权。"

"我记得。"

"他们郑重做出那样的提议。为此,我犹豫了很久。我非常困惑的是,他们提议让我对法兰西发动战争!我可能会拿起武器保护我的家人,却不可能攻打自己的国家!这时,你通过一个值得信赖的人,请求我到加的斯和营地之间的科塔杜拉海滩的一栋小房子里与你秘密会晤。你还记得吗,元帅?"

"记得非常清楚。当时,日子已定,一切已安排妥善。"

"不过,我没有到场。"

"是。"

"你知道为什么吗?"

"我不知道。"

路易·腓力一世微笑着说:"让我来告诉你。当时,我正准备去见你。然而,不知道英军中队的一个指挥官是如何得知了消息。他粗鲁地来找我,警告我说我会中圈套。他说因为加的斯坚不可摧,所以我不可能被抓住,但在科塔杜拉,情况便不一样了,我会被你逮捕。他还说,拿破仑·波拿巴想把我变成第二个昂吉安公爵路易·安托万。你可能会马上击毙我。这是真的。你摸着良心告诉我,当时,你打算开枪打死我吗?"

让-德-迪乌·苏尔特元帅沉默片刻,然后,带着和路易·腓力一世一样难以捉摸的微笑回答:"不,我想让您妥协。"

谈话的主题变了。几分钟后,让-德-迪乌·苏尔特元帅向路易·腓力一世告退。路易·腓力一世看着他离去,微笑着对听到这段谈话的人说:"妥协!妥协!今天称为'妥协'。事实上,他原本想开枪打死我!"

1844年8月4日

1844年8月3日,路易·腓力一世对我说:

丹尼·奥古斯特·阿弗尔

"目前,在大学和神职人员的任命问题上,我遇到一个难题——丹尼·奥古斯特·阿弗尔①的任命。"

我说:"那么,您为什么要任命他呢?"

"我承认犯了错。起初我任命阿拉斯的枢机主教拉图尔-德奥弗涅的于格-罗伯特-让-夏尔为巴黎大主教。"

我说:"这是个不错的选择。"

"这的确是个不错的选择。他微不足道。他是个无足轻重的、诚实的老人,是个很随和的人。卡洛斯派②非常欢迎他。不过,拉图尔-德奥弗涅的于格-罗伯特-让-

---

① 1848年9月25日,丹尼·奥古斯特·阿弗尔大主教在圣安托万郊区试图阻止军队和反叛者之间的战斗时中弹身亡。——原注
② 卡洛斯派是西班牙一个政治派别。因支持国王斐迪南七世之弟、西班牙王位觊觎者卡洛斯(自称"卡洛斯五世")及其后裔争夺王位而得此名。

夏尔感到很为难，他全家都恨我。虽然我劝他接受，但他仍然拒绝。我不知道该怎么办。在匆忙中，我任命了丹尼·奥古斯特·阿弗尔。我本不应该任命他，因为他面无表情且少言寡语，我误以为他的神态是神职人员的气度。不过，我错了，后来发生的事你都知道了。1840年，阿道夫·梯也尔把他推荐给我并催我任命他。阿道夫·梯也尔不会判别大主教。我没有进行充分考虑，就任命了丹尼·奥古斯特·阿弗尔。我本应记得夏尔·莫里斯·德·塔列朗-佩里戈尔对我说的话：'巴黎大主教必须是个老人。巴黎大主教区比较安静，常常缺少大主教。'我却任命了丹尼·奥古斯特·阿弗尔。他是个年轻人，这是个错误。然而，我将重建圣丹尼教堂并任命枢机主教拉图尔-多韦涅为主教。我跟教廷大使谈到这个计划时，教廷大使笑得很开心。他说：

阿道夫·梯也尔

'丹尼·奥古斯特·阿弗尔会犯一些愚蠢的错误。如果他去罗马,教皇会冷落他。自从他成为大主教,在任何场合,他都显得优柔寡断、轻浮唐突。任何一个有智慧的大主教都应该一直和自己的国王及远方的教皇保持良好的关系。'"

1844年8月

一两个月前,路易·腓力一世去了德勒。当时,正值奥尔良公爵斐迪南·腓力①忌日。路易·腓力一世选择在那天把亲属们的棺椁有序安放在王室墓地中。

奥尔良公爵斐迪南·腓力

---

① 奥尔良公爵斐迪南·腓力,路易·腓力一世和那不勒斯的玛丽亚·阿玛莉亚的长子。

奥尔良公爵夫人路易丝·玛丽·阿代拉伊德·德·波旁

法国大革命期间，法兰西亲王们的墓地遭到破坏，遗骨被扔得到处都是。路易·腓力一世的母亲——奥尔良公爵夫人路易丝·玛丽·阿代拉伊德·德·波旁①把王室遗骨收集起来，放在一具棺材里。这具棺材被放在一个独立墓地里。最近，墓地拱门倒塌，砸碎了棺材。拱门的碎片、石块、灰泥与遗骨混在一起。

路易·腓力一世让人把这具棺材抬来，在自己面前打开。他事先准备了一具更大、更结实的棺材。他和牧师及两个随从单独待在墓室里。路易·腓力一世亲手把先辈们的遗骨一块块从破碎的棺材中取出，小心翼翼地放在新棺材里。他不允许

---

① 奥尔良公爵夫人路易丝·玛丽·阿代拉伊德·德·波旁，彭蒂弗尔公爵路易·让·马里·德波旁和摩德纳的玛丽亚·特蕾莎·费利西塔斯公主的女儿。在她的哥哥路易丝·亚历山大·德·波旁·彭蒂弗尔去世时，她成为法国大革命前最富有的女继承人。

第 8 章 杜伊勒里宫（1844—1848）

任何人碰这些遗骨。他不时数着骷髅头说:"这是庞蒂耶夫尔公爵,这是博若莱公爵。"他竭尽全力把所有遗骨移到新棺材里。

移骨仪式从9时持续到19时。其间,路易·腓力一世没有休息,也没有进食。

1844年8月

1844年8月15日,我在阿贝尔-弗朗索瓦·维尔曼家里吃过饭后,拜见了路易·腓力一世。阿贝尔-弗朗索瓦·维尔曼住在讷伊附近的一栋乡间别墅里。

当时,路易·腓力一世不在客厅,客厅里只有王后那不勒斯和西西里的玛利亚·阿玛莉亚、阿代拉伊德·德·奥尔良和几个女士,其中有迷人的菲尔明-罗吉耶夫

那不勒斯和西西里的玛利亚·阿玛莉亚

斐迪南·德·莱塞普

人。有许多来访者,其中包括与我一起出席晚宴的布罗格公爵和罗西及最近作为巴塞罗那领事的、工作出色的斐迪南·德·莱塞普,还有菲尔明-罗吉耶和阿古伯爵安托万·莫里斯·阿波里奈。

我向王后那不勒斯和西西里的玛利亚·阿玛莉亚鞠躬行礼。她向我详尽地讲述了茹安维尔亲王弗朗索瓦·德·奥尔良的王妃分娩的情况。茹安维尔亲王弗朗索瓦·德·奥尔良的王妃分娩和收到孩子的父亲轰炸丹吉尔的消息正好是同一天——1844年8月14日。茹安维尔亲王弗朗索瓦·德·奥尔良的王妃的孩子是个女孩,她一整天都吻着孩子说:"她多漂亮呀!"其他亲王常拿她的口音开玩笑,因为她的口音是那种甜美的南方口音。

在我和王后那不勒斯和西西里的玛利亚·阿玛莉亚交谈时,身着黑衣的奥尔良公爵夫人走进来并坐在阿代拉伊德·德·奥尔良旁边。阿代拉伊德·德·奥尔良对她说:"晚上好,亲爱的海伦。"

过了一会儿，弗朗索瓦·基佐先生路过客厅。他穿着黑衣，戴着一串装饰品，扣眼上系着红丝带，大衣上戴着荣誉军团的徽章，面色苍白，神情严肃。他走到我身边时，我握住了他的手。他对我说："过去几天里，我一直在找你，但没找到。到我那里待一天吧。我有很多事要跟你说。我住在奥特伊，在阿盖诺广场四号。"

我问道："国王今晚会来吗？"

弗朗索瓦·基佐回答："我想他不会来。他和马科男爵安吉·勒内·阿尔芒在一起。因为有重大消息，所以他整晚都很忙。"

然后，弗朗索瓦·基佐离开了。

马科男爵安吉·勒内·阿尔芒

埃及总督易卜拉欣帕夏

22时左右,我准备离开。这时,阿代拉伊德·德·奥尔良的一个侍女告诉我路易·腓力一世很想和我说话,要我留下。我回到客厅,当时,客厅里几乎空无一人。

过了一会儿,路易·腓力一世进来了。他穿着便衣,看起来忧心忡忡。从我旁边走过时,他对我说:"等我开完会,大家都离开后,我们还有一些时间。现在,这里只有四个人。我对每个人都有句话要说。"

事实上,路易·腓力一世只是与普鲁士使者和斐迪南·德·莱塞普先生见面耽搁了一会儿。他们必须给路易·腓力一世一封来自亚历山大港的信,那是关于埃及总督易卜拉欣帕夏①的辞职信。

大家离开后,路易·腓力一世来到我身边,挽着我的胳膊,领我走进前厅,吩

---

① 易卜拉欣帕夏,穆罕默德·阿里的长子。他在父亲穆罕默德·阿里统治期间建立的埃及军队中担任将军,十几岁时第一次指挥埃及军队。

咐我坐在壁炉对面两扇门之间的红色座椅上。然后,他开始迅速地、满怀激情地说话,似乎非常放松,如释重负:

"雨果先生,很高兴见到你。你怎么看这一切?一切看起来似乎很严重,但实际上没有那么严重。不过,在政治上,我知道,人们有时会同时考虑看起来严重的事和真的很严重的事。在占领这个讨厌的受保护领地①时,我们犯了一个错误,我们原以为自己正在做一些受法兰西人欢迎的事。结果,我们为世界做了某种令人尴尬的事。这件事并没有那么受欢迎,但令人非常尴尬。我们为什么要被塔希提岛②拖累呢?对我们来说,海洋中央的像撮烟草种子一样的岛屿算什么呢?把我们的荣誉寄放在四千里格外的一个被野蛮人和疯子侵扰的岗哨里有什么用?总的来说,这件事很可笑。一切都说过也做过了。这是件小事,没什么大不了的。罗伯特·皮尔说话草率,他的做法很愚蠢,像小学生一样。欧洲人对他的尊敬在减弱。他是个严肃的人,却做出轻率举动。他不懂任何外语,除非他是个天才,否则一个不通晓数国语言的人的思想必有漏洞,可见罗伯特·皮尔没有天分。你相信吗?他不懂法语,因此,他对法兰西一无所知。法兰西人的思想像影子一样在他面前掠过。他没有恶意,却思想保守,这就是全部问题的症结。他说话不经思考。四十年前,我第一次见到罗伯特·皮尔。当时,我就断定四十年后的今天他会是这个样子。那时,他还是个年轻人,是某个伯爵的秘书③。我经常到伯爵家去。当时,我在英格兰。当见到年轻的罗伯特·皮尔时,我确信他有很长的路要走,但他会停下来。我错了吗?有些英格兰人,而且是地位很高的英格兰人,根本不了解法兰西人。就像后来成为威廉四世的可怜的克拉朗斯公爵④。他不过是个水手。像我经常对儿子茹安维尔亲王⑤说的那样,要提防克拉朗斯公爵那种水手的思维方式,因为水手在陆地上毫无用武之地。克拉朗斯公爵过去常对我说:'奥尔良公爵,英法每隔二十年就必然爆发一次战争,

---

① 塔希提岛受保护国。——原注
② 这时,路易·腓力一世把塔希提岛说成了塔埃特。——原注
③ 路易·腓力一世说得很快,因此,我没听清名字。——原注
④ 指威廉四世,乔治三世和夏洛特王后的第三子。1789年,他被封为克拉伦斯公爵,1830年6月26日,其兄弟乔治四世去世后,他成为大不列颠及爱尔兰联合王国国王和汉诺威国王
⑤ 茹安维尔亲王弗朗索瓦·费迪南德·菲利普·路易斯·玛丽·德·奥尔良,路易·腓力一世的第三子,是法兰西海军上将,也是一位才华横溢的艺术家。

历史证明了这一点。'我回答:'亲爱的公爵,如果智者允许人类重复做同样的蠢事,那么他们有什么用呢?'克拉朗斯公爵像罗伯特·皮尔一样,一句法语也不懂。

像克拉朗斯公爵一样的人和威廉·赫斯基森[①]区别真大!你知道被火车撞倒受重伤而死的威廉·赫斯基森吧。可以说,他精明能干,也很聪明。他懂法语,也喜欢法兰西。他曾是我在雅各宾俱乐部的伙伴。谈到这里,我深感遗憾。威廉·赫斯基森什么都懂。如果英格兰现在有个像他一样的人,那么他和我将会确保世界和平。雨果先生,没有他,我也会这样做。我将独自去做。罗伯特·皮尔将重新考虑自己说过的话。天啊!他竟然那样说!他知道自己说的话是出于什么原因,而且会产生什么后果吗?

你参加过英格兰议会吗?你会站在自己的立场、站在自己党派的立场说话。你被冲昏了头脑。你多半说的是别人的观点,而不是自己的观点。议会中存在一种磁场般的交流,人人都受到这个交流磁场的影响。等你起身发言时[②],议员在你周围吵闹。这时,你就完全忘记了自己的立场。有人说:'英格兰被严重侮辱。'又有人说:'英格兰受到极大的轻蔑。'双方要的只是掌声,除此之外,他们一无所求。但这很糟糕、很危险,也很致命。在法兰西,我们的发言席把发言者与听众隔开,这样做有很多好处。

在所有英格兰政治家中,我只知道一个能承受住议会磁铁般的影响力的人——威廉·皮特。威廉·皮特是个聪明人,他个子很高,神态带着些局促不安,说话时常犹豫不决,下巴似乎重一英担[③]。因此,迟钝使他谨慎地发表意见。再说,威廉·皮特是多么了不起的政治家啊!总有一天,人们会公正地评价他,即使法兰西人也会公正地评价他。威廉·皮特和科堡仍在遭受谴责,但这是一种孩子气的愚蠢行为,总会过去的。威廉·皮特懂法语。要适当地进行政治活动,我们必须有懂法语的英格兰人和懂英语的法兰西人。

您听我说,下个月我要去英格兰。在英格兰,我会很受欢迎,因为我会说英语。英格兰人会明白我已经充分研究过他们,而不是憎恨他们,因为人们一开始总是讨

---

① 威廉·赫斯基森,英格兰的金融家和政治家。
② 说到这里,路易·腓力一世站起来,模仿英格兰议会中一位演说者的样子。——原注
③ 在英格兰,一英担等于一百一十二磅。在美国,一英担等于一百磅。

威廉四世

茹安维尔亲王

威廉·皮特

威廉·赫斯基森

厌英格兰人。这只是表面的印象，我尊重他们，为自己的研究感到自豪。有件事让我担心，那就是我在英格兰会受到太热烈的欢迎。对此，你不要告诉别人。我将不得不回避英格兰人的狂热欢迎，在英格兰受欢迎会使我在法兰西受冷遇，但我也不要在英格兰受冷遇。我如果在英格兰受冷遇，就会在法兰西被嘲笑。哦！想让路易·腓力一世产生动摇并不容易。雨果先生，我说的对不对？

然而，我会努力做得比大笨蛋俄罗斯帝国皇帝尼古拉一世好。他搬起石头砸自己的脚，看起来呆头呆脑的，是个容易受骗的人！他只是个俄罗斯下士，穿着带扣长筒靴。在波兰舞会前夕，我将到达伦敦。这是多么好的主意啊！你认为我会在滑铁卢纪念日前夕去英格兰吗？故意找麻烦有什么用？国民不会因为我们这些当国王的人而改变他们的看法。

尼古拉一世

雨果先生！雨果先生！有智慧的国王们是非常罕见的。看看埃及的易卜拉欣帕夏，他很聪明，却与查理五世一样失职。他虽然有天赋，但做了同样的蠢事。看看这个白痴摩洛哥国王！在一群晕头转向的国王们中治理国家是多么糟糕的工作，他们不会强迫我犯下发动战争的大错。他们正在逼我，但无法逼我发动战争。您听着，要记在心里：维护和平的秘诀就是从好的方面而非坏的方面看待一切。哦！罗伯特·皮尔真是一个奇怪的人。他总是不假思索地乱说话。他不知道我们的全部优势，他根本不思考！

1843年冬，普鲁士亲王查理①在布鲁塞尔对我女儿说了一番非常真诚的话：'我们羡慕法兰西的是阿尔及利亚。这种羡慕不是在领土方面，而是在战争方面。对法

普鲁士亲王查理

---

① 普鲁士亲王查理，普鲁士腓特烈·威廉三世的小儿子。他成年后大部分时间都是普鲁士将军。然而，他可能更常被人们记住的是他对艺术的赞助，以及他收藏的大量艺术品和盔甲。

兰西来说，在自家门口进行一场既不会给欧洲带来麻烦，又会为自己组建军队的战争，是一件伟大的、难得的好事。迄今为止，我们只有检阅部队和被检阅的士兵，而没有具备实战经验的士兵。如果发生冲突，那么我们只有在和平时期培养的士兵。多亏了阿尔及尔人，法兰西有在战争中培养起来的士兵。'这就是普鲁士亲王查理说的。他说的是实情。

同时，我们鼓励生孩子。上个月，内穆尔公爵路易亲王①的王妃生了个女儿。这个月，茹安维尔亲王弗朗索瓦·德·奥尔良的王妃生了个女孩，我原以为她会生个

内穆尔公爵路易亲王

① 路易·腓力一世的次子。

男孩。不过，鉴于他们试图把我的家族孤立在欧洲王室外，我必须考虑未来的联姻。我的孙辈们之间会联姻。昨天出生的小孩子不会缺少表兄弟，因此，她不会嫁不出去。"

说到这里，路易•腓力一世笑了起来。我站了起来。路易•腓力一世几乎毫不间断地讲了一个小时十五分钟，我只是偶尔插几句话。在大段的独白中，阿代拉伊德•德•奥尔良回自己房间时经过我们。路易•腓力一世对她说："我一会儿就去找你们。"然后，他继续和我谈话。我离开路易•腓力一世时，已将近凌晨。

在这次谈话中，路易•腓力一世问我：

"您去过英格兰吗？"

"我没过去。"

"嗯，当您真正去时——因为您会去的——您会看到它有多奇怪。英格兰与法兰西完全不同，英格兰的街道井然有序、排列整齐、美观对称、干净整洁，草坪被修剪得整整齐齐，街上非常安静，路人就像幽灵一样严肃又沉默，而法兰西人充满活力。您在街上说话时，幽灵们会回头看您，并且带着一种无法形容的严肃和蔑视喃喃自语：'法兰西人！'在伦敦时，我和妻子还有妹妹挽着手散步。我们谈话的声音不太大，因为我们是有教养的人。然而，所有的行人，包括资产阶级和普通人，都转过头凝视着我们。我们能听到他们在我们身后粗鲁地嘟哝着：'法兰西人！法兰西人！'"

1844年9月5日

路易•腓力一世站起来，来回踱一会儿步。他好像非常激动，然后走过来坐在我旁边说："听我说，阿贝尔-弗朗索瓦•维尔曼跟我讲了您对他说的话。您对他说：'英法之间关于塔希提和普里查德的纠纷，让我想起了两个海军中尉在一家咖啡馆里的争吵，其中一个不喜欢另一个看自己的方式。因此，他们进行了一场决斗。不过，两个国家不应该像两个海军中尉这样的持枪者一样做事。此外，像英法这样的两个国家的决斗中，被消灭的是文明。'这真是您说的，对不对？"

"是我说的。"

"您的评论让我非常震惊。就在当晚,我把这句话写在一封给国王的信中。我经常整夜写东西。在很多夜里,我继续前人未竟的事业。不过,我什么也不说。他们不会感激我,反而会辱骂我。哦!是的,我的工作确实很辛苦。在我这个年纪——我已经七十一岁——无论白天还是黑夜,我没有片刻真正地休息过。我总是感到不安,因为我感觉自己是欧洲旋转的轴心。这让我如何安心?"

1844年9月6日

1844年9月5日,路易·腓力一世对我说:"维护和平如此困难的原因是,欧洲有两件东西让欧洲人厌恶——法兰西和我。我甚至比法兰西更令人憎恶。我毫不隐瞒地跟您讲,他们恨我,因为我是奥尔良家族的人。他们恨我,因为我就是我。至于法兰西,欧洲人也不喜欢法兰西,但如果换作别人当权,他们可能会包容法兰西。拿破仑·波拿巴对他们来说是一种负担,他们通过怂恿拿破仑·波拿巴发动自己热衷的战争,以此来推翻他。我也是他们的负担。他们想强迫我打破我热爱的和平,以此来推翻我。"

然后,路易·腓力一世用手捂住眼睛,把头靠在沙发靠垫上,就这样沉思了一段时间,仿佛彻底绝望了。

1844年9月6日

路易·腓力一世对我说:"我只在社交场合见过一次马克西米利安·罗伯斯庇尔,那是在普瓦西附近的一个叫米格诺的地方,现在依然存在。那里属于卢维耶一个叫德克雷托的富有制布商。那是1791年或1792年。有一天,德克雷托邀请我去米格诺吃饭,我应邀出席。宴会时间到了,大家都已就座。应邀的还有马克西米利安·罗伯斯庇尔和热罗姆·佩蒂翁·德·维伦纽夫。不过,我之前从没见过马克西米利安·罗伯斯庇尔。米拉博伯爵奥诺雷·加布里埃尔·里奎蒂说马克西米利安·罗伯斯庇尔的脸像是'一只在喝醋的猫'的样子。这句话形容马克西米利安·罗伯斯庇尔再合适不过了。晚宴期间,马克西米利安·罗伯斯庇尔神情沮丧,几乎没怎么说话。他即使偶尔说话,发出的声音既不友好又敷衍,似乎对赴宴感到生气,特别是我也在场。

马克西米利安·罗伯斯庇尔

热罗姆·佩蒂翁·德·维伦纽夫

"席间,热罗姆·佩蒂翁·德·维伦纽夫指着马克西米利安·罗伯斯庇尔对德克雷托大声说:'亲爱的先生,你必须让这个花花公子结婚!'

"马克西米利安·罗伯斯庇尔反驳道:'您什么意思,热罗姆·佩蒂翁·德·维伦纽夫?'

"热罗姆·佩蒂翁·德·维伦纽夫说:'我是说,您必须成家立业。我建议您结婚。您言辞刻薄、神情忧郁、满腹怨恨、闷闷不乐、脾气火爆、郁郁寡欢。我很担心您。您需要一个女人来改变您的脾气。'"

路易·腓力一世说:"马克西米利安·罗伯斯庇尔甩了甩头,想微笑,但只做了个怪相。这是我唯一一次在社交场合遇见马克西米利安·罗伯斯庇尔。后来我在国民议会讲坛上见过他。他非常令人讨厌,说话慢吞吞的、声音很高,还很啰唆。他比以往更尖酸、更忧郁、更刻薄。显然,热罗姆·佩蒂翁·德·维伦纽夫没有让他成家。"

1844年9月7日

上周四,路易·腓力一世对我说:

"弗朗索瓦·基佐优点突出,缺点也很多①,他有令我敬佩的勇气——不怕对手的攻击。不过,在面对朋友时,他缺乏这种勇气。弗朗索瓦·基佐不知道如何与自己党派的人进行短暂的争吵。威廉·皮特在这方面特别擅长。在关于塔希提的问题上,像在搜查权问题上一样,弗朗索瓦·基佐不怕反对派,不怕新闻界,不怕激进派,不怕卡洛斯派,不怕正统派,也不怕法兰西成千上万的广场上不计其数的怒吼者,他只怕诺埃尔·勒菲弗-迪吕夫勒。诺埃尔·勒菲弗-迪吕夫勒会说什么?诺埃尔·勒菲弗-迪吕夫勒怕第十二区的代表。第十二区的会说什么?第十二区不喜欢英格兰人——我们必须坚决反对英格兰人。不过,第十二区不喜欢战争——我们必须给英格兰人让路,在坚决反对和让步之间需要和解。第十二区控制着诺埃尔·勒菲弗-迪吕夫勒,而诺埃尔·勒菲弗-迪吕夫勒控制着弗朗索瓦·基佐。换句话说,第十二区控制着法兰西。我对弗朗索瓦·基佐说:'你怕什么?勇敢点儿。'但诺埃

---

① 说来奇怪,在周二,弗朗索瓦·基佐跟我谈起路易·腓力一世时,说了同样的话。不过,他先说的是缺点。——原注

尔·勒菲弗-迪吕夫勒和弗朗索瓦·基佐一动不动地站在那里，面色苍白，没有回答。哦! 恐惧! 雨果先生，恐惧是奇怪的东西，这种恐惧会传播。恐惧抓住了这个人，抓住了那个人，又抓住了另一个人，围着桌子传播。我不是部长，但如果我是，我觉得自己不会害怕。我会看到正确的事情，然后，径直向它走去。还有什么比以和平方式促进文明社会发展更好的目标吗?"

几年前，奥尔良公爵斐迪南·腓力跟我讲，在七月革命后的一段时间里，路易·腓力一世让他参加政务会。奥尔良公爵斐迪南·腓力参加了大臣们的讨论会。有一天，司法部部长约瑟夫·梅里卢在路易·腓力一世讲话时睡着了。

路易·腓力一世对奥尔良公爵斐迪南·腓力说："把他叫醒。"

约瑟夫·梅里卢

当时，奥尔良公爵斐迪南·腓力坐在约瑟夫·梅里卢旁边，用胳膊肘轻轻地推他。约瑟夫·梅里卢睡得很香，奥尔良公爵斐迪南·腓力再次推他，约瑟夫·梅里卢继续睡。最后，奥尔良公爵斐迪南·腓力把手放在约瑟夫·梅里卢的膝盖上。约瑟夫·梅里卢终于醒了，大声喊道："走开，索菲。你挠痒我了！"

下面是"臣民"这个词从法律和条例的序言中被删除的过程。

1830年，雅克-夏尔·杜邦·德·勒尔任司法部部长。1830年8月7日，路易·腓力一世宣誓就任国王的那天，雅克-夏尔·杜邦·德·勒尔在他面前让他签署一项法律。序言上写着"让所有臣民知道并颁布法令给所有臣民"等。接到指示抄写该内容的职员是个头脑发热的年轻人，他反对用"臣民"这个词并拒绝抄写。

雅克-夏尔·杜邦·德·勒尔

雅克-夏尔·杜邦·德·勒尔上任不久。这个年轻职员在雅克-夏尔·杜邦·德·勒尔上任前就在办公室工作。

雅克-夏尔·杜邦·德·勒尔问道："要拿给国王签署的副本准备好了吗？"

职员回答："没有，部长。"

雅克-夏尔·杜邦·德·勒尔听了职员的解释后，捏住他的耳朵，微笑着又有点生气地说："废话，共和党人先生，你马上把'臣民'一词抄上。"

职员耷拉着脑袋，认真地把这个词抄上。

然而，当雅克-夏尔·杜邦·德·勒尔笑着告诉路易·腓力一世这件事时，路易·腓力一世没有笑。当时，一切似乎很严肃。老安德烈·马里耶·让·雅克·迪潘先生以前是大臣，但现在已经不担任职务。他避免使用"臣民"并绕过了这个难题。他提出的措辞得到了大家的同意，而且此后被一直沿用——"让人人都知道并颁布法令给众人。"

1847年

路易·腓力一世的车驾是一辆由八匹马拉的蓝色四轮马车。马车里面用金色锦缎装饰，门上有镶着王冠的路易·腓力一世的花押。马车的四面板上镶着王冠，车顶周边镶着八个小银王冠。马车夫个头高大，坐在三个仆人前面。他们都穿着长丝袜和奥尔良王室的三色制服。

路易·腓力一世先登上马车，坐在右手靠边座位。然后，内穆尔公爵路易亲王坐在国王旁边，其他三个亲王跟着上车，坐在国王对面的是茹安维尔亲王弗朗索瓦·德·奥尔良①，坐在内穆尔公爵路易亲王对面的是蒙庞西耶公爵安托万②，奥马勒公爵亨利·德·奥尔良③坐在他们二人中间。

路易·腓力一世出席议会那天，上议院和下议院④的代表们组成代表团。抽签选定的十二个上议院议员和二十五个下议院代表在波旁宫的大台阶上恭迎他。因为

---

① 路易·腓力一世的第三子。
② 路易·腓力一世的幼子。
③ 路易·腓力一世的第五子。
④ 这里用的是两院，指上下议院。上议院也叫贵族院，下议院是国民议会。

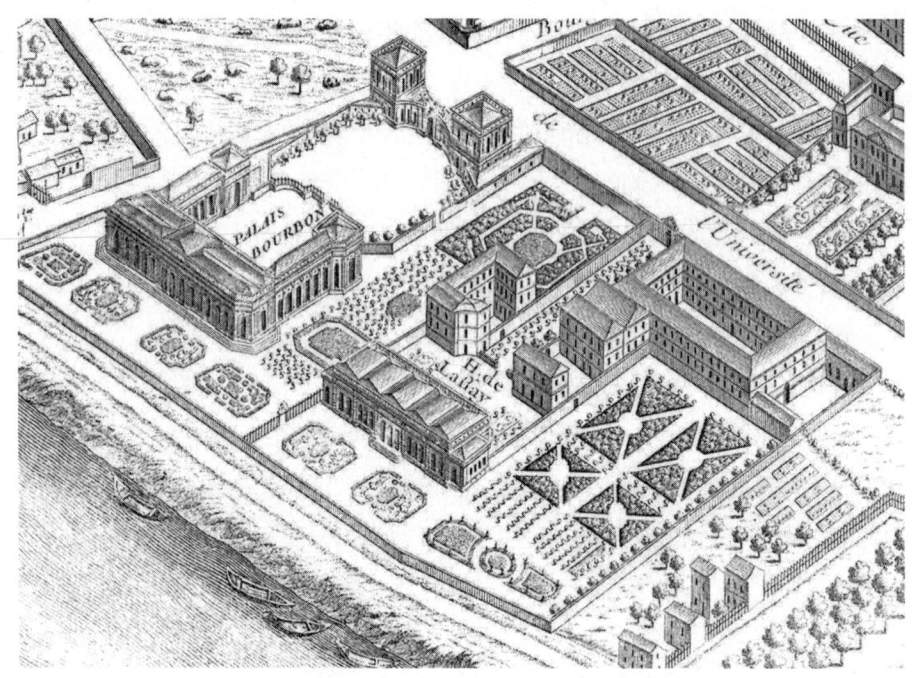

波旁宫

议会几乎总是在冬天举行，所以站在波旁宫的台阶上很冷，一阵刺骨的风使这些老人瑟瑟发抖。法兰西第一帝国的老将军们经历了奥斯特利茨、弗里德兰、埃劳公墓、在莫斯科战役大堡垒的突袭和滑铁卢的苏格兰广场大火等磨难，却要在冰冷的台阶上等着被冻僵。

上议院议员站在右边，下议院代表们站在左边，中间的台阶被空出来。台阶被白底蓝条纹的粗斜纹布挂饰隔开，这是很差的防风措施。路易十四时期质量很好的华丽挂毯在哪里？它们确实是王室的，因此，都被卸掉了。粗斜纹布是一种常见的布料，这让下议院代表们很满意，让他们感到高兴，但会把他们冻僵。

王后那不勒斯和西西里的玛利亚·阿玛莉亚带着王妃们先到了，不过，奥尔良公爵夫人没有来，因为她和巴黎伯爵腓力亲王一起来。女士们快速走上楼，互相点头致意，没有说话，但很优雅。她们后面跟着一大群随从和戴着头巾的侍女。茹安维尔亲王弗朗索瓦·德·奥尔良称那些侍女为"王后的侍女"，其中有多洛基夫人、查纳莱尔斯夫人等。

1847年的会议上,王后那不勒斯和西西里的玛利亚·阿玛莉亚让蒙庞西耶公爵夫人即西班牙公主玛丽亚·路易莎·费尔南达①挎着自己的胳膊。她因寒冷而闷闷不乐,我只能看见她的大红鼻子。另外三个王妃有说有笑地走在后面,穿着一身破旧的少将制服的阿纳托尔·德·蒙太斯奎随后到达。

路易·腓力一世比王后那不勒斯和西西里的玛利亚·阿玛莉亚晚五分钟左右到达。他上楼的速度比王后那不勒斯和西西里的玛利亚·阿玛莉亚快得多。亲王们像小学生一样跟着奔跑,他们向两边的上议院议员和下议院代表们鞠躬。路易·腓力一世在觐见室里逗留了一会儿,向代表们互致问候。然后,他走进大厅。

路易·腓力一世的致辞写在羊皮纸的两面,通常是满满四页。演讲时,路易·腓力一世的声音既坚定又得体。

让-德-迪乌·苏尔特元帅也在场,佩戴着勋章、肩带、金饰带,看起来光彩夺目。不过,他抱怨自己有风湿病。法兰西学术院院长加斯东·奥迪夫莱-帕基耶以年迈畏寒为由并未出席,他最后一次露面是在一年前。

1847年,我是下议院代表团的成员。当我在候客室闲逛并和阿贝尔-弗朗索瓦·维尔曼谈起克拉科夫、《维也纳条约》和莱茵河边界问题时,我可以听到周围人说话的嗡嗡声,耳边传来谈话的只言片语。

弗雷德里克·德·拉格朗日说:"啊!让-德-迪乌·苏尔特元帅来了。"

佩德雷·拉卡兹男爵说:"他上了年纪了。"

路易-尤金·卡韦尼亚克子爵说:"他六十九岁了!"

雷格库尔侯爵问道:"谁是现任上议院院长?"

特于斯公爵爱德华·莫尔捷说:"是蓬特库朗伯爵路易·古斯塔夫·勒·杜尔塞,不是吗?"

拉普拉斯侯爵说:"不是他。布瓦耶院长,他已九十二岁了。"

费利克斯·巴尔特说:"他可不只九十二岁。"

欧柏林男爵说:"他不再到上议院来了。"

让·庞斯·吉劳姆·维耶内说:"他们说罗西要从罗马回来。"

---

① 蒙庞西耶公爵安托万的妻子。

西班牙公主玛丽亚·路易莎·费尔南达

阿纳托尔·德·蒙太斯奎

弗雷德里克·德·拉格朗日

蓬特库朗伯爵路易·古斯塔夫·勒·杜尔塞

费岑萨克公爵说:"我对他离开罗马感到惋惜。罗马是世界上最好、最令人愉悦的城市。我希望在罗马度过后半生。"

夏尔·福布斯·勒内·德·蒙塔朗贝尔补充道:"还有那不勒斯。"

泰纳尔男爵说:"我更喜欢那不勒斯。"

福尔凯龙说:"对,那不勒斯,就是这个地方。顺便说一句,可怜的阿道夫·努里特自杀了。当时,我住在他隔壁。"

夏尔·迪潘男爵问道:"他是自杀?他不是意外身亡吗?"

福尔凯龙回答:"唉!确实是自杀。他自杀的前一天还在演一部为他量身打造的歌剧——《波利耶克特》。当时,观众给他倒喝彩。他无法忍受这种屈辱,就从

夏尔·福布斯·勒内·德·蒙塔朗贝尔

六十英尺高的地方跳了下来。那群特别的公众对阿道夫·努里特的声音感到不满。阿道夫·努里特不适合唱格吕克和莫扎特的曲子。那不勒斯人说他是维奇奥王宫①里的长诗吟诵者。"

夏尔·迪潘男爵说："可怜的阿道夫·努里特！他为什么不等等呢！吉尔伯特·杜普雷的嗓子哑了。十一年前，吉尔伯特·杜普雷彻底打败了阿道夫·努里特。现在，阿道夫·努里特应该摧毁吉尔伯特·杜普雷。"

布瓦西侯爵说："台阶上好冷啊！"

西格尔伯爵路易·菲利普说："前几天法兰西学术院更冷。可怜的路易斯·埃玛纽埃尔·迪帕蒂②是个好人，但他的演讲很糟糕。"

弗特里耶男爵说："我在尽力不让自己冻着。多可怕的冷风啊！它能把人吹走。"

夏尔·迪潘男爵说："安托万·弗朗西斯·德·南特想了个权宜之计，以摆脱向自己求助的人并降低他们的要求——先接待那些站着等的人。"

这时，阿道夫·梯也尔周围全是下议院的代表们。会议结束后，他在我面前走出去。我只看见一个从后面看非常高大的代表让到一旁并说："为历史上的重要人物让路！"大个子让小个子过去了。

历史上的重要人物？或许吧。不过，是在哪一方面呢？

第2节 奥尔良公爵夫人

奥尔良公爵夫人是个罕见的女性，她才智过人、富有判断力。我认为她在杜伊勒里宫并不十分受赏识。然而，路易·腓力一世很尊重她，经常和她长谈。路易·腓力一世常常挽着她的胳膊，把她从会客室送回房间。不过，王妃们对她没有那么和善。

---

① 维奇奥王宫是佛罗伦萨共和国时代的王宫。
② 路易斯·埃玛纽埃尔·迪帕蒂，法兰西剧作家、海军军官、记者和图书馆馆长。

莫扎特

吉尔伯特·杜普雷

西格尔伯爵路易·菲利普

安托万·弗朗西斯·德·南特

1844年2月26日

1844年2月25日，奥尔良公爵夫人对我说："我儿子不是那种温和可亲的孩子，也不是可爱的小神童。神童是给母亲增光添彩，让人夸赞的：'多么聪明、多么机智、多么优雅的孩子啊！'不过，我知道他很善良。我相信他有智慧，但除了我，没人知道并相信这一点。他胆小、不善交际、易受惊吓。他会变成什么样？我不知道。和他地位相当、年龄相仿的孩子常明白，自己必须讨人喜欢。他虽然年龄不大，但有自己的主见。我的孩子低眉垂眼地藏在我身边，但我爱他这个样子，我甚至喜欢他这个样子。我喜欢一个天真的孩子，而不是一个喜剧演员。"

1844年8月

巴黎伯爵腓力亲王签署了奥尔良的弗朗索瓦公主①的出生证明。这是小亲王第一次签自己的名字。因为他不明白这是做什么，所以在路易·腓力一世递给他出生证明证书并说"签上你的名字"时，他拒绝了。

奥尔良公爵夫人把巴黎伯爵腓力亲王抱到膝上，低声对他说了些什么。然后，他拿起笔，在祖父的吩咐下，在出生证明上写下"L.P.d.O."。他把"O"写得太大了，其他字母写得很笨拙。因此，他感到既尴尬又害羞。

巴黎伯爵腓力亲王尽管很可爱，很爱自己的母亲，但几乎不知道自己的名字是路易·腓力·德·奥尔良。他平时给朋友、家庭教师和母亲写的信上署名都是"巴黎"，因为他只知道这个名字。

当晚，路易·腓力一世派人请来了巴黎伯爵腓力亲王的老师马蒂兰·雷尼耶，命他教巴黎伯爵腓力亲王签名。

1847年

巴黎伯爵腓力亲王庄重又温和，善于学习。此外，他生性善良，同情受苦受难的人。

巴黎伯爵腓力亲王的堂兄符腾堡腓力公爵比他大两个月，非常嫉妒他。因为符

---

① 茹安维尔亲王弗朗索瓦·德·奥尔良的女儿，路易·腓力一世的孙女。

腾堡腓力公爵的母亲奥尔良的玛丽公主①嫉妒巴黎伯爵腓力亲王的母亲梅克伦堡-施韦林公爵夫人海伦娜。奥尔良公爵斐迪南·腓力在世时,符腾堡腓力公爵长期得到王后那不勒斯和西西里的玛利亚·阿玛莉亚的偏爱。在走廊和卧室的小庭院里,人们习惯通过比较两个孩子并显出对符腾堡腓力公爵的偏爱,来奉承王后那不勒斯和西西里的玛利亚·阿玛莉亚。现在,不平等的观念已经不存在。当时,王后那不勒斯和西西里的玛利亚·阿玛莉亚怀着一种感伤情怀,偏向符腾堡腓力公爵,因为

奥尔良的玛丽公主

---

① 路易·腓力一世的二女儿。

他母亲早亡。而现在,巴黎伯爵腓力亲王失去了父亲。因此,王后那不勒斯和西西里的玛利亚·阿玛莉亚没有理由不偏向巴黎伯爵腓力亲王。

小米歇尔·内伊①每周日都和两个亲王玩。他十一岁了,是埃尔兴根公爵米歇尔·内伊的儿子。前几天,他对母亲说:"符腾堡腓力公爵有野心。我们一起玩时,他总想领导我们。此外,他坚持让我们叫他'大人'。我不介意叫他大人,但我不愿让他领导我们。有一天,我发明了一个游戏。我对他说:'不,大人,你不能领导我们。我来领导大家,因为我发明了这个游戏。你和巴黎伯爵腓力亲王当士兵。'巴黎伯爵腓力亲王很乐意,但符腾堡腓力公爵走开了。他是个有野心的人。"

埃尔兴根公爵米歇尔·内伊

① 米歇尔-阿洛伊斯·内伊,法兰西将军。

巴西公主弗朗西斯卡

除了奥尔良公爵夫人，在杜伊勒里宫的年轻母亲中，只有茹安维尔亲王弗朗索瓦·德·奥尔良的夫人巴西公主弗朗西斯卡不溺爱孩子。在杜伊勒里宫里，每个人，甚至路易·腓力一世本人，都叫她的小女儿"奇凯特"。自化装舞会后，茹安维尔亲王弗朗索瓦·德·奥尔良就称妻子为"奇卡德"。这样一来，就有了"奇凯特"的名字。在化装舞会上，路易·腓力一世惊呼："奇凯特自己玩得多么高兴！"茹安维尔亲王弗朗索瓦·德·奥尔良跳了所有有伤风化的舞。在舞会上，只有蒙庞西耶公爵夫人和利亚德雷斯夫人没有穿低颈露肩的舞裙。王后那不勒斯和西西里的玛利亚·阿玛莉亚说："这不雅观。"路易·腓力一世评论道："不过，这很漂亮。"

第 8 章 杜伊勒里宫（1844—1848） | 119

第3节 1847年的王子们

在杜伊勒里宫,茹安维尔亲王弗朗索瓦·德·奥尔良用调皮捣蛋打发时间。一天,他打开了所有水龙头,房间被水灌满。又有一天,他剪掉了所有铃绳。这一切表明他很无聊,不知道该如何消耗充沛的精力。

王子们最讨厌的就是接待客人并与他们进行礼节性交谈,这几乎是他们每天的义务,他们称为——用王子们的行话——"履行义务"。只有蒙庞西耶公爵安托万能优雅地履行义务。有一天,奥尔良公爵夫人问他原因,他回答:"因为这让我感到好玩。"

蒙庞西耶公爵安托万已经二十岁。他是年龄最大的亲王。

宣布蒙庞西耶公爵安托万和路易莎·费尔南达公主①联姻时,比利时的利奥波德一世对杜伊勒里宫不满。他虽然属于奥尔良家族,但是科堡人。这好像他用左手扇自己的右脸颊。

婚礼结束后,新婚夫妇从马德里前往巴黎时,比利时的利奥波德一世来到了圣克卢。当时,路易·腓力一世住在那里。比利时的利奥波德一世冷冰冰的,非常严肃。晚饭后,路易·腓力一世把他带到王后那不勒斯和西西里的玛利亚·阿玛莉亚的客厅里。他们聊了整整一小时。比利时的利奥波德一世仍然保留着英格兰人特有的若有所思的表情。然而,谈话结束时,路易·腓力一世对他说:

"召见弗朗索瓦·基佐吧。"

"我不想看到他。"

路易·腓力一世催促道:"召见他吧。见完他,我们继续谈。"

次日,弗朗索瓦·基佐等候比利时的利奥波德一世的召见。他随身带着一个巨大的文件夹,里面装满了文件。比利时的利奥波德一世召见了他,不过,态度非常冷淡。两人都很矜持。弗朗索瓦·基佐很可能把这桩婚姻所有与联姻相关的文件和所有外交文件都给了比利时的利奥波德一世。没人知道他们之间发生了什么。可以确定的是,弗朗索瓦·基佐离开房间时,比利时的利奥波德一世的表情虽然很悲伤,但很仁慈。弗朗索瓦·基佐向他告别时,有人听到他说:"我来时,对你非常不满。不

---

① 西班牙国王斐迪南七世的女儿。

圣克卢

过，我离开时，对你很满意。事实上，在这件事上，你赢得了我的尊敬和感激。我本打算责骂你，不过，现在我要感谢你。"

这是比利时的利奥波德一世说的话。

茹安维尔亲王弗朗索瓦·德·奥尔良的耳聋越来越严重了。他有时很难过，有时又毫不在意。有一天，他对我说："大声点说，我听不见。"在另一个场合，他向我俯下身，笑着说：

"洗耳恭听。"

我回答："这是您唯一一次屈尊。"

茹安维尔亲王弗朗索瓦·德·奥尔良的性情有些古怪。现在，他欣喜若狂，不再像有忧郁症一样闷闷不乐。有时，他三天不说一句话；有时，他突然在杜伊勒里宫的阁楼上发出阵阵笑声。他去航海时，4时起床并叫醒了所有人，认真履行做水手的职责，好像之后会得到荣誉勋章一样。

茹安维尔亲王弗朗索瓦·德·奥尔良热爱法兰西，他能感觉到法兰西的一切变化，这可以解释他为什么总是喜怒无常。既然不能随心所欲地讲话，就把自己的想法藏在心里，这使他很苦恼。然而，他不止一次勇敢地说出自己的想法。不过，没有人听他讲，也没有人理会他。有一天，他对我说："他们不必谈论我，他们才是聋子！"

不像已故的奥尔良公爵斐迪南·腓力，茹安维尔亲王弗朗索瓦·德·奥尔良并不卖弄，这是一种胜者的气度。他也不想显得讨人喜欢。茹安维尔亲王弗朗索瓦·德·奥尔良很少取悦他人。他热爱这个民族，热爱这个国家，热爱自己的职业，热爱大海。他十分坦诚，喜欢喧闹。他仪表堂堂，英俊潇洒，心地善良，取得过几项言过其实的战绩。因此，他很受欢迎。

内穆尔公爵路易亲王恰恰相反。王室里有人说："内穆尔公爵路易亲王着实有些不走运。"

蒙庞西耶公爵安托万非常爱戴、敬重奥尔良公爵夫人。

几天前，宫廷举行了一场化装舞会，但只有宫廷成员和与王室关系密切的人——公主们和一些侍女才能参加。茹安维尔亲王弗朗索瓦·德·奥尔良穿着一身破破烂烂的"奇卡德"服装。他欣喜若狂，跳了无数支前所未见的舞。这些在别处被禁止的嬉闹让王后那不勒斯和西西里的玛利亚·阿玛莉亚深思。她问道:"他究竟是从哪儿学到的?"然后又加了一句:"多么有伤风化的舞蹈啊!呸!"随后,她咕哝道:"他跳得多优雅啊!"

茹安维尔亲王弗朗索瓦·德·奥尔良的夫人打扮得像个船主。她模仿街头流浪汉的言行举止,喜欢去宫廷里的人们最讨厌的地方,譬如,剧院和大街上的音乐会。

前几天,她问一个信奉新教的海军上将的妻子:"夫人,你看过《金雀花龙骑士》吗?"她的问题让那位夫人很震惊。

茹安维尔亲王弗朗索瓦·德·奥尔良事先想出一种令王后那不勒斯和西西里的玛利亚·阿玛莉亚反感的东西。他不知在何处买了一架旧手摇风琴,然后到她的住处演奏,还用嘶哑、刺耳的声音唱着歌。起初,她还在笑。但在他演唱了十五分钟或半小时后,她说:"停下!"但茹安维尔亲王弗朗索瓦·德·奥尔良继续边弹边唱。她说:"走开!"被逐出的亲王带着乐器从另一扇门进来,用嘶哑的声音继续唱歌。最后,她躲进了路易·腓力一世的房间。

奥马勒公爵亨利·德·奥尔良的夫人法语说得不是很流利。不过,她一旦开始说那不勒斯当地的意大利语,就像一条回到水中的鱼一样激动,带着那不勒斯人特有的神韵,打着手势。奥马勒公爵亨利·德·奥尔良会对她说:"把你的手放进口袋里,否则我要把你的手绑起来。你为什么要那样打手势?"

奥马勒公爵亨利·德·奥尔良的夫人回答:"我没注意。"

有一天,茹安维尔亲王弗朗索瓦·德·奥尔良对我说:"她真没有注意到。你不会相信。不过,我妈妈讲法语时是那么高贵、冷淡、矜持,但当她偶然讲那不勒斯语时,就开始像小丑①那样打手势。"

蒙庞西耶公爵安托万亲切地向路人致意。除非是被迫的,否则奥马勒公爵亨利·德·奥尔良不常那样致意。在讷伊,人们说他怕弄乱自己的头发。内穆尔公爵路易亲王不像蒙庞西耶公爵安托万那样热情,也不像奥马勒公爵亨利·德·奥尔良那样冷淡。此外,女士们说,当内穆尔公爵路易亲王向她们致意时,他看她们的方式令人非常尴尬。

---

① 意大利滑稽戏或木偶剧中的小丑。

范妮·塔基纳尔迪·佩尔夏尼

1847年2月5日，佩尔夏尼夫妇①、马里奥和塔利亚菲科等意大利歌手们在宫廷表演了葛塔诺·多尼采蒂的《爱情灵药》。乔治·龙科尼扮演——用扮演这个词恰到好处，他的确表演得很好——杜尔卡马拉，这个角色通常由路易吉·拉布拉什扮演。

要扮演杜尔卡马拉取决于个头而非才能。这次是乔治·龙科尼这个大个子代替了路易吉·拉布拉什这个侏儒扮演杜尔卡马拉。杜伊勒里宫剧院的装饰仍与法兰西第一帝国时代一模一样：灰色背景上有金色图案，整体是苍白的冷色。

很少有漂亮女人看宫廷音乐剧。阿尔弗雷德-奥古斯特·古维列-弗勒里的夫

---

① 指范妮·塔基纳尔迪·佩尔夏尼和朱塞佩·佩尔夏尼。——原注

人最妩媚动人,最有魅力。男人们穿着制服或晚礼服,法兰西第一帝国的两个官员穿着他们那个时代的制服很引人注目。迪塔伊伯爵是法兰西第一帝国的一名独臂士兵,他穿着少将旧制服,制服正面绣着橡树叶。他的衣领又宽又硬,盖着后脑勺。他的荣誉军团勋章上到处是凹痕,锈迹斑斑,黯淡无光。老花花公子弗雷德里克·德·拉格朗日身穿白色条纹背心、黑色丝绸马裤、白色或者更确切地说是粉红色的长袜和带扣子的鞋。他佩戴着一把宝剑,穿着一件黑色燕尾服,戴着一顶有白色羽毛的贵族帽子。迪塔伊伯爵比弗雷德里克·德·拉格朗日战功更大,他收复了摩纳哥和特伦茨。弗雷德里克·德·拉格朗日收复了瓦格拉姆。

阿道夫·梯也尔前一天的演讲有点糟糕。因此,他情绪很低落。他系着一条黑色宽领带。

蒙庞西耶公爵安托万的夫人八天前过了十五岁生日。她戴着一顶很大的钻石王冠,看上去很漂亮。茹安维尔亲王弗朗索瓦·德·奥尔良没有出席。另外三位亲王出席了。他们穿着少将制服,制服上有荣誉军团之星和气派的绶带。只有蒙庞西耶公爵安托万戴着金羊毛骑士勋章。

乔治·龙科尼的夫人十分俊俏,又带了些野性。她坐在舞台台口后部的一个小包间里,引起很多人注意。

演出过程中没有掌声,让演唱者和其他人都感到扫兴。

演唱结束前五分钟,路易·腓力一世开始收拾东西。他把节目单折叠起来,放进口袋,然后擦拭观戏镜的镜片,随后小心合上眼镜。他四处寻找自己放在椅子上的眼镜盒,然后把眼镜放进盒子,最后小心翼翼地调整观戏镜挂钩。他做事有条不紊,很有个性。

克劳德-菲利贝尔·贝特洛·德·朗比托伯爵也出席了。他的最新作品——朗比托西的作品①很受观众欢迎。据说,1847年最后一天,克劳德-菲利贝尔·贝特洛·德·朗比托伯爵在自己的名片上写上"德·朗比托和维纳斯",或者更准确地说是"德·朗比托,维纳斯的化身"。

1847年2月24日,内穆尔公爵路易亲王在杜伊勒里宫举行了一场音乐会。歌手是

---

① 这个词来自圣徒亚历克西斯·吉尼亚尔。

葛塔诺·多尼采蒂

乔治·龙科尼

路易吉·拉布拉什

阿尔佛雷德-奥古斯特·古维列-弗勒里

卡洛塔·格里西小姐、范妮·塔基纳尔迪·佩尔夏尼、科尔巴里夫人、马里奥、路易吉·拉布拉什和乔治·龙科尼。奥贝尔先生当指挥。不过,他没有把自己的音乐作品列入节目单。节目单上只有焦阿基诺·罗西尼、莫扎特和多尼泽蒂的曲子。

客人们8时30分到达。内穆尔公爵路易亲王住在马尔桑馆二楼。奥尔良公爵夫人的房间在下面。客人们在一楼一间客厅里等着,直到大客厅的门打开。女人们落座,男人们站着。亲王和王妃、公主们一到,门就打开了,所有人都进去了。大客厅布置得非常精美,天花板显然是路易十四时代的风格。墙上挂着绿色镶着金条纹

卡洛塔·格里西小姐

的锦缎。内窗窗幔是红色的锦缎。家具上铺着绿色和金色的缎子,整体具有王室风范。

比利时的利奥波德一世和王后来听这场音乐会。内穆尔公爵路易亲王和王后那不勒斯和西西里的玛利亚·阿玛莉亚一起进来,他的姐妹挽着他的胳膊。路易·腓力一世胳膊上挽着内穆尔公爵路易亲王的夫人。奥马勒公爵亨利·德·奥尔良的夫人和蒙庞西耶公爵安托万的夫人跟在他们后面。除了年龄,比利时王后在其他方面与法兰西王后很像,她戴着一顶天蓝色的羽饰丝绒帽。奥马勒公爵亨利·德·奥尔良的夫人戴着一顶玫瑰花冠,蒙庞西耶公爵安托万的夫人戴着钻石王冠,内穆尔公爵路易亲王的夫人披着一头金发。

四个王妃坐在钢琴对面的高背椅上,其他女士坐在她们后面。后面的门廊和第一个会客室里坐满了男士。比利时的利奥波德一世坐在王妃和公主们的左边。他相貌英俊,一脸严肃,面带微妙又令人愉快的微笑。

布罗格公爵坐在比利时的利奥波德一世的左侧,挨着他落座的是莫尔伯爵和安德烈·马里耶·让·雅克·迪潘。纳西斯-阿希尔·萨文蒂看见国王右边有把空椅子,就坐了过去。他们都穿着红色肩带,包括夏尔·迪潘。围坐在比利时的利奥波德一世身边的四个人代表了老军事贵族、议会贵族、小资产阶级和夸夸其谈者。换句话说,有点儿法国的显赫特点,也有点儿荒谬色彩。

奥马勒公爵亨利·德·奥尔良和蒙庞西耶公爵安托万在一扇窗户的凹处右侧。他们和符腾堡腓力公爵坐在一起。他们称符腾堡腓力公爵为自己的"亚历山大兄弟"。王子们戴着气派的绶带和欢迎比利时的利奥波德一世的利奥波德之星勋章。内穆尔公爵路易亲王和蒙庞西耶公爵安托万戴着金羊毛骑士勋章。蒙庞西耶公爵安托万的勋章带着钻石,显得高贵华丽。意大利歌手站在钢琴旁唱歌。他们坐下时,坐在木制靠背的椅子上。

茹安维尔亲王弗朗索瓦·德·奥尔良没有听音乐会,他的妻子也没有到场。据说,他最近卷入了一场风流韵事。茹安维尔亲王弗朗索瓦·德·奥尔良异乎寻常的强壮。我听见身后的一个大个子男仆说:"我不在乎挨他的耳光。"原来,当仆人溜达到他的约会地点时,他以为仆人在跟踪自己,就转过身走到仆人面前,揍了仆人一顿。

泰奥菲勒·戈蒂埃

　　音乐会第一部分结束后，奥马勒公爵亨利·德·奥尔良和蒙庞西耶公爵安托万走进另一间客厅。我和泰奥菲勒·戈蒂埃正躲在那里聊天。我们聊了整整一个小时。奥马勒公爵亨利·德·奥尔良和蒙庞西耶公爵安托万详细地跟我说关于文学方面的看法，如《老顽固》《吕伊·布拉斯》《卢克雷齐亚·波吉亚》，以及哈雷夫人、玛格丽特·乔治斯和弗雷德里克·勒迈特。我们还谈了很多关于西班牙、王室婚礼、斗牛、吻手和礼仪等蒙庞西耶公爵安托万"厌恶"的东西。泰奥菲勒·戈蒂埃还说："西班牙人喜欢王室，尤其是王室礼仪。他们在政治和宗教方面可以说非常顽固。有一天，王后贸然出现在正在进行的婚宴上，他们会感到非常震惊！"

　　奥马勒公爵亨利·德·奥尔良和蒙庞西耶公爵安托万都是迷人的年轻人，他们无拘无束、聪明睿智、温和亲切、诙谐机智、诚挚恳切。这些品质本身就使交流变得非常轻松自如。他们神态优雅。他们是亲王,也许是睿智的人。内穆尔公爵路易亲王感到尴尬,也让别人感到尴尬。他的胡须是金色的,眼睛是蓝色的,绶带腰带是红色的,马甲是白色的,神情是忧郁的。他向你走来时,你会感到无所适从。他从不直视你,总是想找点儿话说,却从不知道说的是什么。

1847年11月5日

1843年,奥马勒公爵亨利·德·奥尔良是第十七军上校,他的部队驻扎在库尔布瓦。1843年夏,讷伊演习结束后,他每天早上会独自背着手沿河岸散步。他几乎每天都遇到一个叫阿黛尔·普罗塔的漂亮女孩。这个女孩每天早上从库尔布瓦到讷伊,并且与奥马勒公爵亨利·德·奥尔良同时回来。她注意到穿着军便服的年轻军官,却不知道他是个亲王。最后,他们偶然结识,一起散步聊天。在阳光、鲜花和美好的早晨氛围下,很像爱的某种东西突然在他们之间发芽。阿黛尔·普罗塔认为她最多只是和一个上尉交往。奥马勒公爵亨利·德·奥尔良邀请她:"来库尔布瓦找我吧。"她拒绝了,不过,是很勉强的拒绝。

库尔布瓦

一天晚上，阿黛尔·普罗塔乘小船经过讷伊附近。两个年轻人正在洗澡，她认出了军官。

船夫说："那是奥马勒公爵亨利·德·奥尔良。"

她说话时脸变得苍白："真的？"

阿黛尔·普罗塔不再爱奥马勒公爵亨利·德·奥尔良了。她看见奥马勒公爵亨利·德·奥尔良赤身裸体，也知道了他是个亲王。

第9章

上议院

1846年

1846年2月22日,我去了上议院。天气晴朗,中午阳光灿烂,但很冷。我在图尔农街遇到两名士兵押着一个人。那人面色苍白憔悴,三十岁左右,穿着粗亚麻裤,光脚从木鞋里露了出来,脚踝上缠着血迹斑斑的绷带。他没有穿长袜,短小的上衣后面沾满了泥,表明他常睡在地上。他没有戴帽子,头发乱蓬蓬的,腋下夹着一大条面包。围观的人说他偷了面包才被捕了。

他们三人到宪兵营地,一名士兵进去,另一名留在门口看着那个人。

一辆马车正停在营地门边。马车饰着盾形纹章,灯笼上绘着公爵冠,两匹灰马套在马车前,车后跟着两个男仆。车帘被放下了,可以看见窗户高高的,也可以看见马车里面黄色锦缎的装饰。盯着马车的人吸引了我的注意力。马车里坐着一个戴粉红帽子、穿黑色天鹅绒衣服的女人。她精神焕发,皮肤白皙,非常漂亮。她正在逗一个十六个月大的可爱孩子。孩子身上裹着缎带、丝带和毛皮。

车里的女人没有看见盯着自己看的可怕男人。

我陷入沉思。

对我来说,他已不再是一个人,他成了苦难的幽灵。在光天化日下,在灿烂的阳光下,他仍在黑暗中。他是痛苦的幽灵,是在光天化日之下,在阳光普照下,在黑暗中仍在发展的革命中的粗暴、畸形、悲惨的幻影。从前,穷人和富人抢争。幽灵与富人不期而遇,但互不理睬,继续各走各的路。这种状况可以持续一段时间。当这个男人意识到这个女人的存在,但这个女人没看到这个男人时,灾难就在所难免了。

夏尔·尼古拉·法维耶将军

夏尔·尼古拉·法维耶在法兰西第一帝国多次战争中英勇作战,他因隐晦的格勒诺布尔事件与复辟王朝闹翻。1816年左右,他去了国外,那是勇敢的雄鹰们离开法兰西的时期。弗朗索瓦·拉勒芒去了美洲,让-弗朗索瓦·阿拉尔和万诺瓦去了印度,夏尔·尼古拉·法维耶去了希腊。

夏尔·尼古拉·法维耶

让-弗朗索瓦·阿拉尔

　　1820年，希腊革命爆发。夏尔·尼古拉·法维耶在这场革命中起到了至关重要的作用。他募集了四千希腊民兵，组成一个兵团。对民兵来说，他不是首领而是神。他带给民兵文明，也带给他们野蛮。夏尔·尼古拉·法维耶比民兵们更粗暴勇敢，几乎可以说很凶狠，但那是荷马式的凶狠。有人可能以为他来自阿喀琉斯的营地，而不是来自拿破仑·波拿巴的营地。夏尔·尼古拉·法维耶邀请英格兰使者到自己的露营地吃饭。使者发现他坐在一堆大火旁烤整只羊。羊被烤熟，去掉扦子时，夏尔·尼古拉·法维耶用赤裸的脚跟踩在正在冒烟并流血的羊脖子上，撕下大块羊肉递给英格兰使者。面对饥饿、寒冷、炎热或疲惫，他毫无惧色，勇于牺牲。希腊民兵们常说："如果士兵吃的是熟草，那么夏尔·尼古拉·法维耶吃的是生草。"

　　我了解夏尔·尼古拉·法维耶的过去。但1846年，夏尔·尼古拉·法维耶被任命为法兰西贵族时，我没有再见过他。有一天，夏尔·尼古拉·法维耶要发表演讲，上议院议长宣布:"法维耶男爵要演讲。"我原以为会听到狮子般的声音,结果他的声音像老妇人一样温和。

夏尔·尼古拉·法维耶长相很阳刚、坚毅并令人生畏。人们以为他的脸可能由巨人的手铸成,似乎还保有野蛮的、可怕的表情。奇怪的是,他的声音温柔、缓慢、庄重、含蓄。亲切的声音与凶猛的面容联系在一起,让人想到从老虎嘴里发出的童音。

夏尔·尼古拉·法维耶对演讲内容谙熟于心。他的演讲用词优雅,辞藻华丽,处处提到森林和乡村美景,仿佛是一首真正的田园诗。在发言席上,这个埃阿斯[①]一样的人物变成一位内莫兰。

夏尔·尼古拉·法维耶像外交官一样用很低的音调演讲,他微笑的样子像一个侍从。他愿意与王子和睦相处,这是作为贵族应该做的,但他毕竟只善于在战场上发挥优势。

1846年8月22日

布瓦西侯爵自信、冷静、自制、声音独特,有精湛的演讲技巧,时而透出幽默、镇定自若的品质,时而透出演说家的特质。他唯一缺少的是演讲天赋,这让上议院的议员们感到厌倦。因此,大臣们认为没有义务搭理他。只要没人发言,他就会发言。在辩论时,他和议长就像仇敌一样。

昨天,听了布瓦西侯爵在会上的糟糕演讲后,弗朗索瓦·基佐对我说:"听他的演讲是种痛苦。听了两次演讲后,国民议会成员无法容忍他十分钟。上议院议员对他很礼貌,但这样做是不对的。没人能阻止布瓦西侯爵,除非他请求发言时,整个上议院休会,全体成员离会。"

我说:"你无法想象,如果上议院成员离会,只留下他和议长,那么他们马上会决斗。"

上议院的习俗是,回应国王的讲话时,绝不重复国王授予亲王们的头衔,并

---

① 埃阿斯,在《伊利亚特》中被描述为身材高大,身形魁梧的人。他的力量和勇气仅次于希腊英雄阿喀琉斯。

且对国王说到亲王们时，从不提殿下这样的头衔。也就是说，有"陛下"时，就没有"殿下"。

1847年1月18日，上议院针对回复国王讲话时的称呼问题进行了辩论。在布瓦西侯爵的胡言乱语中，偶尔会出现令人愉快的智慧之光。他说："我不是那种因上天保佑而感激政府的人。"

像往常一样，布瓦西侯爵和议长吵了一架。他正在说一些比通常更离题的话，因此，议长低声抱怨，然后起身大叫道："把内容局限在这个问题上。"随后议长放缓语气说："布瓦西侯爵，上议院成员要求你把话题限制在正在讨论的问题上。免得让我费力去要求你那样做。"①

布瓦西侯爵答道："我为您说的话感到高兴，议长先生。"上议院成员们笑了起来。

然而，几分钟后，议长进行报复。布瓦西侯爵对规则不屑一顾。天色已晚，上议院成员们变得不耐烦。

议长说："你如果不说没必要的事，演讲早就做完了。这样一来，所有人都满意。"

这时，每个人都笑了起来。

莫特马尔公爵大声喊道："别笑！笑声会削弱立法机构的威信。"

德·蓬泰库朗说："布瓦西侯爵取笑议长，而议长折磨布瓦西侯爵。双方都有失尊严！"

其间，莫特马尔公爵来到我的席位旁，我们谈论路易·腓力一世。莫特马尔公爵经历过各种重要战争，他认为路易·腓力一世勇敢又高尚。1812年的战役中，他是路易·腓力一世的勤务兵之一。

莫特马尔公爵说："正是在1812年的战役中，我对路易·腓力一世有了进一步的了解。当时，我日夜在他身边，看到他早上刮胡子，擦下巴，穿靴子，捏贴身男仆的耳朵，跟驻守在自己帐篷前的卫队士兵聊天。我也听到他大笑，说闲话，说些无关紧要的话。我见到路易·腓力一世发布命令，检查计划执行情况，审问囚犯，进行裁决，

---

① 我低声对皮埃尔-安托万·勒布伦说："我们的同事最好说'饶了我吧！'。"——原注

采取决定。他以君主的方式在几分钟内精要准确地做事情，没有任何遗漏，也没有错过有用的细节或浪费时间。在营地生活中，路易·腓力一世智慧的光芒时刻都在闪现。毫无疑问，我认为他颠覆了'仆人眼里无伟人'这句话。"

我说："您说的不对，那句话是'每个伟人在仆人眼里都是伟人'。"

在会上，奥马勒公爵亨利·德·奥尔良二十五岁生日后第一次出席会议。内穆尔公爵路易亲王和茹安维尔亲王弗朗索瓦·德·奥尔良坐在他附近，在他们常坐的地方——内阁席后面。他们发出的笑声也不少。

内穆尔公爵路易亲王是所在委员会中最年轻的成员。按照惯例，他担任委员会秘书。夏尔·福布斯·勒内·德·蒙塔朗贝尔不想麻烦他，不过他说："这是我的职责。"作为秘书，他拿起投票坛子，绕会议桌一圈去收选票。

1847年1月21日，会上，上议院讨论克拉科夫问题并对莱茵河边界问题保持沉默。会议结束时，我陪德·沙特吕先生一起走下议会的大台阶。埃利-路易·德卡兹拦住我问道：

埃利-路易·德卡兹

"会议期间你一直在做什么?"

"我一直在给多瓦尔夫人写信。"这时,我手里正拿着信。

"你表示鄙视的方式真巧妙!你为什么不发言?"

"因为一句老话说:'意见不被人赞同的人应多思少说。'"

"那么,你的意见和其他人的意见不同吗?"

"是的,和其他人都不同。"

"那你想讨论什么问题?"

"莱茵河。"

"哎呀!真没想到!"

"我本应抗议并发言,即使他们对我的话没有任何回应。不过,我宁愿什么也不说。"

"啊!莱茵河!拥有莱茵河!是的,这是个好主意。多有诗意!诗情画意!"

"我们的父辈用大炮谱写诗歌,而我们要用思想再去谱写诗篇!"

埃利-路易·德卡兹接着说:"亲爱的同僚,我们必须等待,我也想要回莱茵河。三十年前,我对路易十八说:'我如果在有生之年见不到莱茵河左岸那位法兰西女士,就死不瞑目。但在能谈论这个问题,甚至在能想到这个问题之前,我们必须生育后代。'"

我回答:"嗯,那是三十年前的事。现在,我们已经生育后代了。"

1847年4月23日

上议院正在讨论一部关于代替服兵役的、很糟糕的法案。迄今为止,这部法案的主要条款仍然悬而未决。

内穆尔公爵路易亲王出席了会议。会议室里有八十个中将。大多数人认为这部法案很糟。内穆尔公爵路易亲王好像在计算人数。他们在他的眼皮底下起身开始投赞成票。

地方法官们、法兰西学院的成员和使者们都投了反对票。

我对坐在旁边的弗兰克-卡雷说:"这是勇敢公民和懦弱军人之间的斗争。"

这部法案最终得以通过。

1847年6月22日

埃米尔·德·吉拉尔丹事件①由上议院裁决。最终，上议院宣告他无罪释放。投票用两种颜色的球——白球表示定罪，黑球表示无罪。共一百九十九票：六十五个白球，一百三十四个黑球。把黑球放在投票坛时，我说："给他定无罪就是给他定了罪。"

我问D夫人②："为什么贵族院和埃米尔·德·吉拉尔丹不在巡回法庭里开庭审理呢？"

埃米尔·德·吉拉尔丹

---

① 因在报纸上发表了一篇猛烈抨击政府的文章而被起诉。——原注
② 这里可能指埃利-路易·德卡兹夫人。

蒙塔利韦伯爵马特·卡米耶·巴哈松

D夫人回答:"因埃米尔·德·吉拉尔丹觉得自己不够有理,而上议院觉得自己不够清白。"

蒙塔利韦伯爵马特·卡米耶·巴哈松和路易-马蒂厄·莫尔及贵族议员们都投票支持埃米尔·德·吉拉尔丹,反对政府。这是很奇怪的。弗朗索瓦·基佐在国民议会中得知了结果后,看上去很愤怒。

1847年6月28日

我到上议院会议室,就看到异常愤怒的弗兰克-卡雷。

弗兰克-卡雷手里拿着一张由马勒伊伯爵签署的《香槟募股计划书》。计划书上盖的章的图案是一件贵族披风和一个戴着马勒伊装备的伯爵冠。他给议长看过了。议长答复说:"我无能为力!"

第9章 上议院 | 141

弗兰克-卡雷对我说："不过，如果一个议员在我的地盘这样做，我就得尽到责任。我会召集上议院成员和众议院成员训诫他。"

1848年

上议院分组设置委员会，讨论回应国王演说中的称呼问题。

我在第四委员会。成员们提出了很多意见，我提议把"我们的亲王们，您亲爱的孩子们，正在阿非利加洲履行国家公仆的职责"改为"亲王们，您亲爱的孩子们，正在履行自己作为国家公仆的职责。"这种开玩笑的做法引起了强烈反对。

1848年1月14日

上议院阻止埃德蒙·德阿尔顿-希在讨论会上提"国民公会"这个名字。上议院议员们用裁纸刀猛烈地敲击桌子，大喊："安静！安静！"埃德蒙·德阿尔顿-希差点儿被赶下台。

我正要对他们喊："你们在模仿国民公会，可惜用的是木刀！"

一想到在他们愤怒时这样说会让他们一直记恨我，我就没有发声。对我来说，我关心的很少，但这样会影响我可能必须告诉他们并让他们冷静下来才能认识到的真相。

第 10 章

1848 年革命

第1节 二月的几天

1848年2月23日

1848年2月23日15时,我到上议院时,保罗·马里·拉帕特尔将军从衣帽间出来并说:"会议结束了。"

我去了下议院会议厅。当我租的马车驶入里尔街时,我看到望不到头的、密密麻麻的一队人从柏歇斯街阔步走出,向下议院会议厅方向走去。他们身穿工装,头戴帽子,手挽着手,三三两两并行,昂首阔步地沿街游行。我看到街道另一端被一排排步兵挡住了,步兵们手里端着步枪。我的马车驶在穿工装的男人们的前面。那些男人和许多女人混在一起,大声喊道:"改革万岁!""划界万岁!""打倒弗朗索瓦·基佐!"他们到步兵步枪射击范围内时,停了下来。士兵们有说有笑,他们让开一条路,让我过去。一个年轻人耸了耸肩,看起来无可奈何。

我走进大厅,没有去会议室。一群热闹忙碌又躁动不安的人挤满大厅。阿道夫·梯也尔、夏尔·弗朗索瓦·德·雷米萨、维维安和梅鲁乌在大厅的一个角落。埃米尔·德·吉拉尔丹、埃德蒙·德·阿尔顿-希、布瓦西侯爵、弗兰克-卡雷、弗兰克·德·乌德托和德·拉格勒内在另一个角落。阿尔芒·马拉斯特在一边和埃德蒙·德·阿尔顿-希谈话。埃米尔·德·吉拉尔丹拦住了我。然后，弗兰克·德·乌德托和德·拉格勒内也拦住我。接着，弗兰克-卡雷和维尼耶加入我们。我对他们说："内阁是罪魁祸首，因为它忘记了在我们这样一个时代，左右都是悬崖峭壁，管理太严格或者太松散都行不通。内阁成员心里想着：'这只是场暴动。'甚至对此欢欣鼓舞。内阁相信暴动可以给予自己更强大的力量。暴动被镇压下去，明天又会起来！不过，首先，谁能预测暴动会导致什么后果呢？暴动的确加强了内阁的力量，但革命推翻了很多王朝。这是个多么轻率的游戏。一个王朝为了拯救内阁而冒险！局势的紧张使这个问题的结打得更紧，现在已经不可能解开。一旦割断绳结，一切会迎刃而解。左派鲁莽地操纵着内阁，疯狂地摆布内阁。双方都有责任。不过，内阁把治安问题与自由问题混为一谈，用欺诈精神对抗革命精神。这多么疯狂呀！就像把带着公文纸的递送员送去喂狮子。这就是埃贝尔在暴动中模棱两可的话。这些最终会带来什么后果呢？"

我说话时，一个代表路过我们并说："海军部已被占领。"

弗兰克·德·乌德托对我说："我们去看看吧！"

我们走出会议厅，穿过一支正守护协和桥桥头的步兵团。另一个兵团守卫桥的另一头。在路易十五广场上，骑兵们正在冲向神情黯然、岿然不动的人们。那些人在士兵们快冲到面前时，像一群蜜蜂一样逃走了。桥上只有一个身穿制服的将军，他骑在马上，脖子上挂着指挥官的荣誉军团十字勋章——那是布雷沃将军。他骑马从我们身边疾驰而过时喊道："他们在进攻！"

我们走到守在大桥另一端的部队时，看到一个陆军少校骑在马上。他披着金色条纹的长披风，身体强壮，面相和蔼，非常勇敢。他向弗兰克·德·乌德托致敬。

弗兰克·德·乌德托问道："出了什么事吗？"

陆军少校答道："还好我及时赶到！"

1848年2月23日6时，暴徒入侵下议院，就是他把暴徒赶了出去。

我们走到广场，执勤的骑兵将我们护住。在桥一角，一个骑兵举起剑向一个穿工装的男人刺去。我想他没有刺中对方。此外，海军部没有被"占领"。一帮人向一扇窗户扔石头，砸碎了窗户，还打伤了一个往外看的人。此外，一切正常。

聚集在巴黎的暴徒

我们可以看到许多马车在圆形广场上,像香榭丽舍宽阔大道上的街垒一样排列着。

弗兰克·德·乌德托说:"部队在那里开火了,你看见炮烟了吗?"

我回答:"得了吧!是喷泉的雾,所谓的火是水雾。"

我们突然大笑起来。

然而,部队和游行的人群正在交战。人们用椅子摆了三道路障。结果,香榭丽舍大道主广场的守卫推开路障。人们投掷石头,逼着士兵们返回警卫室。布雷沃将军派了一队市政警卫去解救士兵。结果这支队伍被包围了,被迫与其他人一起退回警卫室寻求庇护。那帮人挤进警卫室。其中一个人搬了把梯子,爬上屋顶,拉下旗帜并撕碎,扔给聚集的人们。很快,一个营赶来营救卫兵。

革命期间混乱的巴黎街头

弗兰克·德·乌德托将军对给我们讲这件事的布雷沃将军说："哎！旗帜被扯下来了！"

布雷沃将军迅速回应道："被扯下？不！是被偷了！"

佩德尔·拉卡兹与拿破仑·迪沙泰尔走来。两人兴高采烈，点着弗兰克·德·乌德托给的雪茄，然后说："你知道吗？安托万·尤金·德·热努德咎由自取，他遭到弹劾。他们不会允许他签署左派的弹劾书，他也不会承认失败。现在，内阁左右为难，左边是整个左派，右边是安托万·尤金·德·热努德。"

拿破仑·迪沙泰尔补充道："有人说，迪韦吉耶·德·奥拉纳已经被这帮人抬着到处庆祝胜利了。"

我们回到桥上。维维安正从桥那头向我们走来，他戴着一顶硕大的旧宽帽檐，穿着扣到领结处的大衣。这个前任司法部部长看上去像名警察。

他问我："你要去哪里？发生了非常严重的事！"

这时，人们感到整个君主立宪制摇摇欲坠，不再稳稳地立于地面上，而是开始倾斜。人们可以听到它开裂的声音。

整个欧洲的动荡局势使危机变得复杂起来。

然而，路易·腓力一世非常平静，甚至有点开心。不过，这个游戏不能玩得过火，每一次摩擦都会积存。维维安对我们说，路易·腓力一世把一部选举改革法案扔进抽屉并说："那是给我的继任者用的！"维维安接着说："那是路易十五的'妙语'，认为改革终会是一场暴风雨。"

看来，萨兰德鲁泽正把"进步主义者"的种种申述放到路易·腓力一世面前，路易·腓力一世阻止了他并生硬地问他："你们卖了很多地毯吗？"[①]

在同一场接待进步主义者们的会上，路易·腓力一世看到了路易·奥古斯特·布兰基。他亲切地走过去，问道："人们在谈论什么？发生什么事了？"

路易·奥古斯特·布兰基回答："我应该告诉您，在各个地区，特别是在波尔多市，人们在聚众闹事。"

---

① 萨兰德鲁泽是地毯制造商。——原注

路易·奥古斯特·布兰基

"啊！聚众闹事！"路易·腓力一世打断了路易·奥古斯特·布兰基的话，然后转过身去。

我们谈话时，维维安大声喊道："听着！我好像听到开火的声音了！"

一个年轻的参谋微笑着问弗兰克·德·乌德托将军："我们会在这里待很久吗？"

弗兰克·德·乌德托问道："待在这里不好吗？"

军官说："好啊。不过，有人邀我出去吃饭。"

这时，一群穿黑衣的妇女和孩子们一路哭着沿桥另一边的人行道匆匆走过。一个男人牵着最大的孩子的手。我看了看他，认出他是德·蒙泰贝洛公爵。

弗兰克·德·乌德托惊叫道:"您好!海军部部长!"他跑过去和德·蒙泰贝洛公爵交谈了一会儿,而德·蒙泰贝洛公爵的夫人吓坏了。他们全家都在河的左岸上避难。

我和维维安返回下议院。弗兰克·德·乌德托离开了我们。我们马上被团团围住。布瓦西侯爵对我说:"你当时不在卢森堡吧?我想谈谈巴黎的局势,但议长打断了我。他特意赶来告诉大家'首都危急'。你知道古尔戈将军对我说什么吗?他说:'布瓦西侯爵,我有六十支装满霰弹的大炮,这些都是我亲自装满的。'我回答:'我很高兴知道国王对局势的真实看法。'"

这时,迪韦吉耶·德·奥兰纳路过。他停下来和我握手。他没戴帽子,头发乱糟糟的,面色苍白,但看着很高兴。

古尔戈将军

第10章 1848年革命 | 149

我和迪韦吉耶·德·奥兰纳告别,然后走进会议厅。会议厅中正在讨论一部有关波尔多银行特权的法案。当时,一个鼻音很重的人在发言,索泽正静静地读法案条款。德·贝莱梅正往外走,他跟我握了握手,惊叫一声:"哎呀!"

几个代表朝我走来,其中有马里、罗歇、夏尔·弗朗索瓦·德·雷米萨和尚博勒。我给他们讲了旗帜被撕下的事。那是明目张胆地攻击,是很严重的事。

其中一人说:"更严重的是,这背后发生了非常糟糕的事。1848年2月22日晚,超过十五栋房子的大门上都有叉形标记,其中包括在圣弗洛朗坦路的利埃旺公主家的大门和德塔霍特夫人家的大门。"

我问:"您确定吗?"

他答道:"我亲眼看见了利埃旺公主家门口的叉字标记。"

1848年2月23日清晨,弗兰克-卡雷议长遇见迪沙特,他问:"近况如何?"

迪沙特

艾蒂安·阿拉戈

迪沙特答道:"一切都很好。"

"你打算怎么处理暴乱?"

"我打算听任暴徒在安排的会合地点待着。暴徒能在路易十五广场做什么呢?能在香榭丽舍做什么呢?天在下雨,他们整天都在闲逛。到晚上,他们会累得疲惫不堪,就会回家睡觉。"

这时,艾蒂安·阿拉戈匆忙走来。他说:"已经有七人受伤,两人死亡。波堡街和圣阿瓦街建起了路障。"

会议休息期间,弗朗索瓦·基佐到了。他登上发言坛,宣布路易·腓力一世已经命路易-马蒂厄·莫尔负责组建了新内阁。

反对派发出胜利的呼喊,而大多数人发出愤怒的咆哮。

会议在一场无法形容的骚乱声中结束。

我和代表们一起出去，从码头回家。

在协和广场，骑兵继续冲击暴乱者，圣奥诺雷大道上已经尝试建了两道街垒，圣奥诺雷百货大楼的铺路石被毁掉，被推翻的公共马车被士兵扶起并建成街垒。在圣奥诺雷大街上，暴乱者让巡逻队走过，然后在后面向他们扔石子。一大群人像愤怒的蚂蚁一样聚集在码头上。一个戴着绿色天鹅绒帽子、披着大羊绒披风的漂亮女子，从一群穿着工装、裸露手臂的男子中走过。她把裙子提得很高，因为地上泥泞，而且一直在下雨，她的身上溅了很多泥。杜伊勒里宫的大门紧闭。在卡鲁塞尔各个大门口，这帮人停下并透过拱廊注视着宫殿前严阵以待的骑兵们。

在卡鲁塞尔桥附近，我遇见了朱尔斯·桑多。他问道："您对发生的一切怎么看？"

朱尔斯·桑多

安托万·图雷

"这场暴乱将会被镇压。不过,这次革命将取得胜利。"

在费拉耶码头,我碰巧遇见一个熟人。他满身泥泞,领带垂吊着,戴着一顶破帽子。我认出他是我最好的朋友——安托万·图雷。他是一个热忱的共和党人,一大早就到各处演讲,从一个区走到另一个区,从一群人走向另一群人。他不停地演讲。

我说:"告诉我,你现在到底想要什么?共和国吗?"

他回答:"哦!不,这次不行,时机还不成熟。我们要的是改革——不要折中办法。哦!折中根本不行。我们想要彻底改革。您明白了吗?为什么不实行普选?"

我握住安托万·图雷的手说:"那就对了!"

巡逻队成员在码头上走来走去,聚集的人们喊道:"划界万岁!"商店关门了,各家的窗户都打开了。

在沙特莱广场,我听到一个人对一群人说:

"1830年的暴乱卷土重来了!"

我经过巴黎市政厅,沿圣阿瓦街往前走。巴黎市政厅很安静,两名国民卫队队员在大门前走来走去。圣阿瓦街没有设置街垒。在朗比托路,几个穿制服的国民卫队队员带着武器,来回巡逻。在坦普尔区,国民卫队在击鼓备战。

迄今为止,掌握实权的人已经表示没有国民卫队也要采取行动,这或许是谨慎的做法。国民卫队的一支部队本应起到作用。1848年2月23日清晨,在下议院值班的国民卫队成员拒绝服从命令。据说,第七军团的一名国民卫队队员刚在调停人民和军队的冲突中被击毙。

莫尔内阁肯定不支持改革,但弗朗索瓦·基佐内阁长期阻碍改革,因为阻碍的时间太久,所以已经失去抵抗力。这足以安抚宽宏大量的人民孩子般的心。傍晚,巴黎人民沉浸在狂欢中。居民们涌向街道,到处重复唱着"小油灯""小油灯"!一眨眼的工夫,城镇上灯火通明,大家好像在庆祝节日。

在皇家广场,离我家房子几码远的市政厅门前,一群人聚在那里,人数一直在增加而且周围越来越吵。军官和警卫室的国民卫队成员为了让人们离开市政厅,大声喊道:"去巴士底广场!"他们手挽着手走到前头,排成长队的人们高兴地跟在他们后面。人们大声喊道:"去巴士底广场!"游行的人手里拿着帽子,围着七月柱游行,一路喊着"改革万岁"!广场上的人们敬礼,喊着"划界万岁"!然后,人们沿圣安托万郊区离开。一小时后,游行队伍又回来了,而且壮大不少。人们举着火把和旗帜,向林荫大道走去,打算从码头回家,以便全镇的人都能感受到胜利的喜悦。

午夜的钟声敲响,街道的场景已经变化,马雷区死气沉沉,我刚从那里回来。布尔登大道的街灯因被打碎而熄灭,成了名副其实的"黑暗大道"。1848年2月23日晚,唯一开业的商店是位于圣安托万路的商店,博马舍剧院关门了,广场被保护起来,用来存放武器。军队埋伏在有拱廊的街道上。在圣路易路,一个军团的士兵悄悄地贴着阴影处的城墙。

钟声敲响时,我们走到阳台上,听着钟声说:"敲的是警钟!"

我躺在床上无法入睡,于是,我在客厅里待了一夜,写作、思考、侧听。我不时走到阳台上,努力地听,然后走进房间,踱来踱去,或倒在扶手椅上打盹,但焦躁不

七月柱

安的梦搅乱了我的睡眠。我梦见自己听到愤怒的人们的低声抱怨,听到远处开火的声音,听到警钟正从教堂钟楼上传来。当我醒来时,我发现确实敲响了警钟。

现实比梦境更可怕。

之前,我看到游行的人在林荫大道上欢快地走着、唱着,起初一直是毫无阻碍地走着。步兵团、炮兵和突击队员们闪开,让他们通过。不过,在嘉布遣大道上,军队——步兵和骑兵——封锁了通道,守卫着外交部及不受欢迎的部长弗朗索瓦·基佐。在无法逾越的障碍前面,游行队伍前面的人想停下转身,不过,后面的人如浪般推着前面的人向前走。这时,不知从哪里发出一声枪响。接着,人们开始恐慌,随后,出现一阵射击,八十人倒下了,他们或死或伤。然后,到处是慌乱和愤怒的呼喊:"报仇!"受害者的尸体被放在一个点着火把的双轮运货车上。在不安中,人们转过身,重新开始游行。现在,队伍已经变成送葬队伍。几小时后,巴黎各处都设置了街垒。

冲突中的遇难者

1848年2月24日

黎明时，我从阳台上看到嘈杂的人们，其中许多人是国民卫队队员。暴民在由近三十名市政警卫守卫的市政厅前停下来，大声喊着要夺守卫的武器。市政警卫直截了当地拒绝并用武器威胁喧嚣的人们。两名国民卫队官员出面调停说："继续流血有什么用？抵抗是没有用的。"然后，市政警卫放下步枪和弹药，安全撤离了。

巴黎第八行政区区长埃内斯特·莫罗要求我到市政厅。他告诉我发生在嘉布遣大道的骇人听闻的屠杀。每隔一会儿，就有更糟的消息传来。国民卫队成员肯定会反对政府，他们正在高呼："改革万岁！"士兵对之前的所作所为感到害怕，似乎决心不再在内乱中采取进一步行动。在布列塔尼圣十字街，面对国民卫队，军队已经略微退后。我们获悉，在毗邻的第九行政区的行政大楼，士兵们正与国民卫队成员一起巡逻。另外两名身着衬衫的信使几乎同时到达行政大楼，他们说："勒伊利兵营已经被占领了。""米尼姆兵营已经投降。"

埃内斯特·莫罗说："我既没有收到政府的指示，也没有得到任何消息！什么政府，如果真有政府，那是政府吗？莫尔内阁还存在吗？我们该怎么办？"

总理事会的成员佩雷建议道："去塞纳区政府吧，那里离市政厅不远。"

"好吧，我们走。"

埃内斯特·莫罗和佩雷走了。我在广场周边观察。广场的人们骚动不安，忧心忡忡，似乎在期待着什么。到处都在积极加固已经很牢固的路障。这次不仅仅是骚乱，而是叛乱。然后，我回家了。在广场入口值勤的一个外围士兵正友好地和距自己二十步远的守卫路障的士兵聊天。

1848年2月24日8时15分，埃内斯特·莫罗从市政厅回来了。他见了克劳德-菲利贝尔·贝特洛·德·朗比托伯爵并带来了稍微好一点的消息。路易·腓力一世把组建内阁的事委托给阿道夫·梯也尔和奥迪隆·巴罗。阿道夫·梯也尔不怎么受欢迎，但罗迪隆·巴罗有意改革。不幸的是，这个让步有个威胁——托马斯·罗伯特·比若元帅任国民卫队和陆军的总指挥。罗迪隆·巴罗主张改革，而托马斯·罗伯特·比若元帅主张镇压。路易·腓力一世伸出右手表示和平，同时左手握拳准备镇压。

执法官要求埃内斯特·莫罗在辖区和圣安托万郊区宣布这则消息。

托马斯·罗伯特·比若元帅

埃内斯特·莫罗区长说:"我正要去宣布这则消息。"

我说道:"很好,不过,听我说,您最好宣布阿道夫·梯也尔-巴罗政府,不要提托马斯·罗伯特·比若元帅的事。"

"您说得对。"

埃内斯特·莫罗区长征用了一支国民卫队,带着两个副手和出席议会的区议员来到皇家广场,广场上的鼓声吸引了人们。埃内斯特·莫罗区长宣布新内阁成立。

人们鼓掌欢呼，反复欢呼："改革万岁！"他又说了几句建议和平相处和维护秩序的话，也得到了民众的响应。

埃内斯特·莫罗区长紧紧地握着我的手说："局势有救了！"

我回答："是的，但条件是托马斯·罗伯特·比若元帅愿意放弃成为救世主的想法。"

埃内斯特·莫罗在国民卫队成员的陪同下出发，去巴士底广场和近郊重复这则消息。我回家让家人放心。

半小时后，埃内斯特·莫罗区长和随从惊慌失措地返回了市政厅。下面是发生的事：

巴士底广场的两端被军队占领，士兵们带着步枪，人们在两支部队之间自由地走动。埃内斯特·莫罗区长来到七月柱下发表了声明，人们再次热烈鼓掌。埃内斯特·莫罗先生开始朝圣安托万郊区走去。这时，很多工人和蔼地向士兵们打招呼并说："放下你的武器。"士兵们服从上尉的严格命令，拒绝放下武器。突然，传来一声枪响，接着，枪声再次响起。之前可怕的恐慌也许就要重新开始了。埃内斯特·莫罗和随从被挤来挤去，最后被推倒了。双方的射击持续了一分钟。死伤人数有五六人。

巴士底广场

第 10 章 1848 年革命

幸运的是，聚众闹事发生在光天化日下。一看到民众的鲜血，士兵们就惊恐不安。在一阵震惊和恐惧后，士兵们被一种不可抗拒的冲动激起，举起步枪的枪托喊道："国民卫队万岁！"指挥官无力控制手下，便从码头奔向万塞讷。人民仍控制着巴士底广场和近郊。

埃内斯特·莫罗先生说："这就是本来可能付出更惨重代价的结果，尤其是对我而言。"然后，他让我们看了自己被一颗子弹打穿的帽子，笑着说："这本是一顶崭新的帽子。"

1848年2月24日10时30分，巴黎综合理工学院的三名学生来到了市政厅。他们说，学生们已经跟着人群冲出学校，到达指定位置。这样一来，巴黎的各个市政厅都有一些学生。

暴乱不断蔓延。现在，人们要求换掉托马斯·罗伯特·比若元帅，解散上议院。巴黎综合理工学院的学生们更激进，他们正在讨论国王退位问题。

杜伊勒里宫的情况现在如何？内阁没有发出消息，总参谋部也没有发出命令。我决定借道市政厅去国民议会。埃内斯特·莫罗很贴心，愿意陪我前往。

加入革命的巴黎综合理工学院学生

我们看到圣安托万路上布满了街垒。我们自报姓名后,暴乱分子帮我们爬过一堆堆铺路石。我们走近市政厅时,听到里面一群人的咆哮声。我们穿过某个正施工的建筑工地时,看到塞纳地方长官克劳德-菲利贝尔·贝特洛·德·朗比托伯爵正快步朝我们走来。

我喊道:"喂!地方长官,什么风把您吹来了?"

克劳德-菲利贝尔·贝特洛·德·朗比托伯爵粗暴地回答:"地方长官!我都不知道自己还是不是地方长官呢。"

一帮凶巴巴的人已经聚集。埃内斯特·莫罗看到一栋要出租的房子,于是,我们走进房子。克劳德-菲利贝尔·贝特洛·德·朗比托伯爵给我们讲述了自己的不幸遭遇。

他说:"当时,我和两三个区议员在办公室里。这时,我们听到走廊里一声巨响,办公室的门被猛然推开。一个身材魁梧的国民卫队上尉向我走来,身后是一群情绪激愤的士兵。

"他说:'你必须离开这里。'

"'你说什么,先生。这里是市政厅,我掌管这里,我应该留在这里。'

"'昨天,市政厅也许是你掌管,不过,今天由我们来掌管。'

"'啊!但——'

"'到窗前往广场上看看吧。'

"广场上挤满了嘈杂的人。工人们、国民卫队成员和士兵们混在一起,士兵的步枪握在人民手中。我转过身对闯入者说:

"'你说得对。你们是这里的主人。'

"他说:'对,那么,命你的雇员服从我的领导。'

"'那太过分了。我回答:'你把我当什么?'我收集了几份文件,下达了几个命令。然后,我来到这里。既然你们要去国民议会,就告诉内政部部长,如果议会还存在,那么市政厅不再有市长或区长了。"

我们费了很大周折才穿过人海,人们暴风雨般的嘈杂声覆盖着整个市政厅广场。巴黎梅吉瑟里码头有道坚不可摧的街垒,多亏我的同伴出示区长肩带,我们才被允许翻过街垒。此外,码头上几乎空无一人,我们从河左岸到了国民议会。

波旁宫里挤满了喧嚣的代表、贵族和高级职员。从人群中传来阿道夫·梯也尔刺耳的声音："啊！维克多·雨果来了！"他来到我们面前，询问圣安托万郊区的相关消息。我们告诉他市政厅的相关消息。阿道夫·梯也尔沮丧地摇摇头。

我问道："这里的情况怎么样？首先，您还是内政部部长吗？"

"我？哦！我是平民！罗迪隆·巴罗是理事会主席兼任内政部部长。"

"那么，托马斯·罗伯特·比若元帅呢？"

"热拉尔将军取代了托马斯·罗伯特·比若，但这算不了什么。上议院已经解散，路易·腓力一世已经退位，正在去圣克卢的路上，奥尔良公爵夫人摄政。啊！这种趋势一直在发展、扩展、再扩展！"

阿道夫·梯也尔建议我和埃内斯特·莫罗与罗迪隆·巴罗达成共识。在我们这个区采取的行动非常重要，能派上大用场，因此，我们出发去内政部。

人们已经入侵内政部，把内政部人员挤到部长办公室。在部长办公室，一群人肆无忌惮地来来往往。部长办公室中间有一张大桌子，秘书们正趴在桌边写东西。罗迪隆·巴罗脸色发红，嘴唇紧闭，背着手，倚着壁炉台。

看到我们时，罗迪隆·巴罗说："你们知道发生了什么，对不对？路易·腓力一世退位了，而奥尔良公爵夫人摄政。"

一个路过的穿工装的男人说："人们是否愿意接受那样的安排。"

罗迪隆·巴罗把我们带到一扇窗户的窗壁凹处，边走边不安地四处打量。

我问道："您打算怎么办？您在做什么？"

"我正在给各部发电报。"

"很紧急吗？"

"必须让整个法兰西了解情况。"

"对，但巴黎正在制造事端。唉！还没结束吗？摄政很好，但必须得到批准。"

"是的，是要得到国民议会的批准。奥尔良公爵夫人应该把巴黎伯爵腓力亲王带到国民议会去。"

"不，国民议会已经解散了。如果奥尔良公爵夫人要去，就去市政厅。"

"你怎么能这么想！如果有危险怎么办？"

"没有危险,一个母亲和一个孩子!我将代表人民做出承诺,他们会尊重她。"

"那好,去杜伊勒里宫见奥尔良公爵夫人,去给她提建议。"

"您为什么不自己去呢?"

"我刚从那里来,没人知道奥尔良公爵夫人在哪里。我无法接近她,不过,如果您看到她,告诉她我随时听从她的调遣,我在等她的命令。啊!维克多•雨果先生,我愿意为她和那个孩子献出我的生命!"

罗迪隆•巴罗是世界上最诚实、最忠实的人,不过,他行动力不强。他说话的语气、表情,甚至从他身上,都能让人感受到他的忧虑和犹豫。

罗迪隆•巴罗接着说:"听着,当务之急是让人民了解这些重要的变化——退位和摄政。答应我,您会在自己所在的区政府、郊区及任何可能的地方去宣布这个消息。"

"我保证。"

我和埃内斯特•莫罗朝杜伊勒里宫出发。

在柏歇斯街上,一支马队在飞奔。一队骑兵一闪而过,似乎正逃避一个光膀子的男人,他挥着剑在后面追赶他们。

杜伊勒里宫仍有部队保护。区长出示了区长腰带,卫队人员让我们通过。在大门口,我告诉门房我的身份。他告诉我们,奥尔良公爵夫人在内穆尔公爵路易亲王的陪同下,刚带着巴黎伯爵腓力亲王离开。毫无疑问,她去了国民议会。因此,我们无计可施,只能继续上路。

在卡鲁塞尔大桥的入口处,子弹在我们耳边呼啸而过,卡鲁索广场的暴乱分子正向离开马厩的宫廷马车射击,一个车夫被打死在座位上。

埃内斯特•莫罗说:"我们在这里不采取任何行动并等着被杀,这真是太愚蠢了,我们还是到桥那头吧。"

在新桥,我们路过一群手持长矛、斧头和步枪的人。带头的人挥着一把军刀,穿着国王侍从的外套。他带着一名鼓手,穿的外套是刚在卢浮宫圣托马斯街被杀的车夫的外套。我们绕开法兰西学院和莫奈埃码头。

我和埃内斯特•莫罗到达皇家广场,发现广场上聚集了一群焦躁的人。这群人立即围着我们询问。我们费了不少周折才到达市政厅。广场上的人太密集,人数太多,导致我们没法讲话。我和区长、几个国民卫队军官和两个巴黎综合理工学院的学生一起登上市政厅的阳台。我举起手,人们像被施了魔法一样突然沉默。然后,我说:

"朋友们,你们在等消息。我告诉你们我们知道的消息——阿道夫·梯也尔不再是内阁大臣,托马斯·罗伯特·比若元帅也不再是总指挥[1],取代他们的是热拉尔将军和罗迪隆·巴罗[2]。上议院已经解散,路易·腓力一世退位了[3],奥尔良公爵夫人摄政。" [4]

我继续说:

"罗迪隆·巴罗的名字是向全国人民做出的最广泛、最公开呼吁的保证,你们将拥有一个不折不扣的代议制政府。"

我的讲话获得了稀稀拉拉的掌声,但很显然,大多数人并不确定自己应该对局势采取什么态度,他们对时局并不满意。

我们重新回到市政厅大厅。

我对埃内斯特·莫罗说:"现在,我必须到巴士底广场去宣布这个消息。"

不过,埃内斯特·莫罗区长泄气了。

埃内斯特·莫罗伤心地说:"您很清楚,我们这么做毫无用处,人们不会接受摄政统治。您可以在这里宣布摄政消息,因为各地区的人们认识您、爱戴您,而在巴士底广场,您的听众都是近郊的革命人民,他们可能会伤害您。"

我说:"我一定得去,我答应过罗迪隆·巴罗。"

埃内斯特·莫罗区长继续说:"我换了顶帽子,不过,别忘了我早上戴的那顶帽子。"

"士兵和人民对峙,随时可能发生冲突。不过,现在,只有人民,他们是主人。"

"主人——满怀敌意的主人,小心啊!"

---

[1] 这时,掌声雷动。——原注
[2] 有一些掌声。——原注
[3] 这时,人们欢呼。——原注
[4] 这时,有稀稀拉拉的几声欢呼,混杂着低沉的抱怨。——原注

"无论如何,我已经答应了,我会遵守诺言。"

我对埃内斯特·莫罗区长说,他应该在市政厅。不过,几个国民卫队军官主动提出陪我一起去,其中包括护送过我的上尉——英勇的劳纳伊先生。我接受了他们的善意。我们排成一队,经过帕斯德拉穆勒街和博马舍大道朝巴士底广场走去。

途中,我们遇到一群情绪激昂的、急切的人,他们大部分是工人,许多人带着从兵营里夺取的步枪或士兵们交给自己的步枪。他们高唱吉伦特派的歌——《为祖国献身!》。无数人激烈地争论着,他们转过身看着我们并盘问我们:"有什么消息吗?发生了什么事?"然后,他们跟着我们。我听到人们带着不同情绪提到我的名字:"维克多·雨果,是维克多·雨果!"有几个人向我敬礼。我们到达七月柱时,人们围住了我们。为了让听众听见我说话,我爬上七月柱的底座。

我只重复躁动不安的听众能听到的话。我与其说是在演讲,不如说是在与他们对话,是一个人与十个、二十个、上百个带着敌意的人对话。

参与革命的工人阶级

我立即宣布路易·腓力一世退位的消息。接着，就像在皇家广场上的情况一样，所有人不约而同地为这个消息鼓掌。然而，有人喊道："不！不是退位，是废黜！废黜！"毫无疑问，我会因解释忙得不可开交。

摄政的消息引起了强烈抗议：

"不！不！不要摄政！打倒波旁王朝！既不要国王，也不要女王！不要主人！"

我重复道："没有主人！我和你们一样不想要他们，我一生都在捍卫自由。"

"那您为什么要宣告摄政呢？"

"因为摄政王不是当主人，此外，我无权宣告摄政，我只是通知这个消息。"

"不！不！不要摄政！"

一个穿着工装的男人喊道："让法兰西贵族闭嘴，打倒法兰西贵族！"他把步枪对准了我。我目不转睛地盯着他，提高声音以使听众安静："是的，我是法兰西贵族。我作为法兰西贵族在这里说话，我发誓，我并不忠于君主，而是忠于君主立宪制，只要不成立其他政府，我的责任就是忠于这个政府，而且我一直认为人民会认可一个尽职尽责的人，无论这个人的职责是什么。"

"好吧，我不愿受女人管理，也不愿受男人支配。因为路易·腓力一世想统治管理，所以他的退位是必然的，也是公正的。不过，一个女人以孩子的名义统治国家，这难道不是保证国家管理不受任何个人思想控制的政府的方法吗？看看英格兰的维多利亚女王——"

几个人喊道："我们是法兰西人，我们是法兰西人！不要摄政！"

"不要摄政吗？那要什么？什么都没有准备好，什么也没有！这意味着彻底改变、彻底毁灭、痛苦、内战，无论如何，一切都是未知的。"

只有一个人喊道："共和国万岁！"

其他人没有回应。可怜的人民，他们不负责任，还盲目做事！他们知道自己不想要什么，不过，他们不知道自己真正想要什么。

从那刻起，嘈杂、喊叫、威胁不绝于耳，我不再努力让别人听到我的声音。勇敢的劳纳伊说："您已经做了自己想做的和自己答应要做的。现在，我们唯一要做的就是撤退。"

人们为我们让出一条路。他们充满好奇，但没有恶意。不过，离我们二十步远的地方，用步枪威胁过我的人来到我们身边，并且用武器对准我喊道："打倒法兰西贵族！"一个年轻的工人喊道："不，尊敬这个伟人！"他迅速把对方的步枪按下。我挥了挥手，感谢这个陌生的朋友，然后继续往前走。

在市政厅，似乎一直很担心我们的埃内斯特·莫罗非常高兴地接待我们并亲切地表示祝贺。但我知道，即使人民的情绪已经被激起，人民也是正义的。我起到了不少作用，因此感到非常不安。

巴士底广场发生这些事时，波旁宫内发生了如下事情：

一个众人皆知、众人皆想的人出现了，他就是阿尔方斯·德·拉马丁。他的《吉伦特派史》第一次把革命思想传播给法兰西人。之前，他只是个优秀的人，但现在，他很受欢迎，可以说，巴黎掌握在他的手中。

阿尔方斯·德·拉马丁

在混乱中，阿尔方斯·德·拉马丁可能有决定性的影响力，这就是当时波旁宫各个部门的想法。他们曾考虑过建立共和国可能会出现的情况，也草拟了建立临时政府的计划。不过，他们的计划没有把阿尔方斯·德·拉马丁考虑在内。1842年，就最后选择内穆尔公爵路易亲王摄政的问题进行讨论时，阿尔方斯·德·拉马丁曾热情地为奥尔良公爵夫人辩护。他现在也这样想吗？他想做什么？他会怎么做？这必须要查。《国民报》总编辑阿尔芒·马拉斯特带着三个臭名昭著的共和党人走了。那三个人分别是巴斯蒂德、出版商皮埃尔·朱尔斯·埃策尔，以及在《玛丽昂·德·洛尔姆》中扮演迪迪埃的著名喜剧演员博卡热。他们去了国民议会会议室，找到了阿尔方斯·德·拉马丁，在一间办公室里和他会谈。

阿尔芒·马拉斯特等四人轮流发言，表达了自己的信念和希望。一想到阿尔方斯·德·拉马丁会支持自己立即建立共和国，他们就很高兴。然而，如果阿尔方斯·德·拉马丁认为有必要进行摄政过渡，他们会要求他至少帮自己得到正式保证——不会有任何倒退。他们怀着激动的心情等着阿尔方斯·德·拉马丁在这件大事上做出决定。

阿尔方斯·德·拉马丁默默地听他们陈述理由，然后要求他们给自己几分钟进行思考。他坐在远离他们的一张桌子旁，手托着腮帮思考着。四个来访者一言不发地站着，恭敬地凝视着他。这是个庄严的时刻。博卡热对我说："在历史的车轮面前，我们无能为力。"

最后，阿尔方斯·德·拉马丁抬起头说："我反对摄政。"

十五分钟后，奥尔良公爵夫人带着两个儿子——巴黎伯爵腓力亲王和沙特尔公爵罗伯特亲王——来到国民议会。罗迪隆·巴罗没有和她一起来，内穆尔公爵路易亲王陪着她。

国民议会代表们拥戴奥尔良公爵夫人。不过，下议院已经被解散，还会有代表吗？

阿道夫·克雷米厄登上讲坛，直截了当地提议成立临时政府。被从内政部接来的罗迪隆·巴罗终于出面为摄政辩护。不过，他的辩护没有得到掌声，也没有影响力。突然，一群人与带着武器和旗帜的国民卫队成员闯进了下议院。奥尔良公爵夫人听从朋友们的建议，带着孩子们撤退了。

奥尔良公爵夫人

沙特尔公爵罗伯特亲王

随后，下议院被解散，取而代之的是革命大会。亚历山大·奥古斯特·德鲁-罗兰大声谴责这群人。阿尔方斯·德·拉马丁在人们的期待和欢呼中来到现场。和承诺的一样，他反对摄政。

问题已经解决。大会提出临时政府的候选人名单，让人民来决定。用喊"是"或"否"的方式，大家依次选出成员。全票通过的是阿尔方斯·德·拉马丁、雅克-夏尔·杜邦·德·拉厄尔、艾蒂安·阿拉戈、亚历山大·奥古斯特·德鲁-罗兰。多数票当选的有阿道夫·克雷米厄、艾蒂安·约瑟夫·路易·加尼耶-帕热斯和马里。

新当选的部长们立即出发前往市政厅。

亚历山大·奥古斯特·德鲁－罗兰

在国民大会上，演讲者在任何演讲中都没提过"共和国"，甚至亚历山大·奥古斯特·德鲁-罗兰也没有在演讲中提过。不过，现在，在外面，在街上，当选的人听到了这句话。人们到处叫着"共和国"。"共和国"口口相传，弥漫在巴黎的空气中。

在非常重要的日子里，七个当选的临时政府成员掌握着法兰西的命运。他们成了暴民的工具和玩物。这种情况不是人们决定的，也不是上天设定的，而是偶然产生的。在群众施压下，在令他们感到眼花缭乱的胜利的迷茫和恐惧中，临时政府成员没有时间思考正在做的事多么重要，颁布了成立共和国的命令。

因为人们的推挤，临时政府当选人员被冲散。等他们再次找到对方时，或者说躲在市政厅的一个房间里时，他们拿走半张纸，纸头上印有"塞纳郡郡长办公室"。克劳德-菲利贝尔·贝特洛·德·朗比托伯爵也许就在那天早上用那张纸的另一半给他称为"小资产阶级"的人写了封拉近关系的信。

在外面可怕的喊叫声中，阿尔方斯·德·拉马丁隐约听到下面这句话：

"临时政府宣布法兰西临时政府为共和制政府并立即呼吁全国人民认可临时政府和巴黎人民的决定。"

我手里拿着这张纸。这张纸刚盖过印戳，可以说，这一刻的狂热还在震颤着这张纸。纸上胡乱画了几个字，而且"Appelée"被写成"appellée"。

阿尔方斯·德·拉马丁写到第六行，就把纸交给了亚历山大·奥古斯特·德鲁-罗兰。

亚历山大·奥古斯特·德鲁-罗兰大声朗诵："临时政府宣布法兰西临时政府是共和制政府——"

亚历山大·奥古斯特·德鲁-罗兰评论道："'临时'出现了两次。"

其他人附和道："对，是出现了两次。"

亚历山大·奥古斯特·德鲁-罗兰补充道："至少要去掉一个。"

阿尔方斯·德·拉马丁明白了这句话蕴藏的重大意义——这是场政治革命。

亚历山大·奥古斯特·德鲁-罗兰大声说："但我们必须等法兰西人民的正式认可。如果巴黎市民认可，我同意可以不经过所有法兰西人的认可。"

阿尔方斯·德·拉马丁说："巴黎人民的认可。不过，谁知道现在法兰西人怎么想呢？"大家沉默了一会儿。人们的吵闹声听起来像大海的喃喃低语。亚历山大·奥古斯特·德鲁-罗兰接着说："人民想要的是立刻成立共和国，无须等待的共和国。"

阿尔方斯·德·拉马丁说："立即实行共和制吗？"他对亚历山大·奥古斯特·德鲁-罗兰的解释有异议。

亚历山大·奥古斯特·德鲁-罗兰答道："我们这些临时代表是临时的，但共和国不是临时的！"

阿道夫·克雷米厄从阿尔方斯·德·拉马丁手里夺走了笔，在第三行结尾处划掉"临时"并在旁边写上"实质性的"。

"实质性的政府？很好！"亚历山大·奥古斯特·德鲁-罗兰轻轻耸了耸肩。

巴黎的印章在桌子上。自1830年起，这个印章的图案一直是在鸢尾点缀的天空下航行的"克雷利乌斯·阿斯特里斯"号驱逐舰，现在，印章上已经看不到这个图案了。印章只剩下一个圆圈，中间有"巴黎市"字样。阿道夫·克雷米厄拿着印章，匆匆在纸上盖章，结果把印章上的字盖颠倒了。

但临时政府成员没有签署这个草案，有人发现了他们。人们挤在他们躲藏的办公室门口喊着，命他们去市政厅会议厅。

在市政厅会议厅，他们听到人们大声地呼喊："共和国！共和国万岁！宣告成立共和国！"阿尔方斯·德·拉马丁起初被喊叫声打断了，最后，用洪亮的声音平息了狂热的喊叫。

临时政府成员回到屋内继续开会并进行激烈讨论。激进的人希望在文件上写"临时政府宣布成立共和国"。温和派则提议："临时政府希望成立共和国。"双方就阿道夫·克雷米厄的提议达成共识。最后，文件中写的是："临时政府'赞成'建立共和国"，后面加了一句话："即将征求人民的意见，据人民的认可情况而定。"

临时政府成员立刻向会议大厅和广场上的人们宣布了讨论结果。然而，人们除了愿意听"共和国"，别的什么也不听，听到"共和国"时，他们欢呼致敬。

共和国成立了，就像阿尔方斯·德·拉马丁后来的评论，已成定局。

1848年2月25日

1848年2月25日早上，巴黎第八行政区市政厅及周边非常平静。1848年2月24日，埃内斯特·莫罗批准采取维持秩序的措施似乎保证了该区的安全①。我原本可以离开皇家广场，和儿子维克多②一起去市中心。革命后，一个民族——巴黎人民组成的民族的躁动和焦虑，对我有种不可抗拒的吸引力。

当时，雨已经停了，虽然是阴天，但比较暖和。街上挤满了喧闹的、欢乐的人。人们继续以狂热的热情去加固已经修建好的街垒，甚至建新的街垒。他们的乐队旗帜在飘扬，鼓声隆隆，高喊"共和国万岁"！他们到处游行，唱着《马赛曲》和《为祖国献身！》。咖啡馆被挤得水泄不通，许多商店都关门了，就像在节假日一样。实际上，巴黎看上去像是在过节。

我沿码头走到新桥。在新桥贴的一份布告的底部，我看到阿尔方斯·德·拉马丁的名字。看到那里的人们后，我非常想见好朋友。因此，我和维克多一起转身回到市政厅。

和1848年2月24日一样，市政厅大楼前的广场上挤满了人，广场被挤得水泄不通，我们不可能走近前门入口处的台阶。在几次试图靠近台阶未果后，我要从人群中挤出来。这时，艺术家和金器商——我年轻朋友保罗·默里斯的兄弟弗朗索瓦-德西雷·夫劳门特-默里斯认出了我。他是国民卫队的少校，在市政厅前带着营队执勤。他命令式地喊道："让路！为维克多·雨果让路！"接着，人墙分开了，我不知道这是如何做到的。

一进大门，弗朗索瓦-德西雷·夫劳门特-默里斯就领我们爬上台阶，穿过挤满

---

① 1848年2月24日晚，巴黎第八区很可能发生骚乱。因为骚乱本不具有政治性质，所以特别严重。满脸愧色的流浪汉和恶棍在街上到处可见。在混乱时期，他们似乎是从地下冒出来一样。在拉福尔斯监狱，在圣安托万街，普通犯人开始叛乱。他们把监狱看守们关押起来。能用什么公共力量来镇压他们呢？市政警卫被解散，军队被限制在军营，至于警察，谁也不知道去哪里找他们。维克多·雨果在这次受欢呼的演讲中，把生命和财产交给人民手中。穿着工装的市民警卫队临时建立起来。等待出租的空商店被改造成警卫室。有人组织巡逻并布置了岗哨。拉福尔斯监狱的叛乱犯人被吓坏了。因为听到大炮——实际上，大炮并不存在——已经在监狱，除非他们无条件地迅速投降，否则会被炸得满天飞，所以他们默默地投降，返回狱中。——原注

② 雨果的儿子名字中带维克多的有Léopold Victor Hugo, François-Victor Hugo, 雨果在作品中一直用这个名字，因此无法断定是哪一个。

人的走廊和房间。我们碰到一个人,他从一群人中走出来,站在我面前说:"公民维克多·雨果,高呼'共和国万岁!'。"

我说:"我不会因服从命令呼喊什么,你明白自由是什么吗?对我来说,我是自由的践行者。我今天要高呼'人民万岁!'。因为我喜欢这样做。我高呼'共和国万岁!'只会是因为我想高呼。"

几个人低声说:"同意!他说得对。"

我们继续往前走。

绕了很多路后,弗朗索瓦-德西雷·夫劳门特-默里斯把我们领进一个小房间。他让我们待在那里,接着通知阿尔方斯·德·拉马丁我很想见他。

房间的玻璃门通往一个长廊,我看到我的朋友大卫·德昂热正从长廊走来。大

大卫·德昂热

卫·德昂热以前是共和党人，他满脸欢欣。我喊他过来，他惊呼道："啊！我的朋友，多么美好的一天啊！"他告诉我临时政府已经任命我为第十一区区长。大卫·德昂热说："我猜，临时政府派人为这件事去找您了。"我回答："没有，临时政府没有派人找我，我是自己来的，只是为了和阿尔方斯·德·拉马丁握个手，见个面。"

弗朗索瓦-德西雷·夫劳门特-默里斯回来了，他说阿尔方斯·德·拉马丁正等着我。我把维克多留在房间里，告诉他在那里等我回来，然后跟着热心的向导穿过走廊。走廊通向一个挤满人的前厅。

弗朗索瓦-德西雷·夫劳门特-默里斯解释说："他们都是找工作的！"临时政府成员正在隔壁房间开会。门口由国民卫队的两名全副武装的精锐守卫，他们对人们的恳求和威胁置若罔闻，我不得不强行穿过人群。一个士兵看着我，把门打开一条缝以便让我进去。人们立即冲过去，试图推开哨兵，然而，在弗朗索瓦-德西雷·夫劳门特-默里斯的帮助下，哨兵迫使人们退后，关上了我身后的门。

我来到一个宽敞的大厅。大厅在市政厅大楼的一角，两边都是透光的长窗。我本想单独找阿尔方斯·德·拉尔马丁，不过，他和三四个临时政府的同事在房间里。他们和朋友或聊天，或写作。他的同事有艾蒂安·阿拉戈、马里和阿尔芒·马拉斯特。我进来时，阿尔方斯·德·拉马丁起身。他穿着一件紧身上衣，像往常一样扣着所有扣子，肩上斜挎着宽大的三色肩带。他迎上来，伸出手，惊呼道："啊！您到我们这里来了！维克多·雨果是共和国强有力的新成员。"

我笑着说："不要那么着急，我的朋友，我只是来见见朋友阿尔方斯·德·拉马丁。也许您不知道，昨天您在下议院上反对摄政时，我正在巴士底广场为摄政辩护。"

"没关系，那是昨天。不过，今天呢？现在既没有摄政，也没有王权，维克多·雨果内心不可能不拥护共和政体。"

"原则上讲，我内心深处拥护共和政体。在我看来，共和政体是唯一合理的政府组建形式，是唯一值得各国效仿的政府。在制度进步的自然进程中，不可避免，全世界都将采取共和制。但共和国时代的钟声已经在法兰西敲响了吗？我希望共和国是持久的和最完整可靠的。您打算征求这个国家人民的意见，是不是？——争取全国人民的意见？"

"所有法兰西人,当然是全国公民,我们临时政府完全支持普选。"

这时,艾蒂安·阿拉戈和阿尔芒·马拉斯特朝我们走过来,阿尔芒·马拉斯特手里拿着一张折起来的纸。

阿尔方斯·德·拉马丁说:"我亲爱的朋友,你知道今天早上我们选您当你所在区的区长吗?"

阿尔芒·马拉斯特说:"这是大家共同签署的文件。"

我说:"很感谢你们,不过,我不能接受这个职位。"

艾蒂安·阿拉戈接着说:"为什么?这些都是非政治性的,纯粹是公益服务。"

阿尔方斯·德·拉马丁补充说:"我们刚得知拉福尔斯监狱的叛乱未遂,您做得很好。您没有进行镇压,而是在叛乱发生前就阻止了它。在您的区内,人们爱戴您,尊重您。"

我回答:"我的威信完全是道义上的,但要成为官方的正式成员,我的威信就会失去意义。此外,我决不会赶走埃内斯特·莫罗。在暴乱中,他始终忠心且勇敢地履行自己的职责。"

阿尔方斯·德·拉马丁和艾蒂安·阿拉戈坚持说:"不要拒绝我们给您的名誉。"

我说:"那好吧,为了大家的亲笔签名,我会接受,但我只把文件好好保存起来。"

阿尔芒·马拉斯特笑着说:"好的,留下吧。这样一来,您就可以说,自己昨天还是贵族,今天就成了区长。"

阿尔方斯·德·拉马丁把我带到一个窗壁凹处。

"我希望您担任的不是区长,而是部长。维克多·雨果——共和国的教育部部长!来吧,既然您说自己是共和党人!"

"我大体上是共和党人,但实际上,昨天我是法兰西的贵族,支持摄政并认为建立共和国为时过早。今天我也应支持摄政。"

"国家高于王朝,我也一直是个保王党人。"

阿尔方斯·德·拉马丁继续说:"是的,但您是国民大会代表,由全国人民选出。我是个贵族,由国王任命。

"国王在选择您时,是根据宪法条款规定,从贵族选出的人中选择您。这是为尊重贵族,也是为自己增光添彩。"

我说:"谢谢您,不过,您站在局外看局势,而我用心考虑局势。"

广场上突然传来猛烈的射击声,并且持续了很长时间。我们的谈话被打断了,一颗子弹打碎了我们头顶的窗玻璃。

阿尔方斯·德·拉马丁忧心忡忡地惊呼:"出什么事了?"

阿尔芒·马拉斯特和马里出去看发生了什么。

阿尔方斯·德·拉马丁接着说:"啊!我的朋友,这场革命的力量多大啊!一个人必须在自己的良心和历史面前承担突如其来的重任!我不知道自己在过去十天是怎么熬过来的。昨天,我只有几根白发,但到明天,我的头发会全部变白。"

我说:"是的,但您有才能,您在光荣地履行自己的责任。"

几分钟后,阿尔芒·马拉斯特回来了。

他说:"枪声并非针对我们,不过,他们无法解释这场暴乱是如何发生的。发生了武装冲突,有人开了枪,这是为什么?这是误会吗?是社会主义者和共和党人的争端吗?没人知道。"

"有人受伤吗?"

"嗯,还有人身亡。"

接着,大家沉默了。我站起身,问道:"您会采取一些措施吗?"

阿尔方斯·德·拉马丁回答:"什么措施?今天早上,我们决定颁布措施:组织公民国民卫队——每个法兰西人既是士兵也是选民。不过,我们缺少时间。"他指着外面广场上波涛般攒动的人头说:"看,像大海一样不计其数的选民!"

一个戴围裙的男孩走进来,低声跟他说了些什么。

阿尔方斯·德·拉马丁说:"啊!很好!我的午餐备好了。您愿意和我共进午餐吗?"

"谢谢,我已经吃过了。"

"我还没有吃呢。我快饿死了,至少来看看我吃的什么,然后我就放您走。"

阿尔方斯·德·拉马丁把我带到一个朝内庭院子的房间里。一个年轻人正坐在

路易·勃朗

一张桌子旁写东西,他面色温和,正打算离开。他是路易·勃朗派到临时政府工作的年轻职员。

　　阿尔方斯·德·拉马丁说:"不用离开,阿尔贝。我和维克多·雨果没有什么私密的事要谈。"

　　我和阿尔贝相互问候。

　　小侍者把阿尔方斯·德·拉马丁带到一张桌子前。桌子上放着一个陶盘,盘子里有一些烤羊排,还有一些面包、一瓶酒和一个酒杯。这都是从附近一家葡萄酒店买来的。

　　阿尔方斯·德·拉马丁大声说:"不错,你拿一副刀叉好吗?"

　　男孩回答:"我原以为这里有刀叉。我把午餐带来已经够麻烦了,如果必须得去拿刀叉的话——"

阿尔方斯·德·拉马丁说:"嗨!还是凑合一下吧!"

阿尔方斯·德·拉马丁掰开面包,拿起一块羊骨头,用牙齿撕肉。他撕碎羊肉后,把骨头扔进壁炉里。他就这样吃了三块羊排,喝了两杯酒。他说:"您不会说我是原始就餐方式吧!但比起昨晚我们吃的饭,这顿好多了。昨晚,我们只有面包和奶酪,而且用同一个有裂口的糖盅喝水。但这好像没有阻止报纸在今天早晨谴责临时政府成员豪饮狂吃!"

我在维克多应该等我的房间里找不到他,我想他定是等得不耐烦独自回家了。

我往格里夫广场走去时,发现那里的人们依然紧张不安。他们对一小时前发生的莫名其妙的冲突感到惊慌失措,一个伤员刚逝世,他的尸体从我身边被抬过去。他们说这是第五具尸体,和之前抬走的尸体一样,这具尸体被送到圣约翰堂。据说,在圣约翰堂,前一天的死者已经达到一百多人。

回到皇家广场前,我转了一圈借以参观警卫室。在米尼姆兵营外,一个十五岁左右的男孩佩着前线士兵的步枪,正自豪地站岗。我好像在早上或昨天就在这里见过他。

我说:"怎么回事!你又在执勤吗?"

"不,不是'又',我还没换岗呢。"

"怎么能这样!你在这里多久了?"

"近十七个小时!"

"什么!你没睡过吗?你没吃过饭吗?"

"不,我吃过了。"

"敢情你去拿吃的了吗?"

"不,我没有去,因为哨兵不离岗哨!今天早上,我喊对面商店里的人,说我饿了,他们给我带来些面包。"

我赶紧让他换了岗。

我一到皇家广场就询问维克多的下落。维克多还没有回来,我吓得浑身发抖。不知道为什么,被送到圣约翰堂的死者的样子一直在我脑海里浮现。要是我的维克

奥古斯特·瓦克里

多卷入血腥的聚众闹事怎么办？我找了个借口再次出去。奥古斯特·瓦克里在广场上，我悄悄地告诉他，我非常担心，因此，他主动提出陪我一起出去。

我们先去弗朗索瓦-德西雷·夫劳门特-默里斯那里。他住在罗堡街，紧挨着市政厅。我请他帮忙让我进入圣约翰堂。起初，弗朗索瓦-德西雷·夫劳门特-默里斯想劝我不要去看那可怕的景象。他前一天已经看过，现在还感到恐惧。我想他的劝阻不是好兆头，他可能想对我隐瞒什么。因此，我坚持要去圣约翰堂。于是，我们进入了圣约翰堂。

在巨大的圣约翰堂里，摆成长列的行军床上安置着尸体。这个地方已经变成一个巨大的停尸房。大部分尸体已经无法辨认。我看到一个年轻且身材单薄，有着一头栗色头发的死者时，不由地紧紧抓住那份骇人的死亡报告并吓得浑身发抖。的确，这个可怜的、血迹斑斑的死者的样子真是太可怕了！但我无法描述它，我看到的每个尸体都不是我的孩子。最终，我看完所有的尸体后松了一口气。

我从令人悲伤的地方出来时,看见了维克多正活蹦乱跳地朝我跑来。原来,他听到枪声时,离开了等我的房间。他因为没法回到那个房间,所以就去看望一个朋友了。

第2节 驱逐和逃亡

1848年5月3日

实际上,1848年2月24日,迪卡泽斯和格拉克斯堡的公爵埃利-路易和公爵夫人是从卢森堡被驱逐的。那么,是谁驱逐他们呢?正是宫内的人们——由全民投票任命的全部上议院议员。在卢森堡,有谣言说上议院会在夜间采取某种反革命行动,发表公告等。整个圣雅克近郊都准备向卢森堡进军,因此,巨大的恐怖笼罩着圣雅克近郊。上议院议员们对迪卡泽斯和格拉克斯堡的公爵埃利-路易和公爵夫人先是央求,再是施压,然后强迫。最终,迪卡泽斯和格拉克斯堡的公爵埃利-路易和公爵夫人离开了宫殿。

迪卡泽斯和格拉克斯堡的公爵埃利-路易和夫人说:"我们明天动身。我们不知道该去哪里,让我们在这里过夜吧。"

迪卡泽斯和格拉克斯堡的公爵埃利-路易和夫人被驱除了。

迪卡泽斯和格拉克斯堡的公爵埃利-路易和夫人在一个家庭旅馆过夜。第二天,他们在维诺尼尔街九号安顿下来。

埃利-路易病得很厉害,他在一个星期前刚动了手术。他的夫人勇敢乐观地忍受着一切。这是女人在男人因愚蠢招致的令人难堪的局面中常常表现出的性格特点。

大臣们都逃走了,但费了很大周折,尤其是迪沙特。在逃走时,他吓得要命。

1848年2月24日,弗朗索瓦·基佐退出卡普辛官邸,在内政部安置下来。他和迪沙特像一家人一样住在那里。

1848年2月24日,迪沙特和弗朗索瓦·基佐正坐着吃午饭。这时,一个门房满脸惊恐地冲进来。一队暴徒的领导者正从勃艮第大道出发,一路游行到内政部。两个部长立即离开餐桌,设法穿过花园逃走。他们的家人——迪沙特的年轻妻子和弗朗索瓦·基佐的老母亲与孩子们——跟在身后。

在逃跑中,一个值得注意的事是弗朗索瓦·基佐的午餐成为亚历山大·奥古斯特·德鲁-罗兰的晚餐。这已经不是共和国成员第一次吃王室要员的饭菜了。

同时,弗朗索瓦·基佐等逃亡者已经来到柏歇斯街。弗朗索瓦·基佐走在前头,迪沙特的夫人挽着他的胳膊。弗朗索瓦·基佐的大衣扣得很严实,帽子像往常一样卡在后脑勺上,他很容易被人认出。在希勒林-贝尔坦路上,迪沙特的夫人注意到一些穿着工装的男人以奇怪的眼神注视着弗朗索瓦·基佐。因此,她把弗朗索瓦·基佐带到一个门道里,碰巧她认识守门人。他们把弗朗索瓦·基佐藏在五层的一个空房间里。

在那里,弗朗索瓦·基佐待了一天,但他不能一直待在那里。他的一个朋友记得有个书商非常敬仰他。在过去的安定日子里,书商常说自己将忠诚于他,而且愿意为被自己称为"伟人"的人献出生命。书商希望能有机会这样做。弗朗索瓦·基佐的朋友拜访书商并提醒书商他说过的话,还告诉书商奉献的机会已经来临。

勇敢的书商没有让弗朗索瓦·基佐失望,他把房子交由弗朗索瓦·基佐安排。在书商家里,弗朗索瓦·基佐待了整整十天。最后,弗朗索瓦·基佐离开时,北方铁路公司一列火车车厢里一个隔间的八个座位都被租用。弗朗索瓦·基佐趁夜色向车站走去。帮助他逃跑的七个人和他一起进入车厢。他们先到达里尔[①],然后抵达奥斯坦德。从奥斯坦德,弗朗索瓦·基佐先生渡过英吉利海峡前往英格兰。

迪沙特的逃亡过程更复杂。

迪沙特设法弄到一个共和国驻外使者的护照。他染了眉毛,戴上蓝色眼镜。乔装打扮后,他乘一辆驿站马车离开巴黎,逃过了镇上国民卫队的两次阻拦。迪沙特大胆地宣称,自己将以共和国的名义追究拖延自己出使的人的责任。"共和国"起到了作用,国民卫队放过了他,"共和国"拯救了迪沙特。

就这样,迪沙特到达一个海港——可能是布伦港。他一直认为自己正被紧追不舍,一路上感到非常紧张。一艘海峡渡船正开往英格兰。当晚,迪沙特登上了这艘船。迪沙特正安顿下来准备出发时,得知渡船当晚不出航。他认为自己被发现了,感

---

① 里尔,德意志东北部一城市。

路易·腓力一世逃离巴黎

到惊慌失措。事实上,这艘渡船被英格兰领事扣留了,很可能是为了协助路易·腓力一世逃亡。迪沙特重新上岸,在忠于自己的一个女画家的画室里待了一天一夜。

后来,迪沙特登上另一艘渡船。他立刻走下甲板,尽可能藏起来,等船出航。迪沙特几乎不敢呼吸,担心随时被认出并被抓捕。最后,渡船起航了。

然而,桨轮刚开始转动,就听到码头上和小船上有人喊"停船!停船!",桨轮停止转动。这次,可怜的迪沙特认为自己完蛋了,其实这场骚乱是由一名国民卫队军官引起的。他告别朋友时,在甲板上逗留了太久,也不想违背自己的意愿被带到英格兰。当国民卫队军官发现船已经起锚时,便大喊"停船!",他在码头上的家人也跟着喊起来。船停了,军官被送回岸上,船终于出发了。

这就是迪沙特离开法兰西到达英格兰的经过。

第3节 流亡期间的路易·腓力一世

1848年5月3日

生活在英格兰的奥尔良一家真的很穷。他们家有二十二个人要吃饭,食物常常是清汤寡水，这丝毫没有夸张。他们的生活费只有四万法郎左右，收入包括那不勒斯和西西里的玛利亚·阿玛莉亚每年从那不勒斯的献贡——二万四千法郎和路易·腓力一世已经忘记的几笔共计三十四万法郎存款的利息。1844年10月，路易·腓力一世与茹安维尔亲王弗朗索瓦·德·奥尔良最后一次凯旋时，在伦敦的一个银行存了五十万法郎。关于这笔钱，路易·腓力一世只花了十六万法郎。路易·腓力一世到达伦敦时，发现仍有五十万法郎由他支配。他感到非常惊讶，也很欣慰。

让·瓦图和路易·腓力一世一家在一起。路易·腓力一世全家有三个仆人，只有一个仆人从杜伊勒里宫陪着他们一路到英格兰。在艰难的处境下，他们要求巴黎归还在法兰西的、属于他们的财产，他们的财产被没收了。尽管他们一再要求，但没有得到财产，原因有很多。临时政府的解释之一是王室专款的债务达到三千万法郎。各种关于路易·腓力一世的奇怪想法成了人们的笑料。路易·腓力一世可能贪心，不过，他并不吝啬。路易·腓力一世是最挥霍无度、最奢侈浪费、最不细心的人，他在各处都有借钱、赊账和欠账。路易·腓力一世欠了一个橱柜制造商七十万法郎，还因买黄油欠了蔬果园经营者七万法郎。

因此，路易·腓力一世王室财产上的封条一张也无法揭掉，所有东西都被扣押用来保护债权人。这些东西甚至包括茹安维尔亲王弗朗索瓦·德·奥尔良和王妃的私人财产、年金、钻石等，以及属于奥尔良公爵夫人的十九万八千法郎。

王室成员只能索回自己的衣服和个人物品，或者更确切地说，能找到的只有这些东西。杜伊勒里宫的露天剧场里摆了三张长桌子，桌子上摆着二月革命的革命党人转交给杜伊勒里宫管家杜兰·圣-阿芒先生的所有东西。这些东西乱七八糟地堆在一起，包括宫廷服装、污损的在泥泞中拖过的荣誉军团的绶带、外交方面的荣誉之星、宝剑、钻石王冠、珍珠项链和金羊毛骑士勋章等。亲王们的法定代理人、随从或文书，拿走了自己认识的东西。总体来看，王室几乎没有要回什么东西。内穆尔公爵路易亲王只要一些亚麻织品，尤其是厚底鞋。

茹安维尔亲王弗朗索瓦·德·奥尔良见到蒙庞西耶公爵安托万时，向他打招呼："啊！你在这里，先生。你没有被杀。你运气真差！"

去英格兰的海景画家西奥多·居丹拜见了路易·腓力一世。路易·腓力一世非常沮丧，对西奥多·居丹说："我不明白，巴黎发生了什么？我根本不明白巴黎人是怎么想的？总有一天他们会认识到我没做错一件事。"他确实不是做错了一件事，而是做错了所有事！

事实上，路易·腓力一世乐观到令人难以置信的程度，他相信自己比路易十四更像国王，比拿破仑·波拿巴更具皇帝才能。1848年5月22日，路易·腓力一世兴高采烈，仍然只忙自己的事，但他忙的都是些最微不足道的事。1848年5月22日14时，有人开枪。当时，路易·腓力一世正与律师和业务代理人——德·杰兰特、斯克里布和德诺尔芒迪开会，协商如何处理好阿代拉伊德·德·奥尔良的遗嘱。1848年5月23日13时，当国民卫队宣布反对政府，即意味着革命时，路易·腓力一世派人去找路易·埃尔桑为自己画画像。

查理十世的画像像一只山猫。

路易·埃尔桑

第10章 1848年革命 | 185

然而，令人敬佩的是，路易·腓力一世在英格兰的困境中表现得很坚强。英格兰贵族勇敢地出面相助，有八个或者十个富有的贵族写信给路易·腓力一世，向他提供城堡和钱。路易·腓力一世回答："我只接受并保存你们的信。"

奥尔良公爵夫人的处境也很艰难。她与奥尔良家族关系不好，与梅克伦堡家族关系也不好。一方面，奥尔良公爵夫人收不到什么；另一方面，她也不指望得到什么。

1848年5月，写上述内容时，杜伊勒里宫已经修好了。1848年5月3日清晨，阿道夫-西蒙尼·昂皮对我说："他们打算把宫殿收拾干净，这样被损坏的部分就不那么明显了。"然而，讷伊宫和巴黎皇家宫殿已经遭到破坏。顺便提一下，巴黎皇家宫殿的美术馆馆藏被彻底破坏，只有一幅画——腓力·埃加利特①的画像——完好无

腓力·埃加利特

---

① 即奥尔良公爵路易·腓力二世，路易·腓力一世的父亲。

损。这幅画得以保存是暴乱分子以示尊重，还是一种偶然的讽刺？当时，国民卫队的成员剪没有完全被火烧毁的、自己喜欢的画布取乐。现在，他们仍这样取乐。

第4节 热罗姆一世

1848年3月的一天早晨，一个中等身材，六十五六岁的男子走进我的客厅。他身穿黑色衣服，纽扣孔里系着红蓝丝带，穿着黑漆皮靴子，戴着白色手套。他就是原威斯特伐利亚国王热罗姆一世①。

热罗姆一世

---

① 即热罗姆·波拿巴，拿破仑·波拿巴的弟弟。

热罗姆一世的声音很温柔，微笑中带着胆怯，但很迷人。他的直发已经变灰，从侧面看有点像拿破仑·波拿巴。

热罗姆一世来感谢我，他被允许返回法兰西。他把这件事归功于我，恳求我让临时政府任命他为荣军院院长。热罗姆一世告诉我，前一天，阿道夫·克雷米厄——临时政府成员——对他说："如果维克多·雨果要求阿尔方斯·德·拉马丁那样做，就没有问题。以前，一切都取决于两个君主的会谈。现在，一切都取决于两个诗人的会谈。"

我微笑着回答热罗姆一世："您告诉阿道夫·克雷米厄，他才是那个诗人。"

1848年11月，热罗姆一世住在阿尔格大街三号二楼。这是个配有红木家具和羊毛丝绒装潢的小公寓。

小公寓客厅的墙纸是灰色的，房间里点着两盏灯，摆着法兰西第一帝国风格的大钟表，还有两幅不太像是真迹的画，尽管其中一幅画框上写着"提香"，另一幅画框上写着"伦勃朗"。壁炉台上有个拿破仑·波拿巴的半身铜像，这是法兰西第一帝国留给我们的常见半身像之一。

拿破仑·波拿巴在皇宫留给热罗姆一世的只有自己用过的银器和餐具，上面装饰着雕刻精美的镀金皇冠。

热罗姆一世只有六十四岁，看起来不像那个年龄的人。他双眼炯炯有神，笑容慈祥迷人，双手小而匀称。他习惯穿黑色衣服，纽扣孔上戴着一条金链，上面挂着三个十字架：荣誉军团勋章、铁皇冠，还有他模仿铁皇冠创建的威斯特伐利亚勋章。

热罗姆一世善于交谈，说话时一直很优雅，诙谐机智。他回忆拿破仑·波拿巴时满怀尊敬和热爱。虽然可以说他有点虚荣，但我更倾向说他是骄傲和自豪。

此外，热罗姆一世毫无怨言地接受了因自己不再是国王、不再被禁锢，也不是公民的奇怪地位带给他的各种限制。每个人都随意称呼热罗姆一世，路易·腓力一世叫他"殿下"，亨利·乔治·布莱·德·拉·莫瑞称他"陛下"，亚历山大·大仲马称他"大人"，我称他为"王子"，我妻子称他为"先生"。他的名片上写着"波拿巴将军"。如果换作是我，我能理解他的感受——要么是国王，要么什么都不是。

亨利·乔治·布莱德·拉·莫瑞

亚历山大·大仲马

热罗姆一世在流亡途中被召回到巴黎的第二天晚上,没有等到自己的秘书。他感到无聊、孤独,就出去了。那是1847年夏末,当时,他住在玛蒂尔德·波拿巴·德米多夫公主的家里。那里离香榭丽舍宫不远。

热罗姆一世穿过协和广场,环顾四周,望着那些雕像、方尖碑和喷泉。对这个多年来不曾见过巴黎的流亡者来说,一切都是新鲜的。他沿杜伊勒里码头继续往前

玛蒂尔德·波拿巴·德米多夫公主

弗洛尔殿

走,我不知道他产生了怎样的幻想。他到了弗洛尔殿,走进大门,向左拐,开始走上宫门下的一段台阶。他走了两三步,突然感到自己的手臂被紧紧抓住,原来是追着他跑来的看门人。

"喂!先生,先生!你要去哪里?"

热罗姆一世震惊地看着他,回答:"呦,当然是去我的住处!"

然而,热罗姆一世话刚出口,就从梦游中醒来,往昔让他魂迷魄荡。在讲到这件事时,他对我说:"我羞愧地走开并向看门的人道歉。"

第 10 章 1848 年革命

第5节 1848年6月的几天

随笔

1848年6月的暴乱从一开始就很奇怪①。暴乱发生得很突然，简直骇人听闻，让社会感到不安。

1848年6月23日清晨，圣丹尼门建成第一道街垒。街垒随即遭到攻击，国民卫队成员坚定地向街垒走来。第一军团和第二军团协同作战进行进攻。进攻者经林荫大道到街垒，进入射程范围时，从街垒后面射出子弹，场面很可怕。国民卫队随即损失了一部分兵力。进攻者非但没有被吓住，反倒更恼火，向街垒发动进攻。

在这个节骨眼上，一个女人出现在街垒上。她是个年轻、俊俏的女人，她头发凌乱，非常可怕。她曾是名妓女。她把衣服撩到腰间，用妓院的可怕语言对进攻者们尖叫："胆小鬼！开火啊！只要你敢开火，就对着一个女人的肚子开火吧！"这时，局势发展到骇人地步。国民卫队成员毫不犹豫。这个可怜的女子被子弹打倒。她尖叫着从街垒上摔了下来。围攻者和被围攻者顿时陷入可怕的沉默。

突然，另一个女人出现了。她更年轻，更漂亮，几乎还没有成年，仅十七岁。哦！太可惜了！她也是个妓女。她像那个女人一样，撩起裙子，露出腹部，尖叫着："开火吧，强盗们！"国民卫队成员再次开枪。她全身中弹，倒在前一个妓女的尸体上。

战争拉开了序幕。

再没有比这更令人感到恐惧，令人伤心的事了。在卑鄙的英勇行为中，一切弱点瞬间迸发出来。文明受到愤世嫉俗者的攻击并用野蛮的方式自卫，这真的非常可怕。一方面是人民的绝望，另一方面是社会的绝望。

1848年6月24日4时，我作为人民代表，躲在由军队保卫的波多耶广场的街垒里。

波多耶广场的街垒很低，另一段街垒又窄又高，在街道上保护这段街垒。太阳照亮了烟囱顶。在我们面前蜿蜒延伸的是危机四伏的圣安托万路。

---

① 1848年6月月底，也就是共和国宣布成立四个月后，正常的工作停滞不前，被称为"国家工作室"因无效被国民议会废除。当时，忧虑、苦痛普遍蔓延导致爆发了历史上最可怕的暴动之一。当时，权力掌握在执行委员会的五名成员手中。他们是阿尔方斯·德·拉马丁、艾蒂安·阿拉戈、亚历山大·奥古斯特·德鲁–罗兰、伽米尔–帕热斯和马里。路易–尤金·卡韦尼亚克将军是战争部部长。——原注

士兵们待在三英尺多高的街垒上，他们的步枪架在突出的铺路石间，就像放在架子上一样。子弹不时地在他们头顶呼啸而过，打在我们周围房子的墙壁上，石头和墙灰纷纷落下。在街道拐角，有时会出现一件工装，有时会出现一顶帽子。士兵们只要看到，就立即瞄准开火。他们击中目标时，鼓掌喊道："好！瞄得真准！棒极了！"

士兵们开心地笑着聊天。每隔一段时间，就传来一阵咔嗒咔嗒和子弹呼啸而过的声音。接着，一阵弹雨从屋顶和窗户发射到街垒上。一个蓄着灰色胡须的身强力壮的上尉站在街垒中央，半个身子露在街垒外，像靶子一样，子弹在他周围乱飞。不过，上尉岿然不动，非常镇静地对部下说：

"瞧，孩子们，他们在开火。卧倒！当心，拉里波德，你的头露出来了，再装子弹！"

突然，一个女子拐过街角，从容不迫地往街垒走来。士兵们咒骂着，朝她喊着并让她走开：

"啊！这个泼妇！请你走开，否则就——快点！该死！她要来侦察。她是个间谍！打倒她！打掉告密者！"

上尉制止了士兵们：

"不要开枪！她是个女子。"

那个看上去确实在观察我们的女子走了二十步左右后，进了一扇低矮的门。她一进去，门就关上了。

这个女子躲过了一劫。

1848年6月24日11时，我从波多耶广场的街垒返回，坐在我在下议院开会时常坐的地方。一个我不认识的代表——后来我了解到他住在图尼尔街——工程师贝莱坐在我旁边，说："维克多·雨果先生，皇家广场被烧毁了。他们放火烧了您的房子。叛乱分子通过在古埃梅涅胡同里的小门到您家。"

我询问道："我的家人情况如何？"

"他们都很安全。"

"您是怎么知道的？"

"我刚从那里来。因为没人认识我,所以我能越过路障一路来到这里。您的家人先是躲进了市政厅。当时,我也在那里。看到危险过去,我建议您的夫人躲到其他地方。她和孩子们躲在一个叫马尔蒂尼翁的烟囱清洁工的家里。马尔蒂尼翁的家就在您家附近,在连拱廊下面。"

我认识值得信赖的马尔蒂尼翁一家。这样一来,我就放心了。

我问:"那暴乱情况如何?"

贝莱回答:"这是场革命!现在,叛乱分子控制了巴黎。"

我离开贝莱,匆匆穿过隔开我们举行会议的大厅和执行委员会占用的办公室的几个房间,去执行委员会办公室。

执行委员会办公室是执行委员会主席的小客厅,与两个更小的房间相连。办公室里挤满了喧闹的军官和国民卫队成员,他们没有试图阻止任何人进去。

我推开执行委员会办公室的门。满脸通红的勒德吕·罗兰斜坐在桌子上。面色苍白的戛涅·帕热斯坐在勒德吕·罗兰对面,斜躺在一把扶手椅上。他们二人形成了鲜明的对比:戛涅·帕热斯瘦弱,头发浓密;勒德吕·罗兰则强壮,头发很短。两三个上校——其中有代表沙尔拉的上校——在一个角落里谈话。我只模糊地记得其中有艾蒂安·阿拉戈,不记得马里是否在场。当时,阳光明媚。

阿尔方斯·德·拉马丁站在左边窗台边,正和一个身着全套制服的将军谈话。这是我第一次也是最后一次见到那个将军,他是弗朗索瓦·内格里耶。1848年6月24日晚,弗朗索瓦·内格里耶在一堵街垒前被杀。

我匆忙走向阿尔方斯·德·拉马丁。他朝我走来,面色苍白,情绪激动,胡须很长,衣服上满是尘土。

阿尔方斯·德·拉马丁伸手向我打招呼:"啊!早上好,雨果!"

这是我们的谈话。迄今为止,我对每个字都记忆犹新:

"阿尔方斯·德·拉马丁,局势如何?"

"我们完了!"

"这是什么意思?"

"我的意思是,十五分钟后,国民大会会议厅将被占领。"

当时，一队暴乱分子正沿里尔街走去，骑兵及时出击并驱散了他们。

"胡说！军队呢？"

"没有军队！"

"但您在周三说过，而且昨天重申，说自己可以调遣六万兵力。"

"我原以为可以调遣六万兵力。"

"好吧。不过，您不能放弃。这不仅关系到你们的处境，也关系到国民大会，还关系到法兰西，更关系到整个文明。为什么您昨天不下令把离这里四十里格的城镇守备军调到巴黎？这样一来，您立刻就有三万兵力可供调遣。"

"我们下令了——"

"结果呢？"

"部队还没有来！"

阿尔方斯·德·拉马丁拉住我的手说：

"我不是战争部部长！"

这时，几个代表闹哄哄地走进来。国民大会刚投票表决戒严。他们简单告诉勒德吕·罗兰和夏涅·帕热斯关于戒严的决议。

阿尔方斯·德·拉马丁侧过身对他们低声说：

"戒严状态！戒严状态！好吧，如果你们认为有必要的话，那就宣布吧。我没什么可说的！"

他跌坐在椅子上，重复着：

"我没什么可说的。我既不同意，也不反对。你们爱怎么着就怎么着吧！"

弗朗索瓦·内格里耶将军向我走来。

他说："维克多·雨果先生，我来使你安心，我得到了皇家广场的消息。"

"情况怎么样？将军。"

"您的家人平安无事。"

"谢谢！我刚得到了消息。"

"不过，您的房子被烧了。"

我说："那有什么要紧呢？"

弗朗索瓦·内格里耶激动地拉住我的胳膊说：

"我理解您，让我们只考虑一件事，让我们拯救这个国家！"

我正要离开时，阿尔方斯·德·拉马丁从一群人中抽身并朝我走来。

阿尔方斯·德·拉马丁说："再见！但不要忘记，不要过于仓促地评判我。我不是战争部部长。"

1848年6月23日17时，暴乱正在扩张时，路易-尤金·卡韦尼亚克采取了几项防护措施后，对阿尔方斯·德·拉马丁说：

"今天就到这里吧！"

阿尔方斯·德·拉马丁叫道："什么！离天黑还有四个小时呢！暴乱会利用四个小时扩张，而我们失去了四个小时！"

路易-尤金·卡韦尼亚克没有任何反应，只说：

"今天就到这里！"

1848年6月24日15时左右，在千钧一发时，一个人民代表风风火火地来到位于巴黎歌剧院后面的肖夏街的第二区市政厅。有人认出来他是弗雷德里克·德·拉格朗日。

国民卫队员瞬间围住弗雷德里克·德·拉格朗日，他们气势汹汹地责问：

"你就是弗雷德里克·德·拉格朗日！你就是开枪的人[①]！你来这里干什么？你个胆小鬼！你到街垒后面去，那是你该待的地方。你的朋友们在那里，你不要和我们待一起！他们会承认你是他们的首脑，快去！毕竟他们都很勇敢！他们在为你的愚蠢付出血的代价，你却害怕了！你要履行自己的职责，至少要尽职！走开！滚蛋！"

弗雷德里克·德·拉格朗日想要解释，但喊声淹没了他的声音。

这就是这些疯子对待弗雷德里克·德·拉格朗日，这个诚实的人的方式。不过，他在为人民而战后，希望冒生命危险为社会而战。

[①] 人们普遍地错认为是弗雷德里克·德·拉格朗日开的枪。这导致1848年2月23日发生在卡普辛达大道上的大屠杀。——原注

1848年6月25日

叛乱分子在整条博马舍大道的新房子顶部开枪射击。有几个人早就埋伏在加利奥特对面正在建造的大房子里了。他们在窗户上粘了假人——一捆捆穿着工装，戴着帽子的稻草人。

我清楚地看到一个人躲在面朝白菜桥街房子四楼阳台角落的一堆砖头后，他瞄得很准，杀了很多人。

1848年6月25日15时，部队和机动部队在圣殿大道①屋顶上射击以反攻暴乱者。一门大炮刚在蒙帕纳斯喜剧剧院前摆好，用来炸掉加利奥特的房子，扫除整个林荫大道的暴乱者。

我想，如果可能的话，我应该努力制止流血事件的发生。因此，我走向昂古莱姆路拐角。当我到白菜桥街附近的小炮塔时，迎接我的是一阵射击。子弹啪啪地落

巴黎街头的死难者

---

① 圣殿大道，又译为庙宇大街，是巴黎的一条街，是剧院集中的地方。

在我身后的炮塔上,翻起了遮盖炮塔的戏单海报。我拆下一长条作纪念。我拆下的那张海报上宣传的是周日在弗洛城堡举行的一场挂着"千盏灯"的灯会。

四个月来,我们一直生活在熔炉中,经历着严峻的考验。令我欣慰的是,熔炉的烈火会锻造出未来的雕像,熔炉是熔化坚硬青铜的最佳办法。

第6节 弗朗索瓦-勒内·德·夏多布里昂

1848年7月5日

弗朗索瓦-勒内·德·夏多布里昂离世,19世纪辉煌的一幕已经逝去。

据弗朗索瓦-勒内·德·夏多布里昂估计,1848年,他七十九岁。据他的老朋友爱德华·贝尔坦的计算,弗朗索瓦-勒内·德·夏多布里昂已经八十岁。爱德华·贝尔坦

爱德华·贝尔坦

说,弗朗索瓦-勒内·德·夏多布里昂有一个缺点,他坚持说自己不是1768年出生的,而是1769年出生的,因为拿破仑·波拿巴出生于1769年。

1848年7月4日8时,弗朗索瓦-勒内·德·夏多布里昂去世。五六个月以来,弗朗索瓦-勒内·德·夏多布里昂一直处于瘫痪状态,他的智力因此被毁。五天来,因为肺部发炎,他的生命之火熄灭了。

让-雅克·安培在法兰西学术院宣布了弗朗索瓦-勒内·德·夏多布里昂辞世的消息。法兰西学术院决定休会。

国民议会正提名接替1848年6月被杀的弗朗索瓦·内格里耶将军的人选。我离开并去了巴克街一百一十号,这是弗朗索瓦-勒内·德·夏多布里昂的住处。

弗朗索瓦-勒内·德·夏多布里昂的侄女婿德·普雷耶接待了我。我走进弗朗索瓦-勒内·德·夏多布里昂的房间。

弗朗索瓦-勒内·德·夏多布里昂躺在床上。那是一张小铁床架,周围挂着白色的布帘,上面挂着一圈有点奇怪的铁质窗帘环。他的脸完全露在外面,眉毛、鼻子、闭着的眼睛都显出一种高贵气质。他的一生一直如此,死亡的庄严使他的高贵气质更甚。一块细布手绢遮住了他的嘴巴和下巴,他头上戴着一顶白棉布睡帽,露出鬓角的白发,一条白色领巾围到他耳根,在白色的映衬下,他黄褐色的脸显得更严肃了。他在被单下的瘦长干瘪的胸膛和纤细的腿清晰可见。

面朝花园的百叶窗已经被关上,一点光通过客厅半开的门透进来。床边的桌角上燃烧的四只细蜡烛照着房间和弗朗索瓦-勒内·德·夏多布里昂的脸。桌上有一个银十字架、一个装满圣水的花瓶和一个洒水器,旁边有个牧师在为他祈祷。

在牧师身后,一个棕色的大屏风遮住了壁炉。壁炉上方的玻璃、几张礼拜堂和主教座堂的版画清晰可见。

在弗朗索瓦-勒内·德·夏多布里昂的脚边,床顶着房间的墙,墙角放着两个叠放的木箱子。德·普雷耶告诉我,最大的箱子里放的是弗朗索瓦-勒内·德·夏多布里昂的回忆录的全部手稿,共四十八本。他写完最后一本时,房子里乱七八糟。1848年7月4日清晨,德·普雷耶在一个又黑又脏的、用来清洗灯的储藏室里发现了其中一本手稿。

房间里杂乱地放着几张桌子、一个衣橱和几个蓝色和绿色的扶手椅。这些东西与其说是家具，不如说是杂物。

这个房间的隔壁客厅的家具上盖着一块未漂白的布。客厅里没有什么特别的东西，除了壁炉台上的亨利五世的大理石半身雕像和弗朗索瓦-勒内·德·夏多布里昂的全身小雕像，还有摆放在一扇窗户两侧的让·德·贝里夫人和她的婴儿的石膏半身雕像。

在接近生命终点时，弗朗索瓦-勒内·德·夏多布里昂几乎来到第二个童年。他一天只清醒两三个小时，至少他以前的秘书皮洛尔热是这么跟我说的。

弗朗索瓦-勒内·德·夏多布里昂于1848年2月得知宣布成立共和国时，只说了句："成立了共和国，你会更高兴吗？"

弗朗索瓦-勒内·德·夏多布里昂夫人去世时，他参加了葬礼。回来的路上，他笑得很开心。皮洛尔热说，这证明他的精神有点失常。爱德华·贝尔坦却断言道："这证明他精神正常！"

弗朗索瓦-勒内·德·夏多布里昂夫人的仁慈只表现在公共场合，她在家里是个泼妇。她创办了一个收容所——玛丽·特蕾莎收容所，旨在照顾穷人、救助病人、监管孤儿院、施舍和祈祷。不过，她对丈夫、亲戚、朋友和用人很严厉。她脾气暴躁，要求苛刻，还在背后诽谤他们。上帝会看到弗朗索瓦-勒内·德·夏多布里昂夫人做的事。

弗朗索瓦-勒内·德·夏多布里昂夫人是圣马洛的一个船主的女儿，她长得很丑，满脸麻子，大嘴巴，小眼睛。她虽然其貌不扬，但举止像个贵妇。她更像是一个大人物的妻子，而非大贵族的妻子。弗朗索瓦-勒内·德·夏多布里昂害怕且憎恶她，又不得不哄着她。

弗朗索瓦-勒内·德·夏多布里昂夫人知道丈夫害怕自己，因此，她猖狂不驯。我从未见过比她更难接近，让来访者望而却步的女主人。在年轻时，我有一次去弗朗索瓦-勒内·德·夏多布里昂的家。弗朗索瓦-勒内·德·夏多布里昂夫人对我很不友好，或者更确切地说，她根本没有搭理我。我走去对她鞠躬问候，但她完全无视我。当时，我被吓得六神无主。这些不愉快经历后来成为我去弗朗索瓦-勒内·德·夏多布里昂家的噩梦。在每次去他家前十五天，都会感到压力倍增。弗朗索瓦-勒内·德·夏多布里昂夫人讨厌看到丈夫接待客人，但她邀请的客人例外。我去拜访时，弗朗索瓦-勒内·德·夏多布里昂没有把我介绍给她。因此，她讨厌我。她绝对非常讨厌我，而且非常露骨地表现了出来。

我与弗朗索瓦-勒内·德·夏多布里昂夫人一生只接触过一次。当时，她亲切地接待了我。有一天，我像个可怜的小冒失鬼一样去拜访她。像往常一样，我非常不开心，就像受惩罚的小学生，手里拿着帽子，翻来覆去地拧着。当时，弗朗索瓦-勒内·德·夏多布里昂还住在圣多米尼克街二十七号。

我害怕弗朗索瓦-勒内·德·夏多布里昂家里的一切，甚至害怕门房。唉，那是一个夏天的早晨，我踏进他家门，看见弗朗索瓦-勒内·德·夏多布里昂夫人在丈夫书房旁边的客厅里。一缕阳光照在地板上，而弗朗索瓦-勒内·德·夏多布里昂夫人脸上的一抹微笑比这缕阳光更让人眼花缭乱、惊奇不已。她问道："你是维克多·雨果先生吗？"当时，我以为自己在《天方夜谭》的一个梦中——弗朗索瓦-勒内·德·夏多布里昂夫人在微笑！她知道我的名字，还直呼我的名字！这是她第一次屈尊注意我的存在。我向她深深地鞠躬，头几乎要碰到地板上。她接着说："很高兴见到你。"我简直不敢相信自己的耳朵。她还说："我一直在等你。你很久没有来我家了。"当时，我认为一定是她或者自己哪里出了问题。然而，她指着放在一张小桌子上的一个很大的东西说："这是我留给你的，我确信你想要。你知道是什么吗？"原来，这是一个天主教机构制作的小包巧克力。弗朗索瓦-勒内·德·夏多布里昂夫人负责推销巧克力，把卖巧克力的钱用来做慈善。我买下了那包巧克力。当时，我十五个月的生活费只有八百法郎，却为那包巧克力和弗朗索瓦-勒内·德·夏多布里昂夫人的微笑支付了十五法郎，也就是我两星期的伙食费。当时，对我来说，十五法郎等于现在的一千五百法郎。

这是一个女人卖给我的最昂贵的微笑。

弗朗索瓦-勒内·德·夏多布里昂1847年年初瘫痪。当时，弗朗索瓦-勒内·德·夏多布里昂夫人也失明了。从此，每天15时，弗朗索瓦-勒内·德·夏多布里昂就会被抬到夫人的床边。这情景令人既感动又伤心。再也看不见的女人伸出手摸索着那个再也感觉不到的男人，他们的手相遇了。赞美上帝！生命在消逝，但爱一直存在。

第7节　国民大会对6月那几天的辩论

1848年11月25日的会议

国民大会和国家必须确定要让谁为六月令人痛苦的日子负责。当时，执行委员会掌权。难道执行委员会成员不应该预见并防止暴动吗？下议院赋予了战争部部长路易-尤金·卡韦尼亚克将军决断的权力，他已经独自发布命令。

路易-尤金·卡韦尼亚克将军及时发布命令了吗？难道他不能把最初的骚乱消灭在萌芽中，从而避免骚乱不断扩大、扩散并发展成暴乱吗？最后，胜利后采取的镇压即使没有到残酷无情的程度，难道不是多余的流血吗？

对六月发生的事进行说明的日期在一天天逼近，路易-尤金·卡韦尼亚克思虑重重，甚至偶尔在会议上发脾气。

有一天，阿道夫·克雷米厄坐在内政部部长席上，不时对在台上发言的人发出"说得对！说得对"的赞许，而演讲者恰巧是反对派。

路易-尤金·卡韦尼亚克说："阿道夫·克雷米厄先生，你太吵了。"

阿道夫·克雷米厄反驳："跟你有关系吗？"

"跟你坐在内政部部长席上有关系。"

"你想让我离开这个位置吗？"

"那么——"

阿道夫·克雷米厄起身离开，他边走边说：

"将军，你强迫我离开内阁，不要忘了你是因为我才进的内阁。"

的确，阿道夫·克雷米厄是临时政府的一员，他曾向临时政府提出任命路易-尤金·卡韦尼亚克为战争部部长。

关于谁应为1848年6月那几天发生的事负责的讨论时间定在1848年11月25日。不过，前三天里，内阁成员们都非常紧张。路易-尤金·卡韦尼亚克的朋友们暗自发

朱尔斯·法夫尔

抖,试图让别人也跟着发抖。他们说:"你会明白的!"他们影响了人们的信心。当朱尔斯·法夫尔在讲坛中提到要进行"重大、隆重、严肃的讨论"时,他们突然大笑起来。夏尔·科克雷尔是个新教牧师,他在大厅里碰巧遇到路易-尤金·卡韦尼亚克。他说:"将军,要控制局面!"路易-尤金·卡韦尼亚克满眼怒火,气冲冲地说:"十五分钟后,我会把这些恶棍清理干净,我会把他们全赶走!"这些恶棍是指阿尔方斯·德·拉马丁、艾蒂安·约瑟夫·路易·加尼耶 帕热斯和艾蒂安·阿拉戈。然而,艾蒂安·阿拉戈是否和他们是一伙尚存疑问。据说,他在召集人支持路易-尤金·卡韦尼亚克。同时,路易-尤金·卡韦尼亚克把荣誉军团的十字勋章授予勒格拉夫兰修道院院长坎佩尔主教,而且坎佩尔主教已经接受。

内阁的评论是"用一个十字勋章换一张选票"。一个将军给一个主教颁发十字勋章，角色颠倒的做法引人发笑。

事实上，我们正为候选人争论不休，候选人挥舞着拳头争执不下。在国民大会上，嘲骂声、咆哮声、抱怨声、跺脚声响成一片。他们压倒一个候选人，然后为另一个鼓掌祝贺。

可怜的国民大会像是一个军妓。眼下这个士兵是路易-尤金·卡韦尼亚克。

那么，明天又会是谁呢？

路易-尤金·卡韦尼亚克将军证明了自己不仅聪明，有时还很善辩。他的辩护更多地表现出进攻性。他常对我表现得很真诚，因为很久前，我对他产生了怀疑。国民大会成员全神贯注听了他近三个小时的演讲，他从头到尾都显得很有信心。国民大会成员时刻表现出对他的同情，有时还表现出对他的爱。

路易-尤金·卡韦尼亚克身材高大，行动灵活，穿着短大衣，戴着军队领章。他有弯弯的眉毛，蓄着浓密的胡须，说话语气生硬、不连贯，总插入其他内容。他有时像士兵一样凶猛，有时又像民众领袖一样充满激情。说到一半时，路易-尤金·卡韦尼亚克开始鼓吹。据我所知，这些话毁了他。长篇大论的演说成了辩护人的说辞。但在演讲结束时，路易-尤金·卡韦尼亚克因真正愤怒变得再次慷慨激昂，他用拳头猛击桌子，把桌上的水打翻了。引座员都吓坏了。最后，他说："我一直在说话。我不知道自己说了多久。如果有必要的话，我还会讲一晚上，会讲明天一整天。我不再是鼓吹者，而是一个士兵。你们会愿意听我说的！"

全体国民大会成员为他热烈鼓掌。

反驳路易-尤金·卡韦尼亚克的朱尔斯·巴泰勒米-圣伊莱尔是个冷酷、生硬、有点枯燥的演说家。他绝不适合做辩护演讲，因为他的愤怒不激烈，仇恨也不深刻。刚开始，朱尔斯·巴泰勒米-圣伊莱尔朗诵了一段回忆录，这总让议员们感到厌恶。下议院成员心里对他很不友好，他们很生气，急于把他赶下讲坛，只是缺少合适的借口。但他正好提供了这个借口。朱尔斯·巴泰勒米-圣伊莱尔指控的重点都是些微不足道的事。因此，演讲内容的失误使他的整个演讲结构出现偏差。这个面色苍白的小个子男人不断朝后抬着一条腿，两只手靠在讲坛边缘，好像在向下凝视一口井，令没有喝倒彩的人发笑。在国民大会的喧嚣声中，朱尔斯·巴泰勒米-圣伊莱尔装腔作势地在抄写本上写了一段很长的文字，把吸墨粉洒在上面吸干墨水，思考了一会儿后，他把吸墨粉倒回粉盒，以此设法压制不断抬高的喧闹声。朱尔斯·巴泰勒米-圣伊莱尔从讲坛上下来时，路易-尤金·卡韦尼亚克已经受到反驳。朱尔斯·巴泰勒米-圣伊莱尔还没有反驳，因为对方免除了他的责任。

加尼耶-帕热斯是个久经考验的共和党人。他为人诚实可靠，却出于虚荣心登上了讲坛。国民大会成员试图把他赶下讲坛，但他不顾众人反对，再次发表自己的意见。加尼耶-帕热斯提到自己的过去，并且勾起人们对萨莱·瓦赞的种种回忆。他把路易-尤金·卡韦尼亚克的党羽比作弗朗西斯·基佐的党羽，表示要"勇敢地面对共和国的惨痛遭遇"。他的反驳实例太少，但言语太多。他强烈反驳路易-尤金·卡韦尼亚克。不过，他忘了《圣经》里的建议：面对问题，不要绕弯子。

加尼耶-帕热斯扳回了几乎被驳倒的指控。他不断在反驳中使用人称代词，但他的行为欠妥。因为这场辩论的严肃性和整个国家公民的愿望，每个人都应该抹去自己的个性。加尼耶-帕热斯沮丧地、愤怒地向四面八方求援，呼吁艾蒂安·阿拉戈出面干预，让亚历山大·奥古斯特·德鲁-罗兰发言，让阿尔方斯·德·拉马丁解释。而这三个人沉默不语，他们没有担负起责任，也没能把握好时机。

国民大会成员们喝倒彩，想将加尼耶-帕热斯赶下台。加尼耶-帕热斯对路易-尤金·卡韦尼亚克说"你本想把我们打倒"时，国民大会成员们爆发出一阵笑声，嘲笑他表达的感情和方式。加尼耶-帕热斯满脸绝望，凝视着一屋子爆笑的人。

国民大会会议厅四处传来喊声："暂停辩论！"

国民大会成员已经不愿意听，也听不进去意见。

这时，亚历山大·奥古斯特·德鲁-罗兰先生登上讲坛。

国民大会所有成员大声说："终于来了！"

接着就是一片沉默。

亚历山大·奥古斯特·德鲁-罗兰的演讲可以说有实质性效果。他的话很粗糙，但很有力。加尼耶-帕热斯已指出路易-尤金·卡韦尼亚克将军的政治缺点。亚历山大·奥古斯特·德鲁-罗兰则指出了他的军事缺点。亚历山大·奥古斯特·德鲁-罗兰把辩护者所有的技巧与讲坛的激情混在一起。演讲结束时，他呼吁宽恕罪犯。他的演讲动摇了路易-尤金·卡韦尼亚克的立场。

当亚历山大·奥古斯特·德鲁-罗兰回到皮埃尔·勒鲁和乌格斯·费利西泰·罗伯特·德·拉梅内中间的位置时，一个留着灰色长发、穿着白色大衣的男人穿过会议厅，来和亚历山大·奥古斯特·德鲁-罗兰握手。他是弗雷德里克·德·拉格朗日。

1848年11月25日22时30分，路易-尤金·卡韦尼亚克第四次登上讲坛。人们可以听见人群中的嘈杂声和协和广场上骑兵的情况。国民大会的形势变得越发严峻。

路易-尤金·卡韦尼亚克累了，决定采取傲慢的态度。他轻蔑地对这群人说话，在多数派和反动派的欢呼中向山岳党宣布，他一直喜欢"他们的辱骂胜过他们的赞

皮埃尔·勒鲁

美"。这似乎显得狂傲不羁,但很明智。路易-尤金·卡韦尼亚克失去了代表社会党的泰部街的支持,却赢得了代表保守党的普瓦提埃街的支持。

突然说出这句直白的话后,路易-尤金·卡韦尼亚克一动不动地待了几分钟,然后用手划了一下眉毛。

国民大会成员对他喊道:

"够了!够了!"

路易-尤金·卡韦尼亚克转向亚历山大·奥古斯特·德鲁-罗兰并惊呼道:

"你说你与我断绝来往,与我毫不相干。与你断绝关系的是我。你说:'暂时断绝来往。'我要对你说:'永远断绝来往!'"

一切都结束了。国民大会希望结束这场辩论。

弗雷德里克·德·拉格朗日登上讲坛。在嘲骂和喝倒彩声中,他向代表们表示敬意。弗雷德里克·德·拉格朗日立刻成为一个受欢迎的、彬彬有礼的演说者。他不情愿的语气表达了自己真实的感情。

弗雷德里克·德·拉格朗日说:"代表们,一切让你们感到有趣,好吧,但我觉得并不好玩!"

代表们哄堂大笑。在他接下来的演讲中,哄笑声不断。弗雷德里克·德·拉格朗日把"德林"说成"弗朗德林",哄笑声变得更疯狂。

我就是被这种欢乐弄得心情沉重的人之一,因为我似乎听到了人民在爆发的欢乐中发出的哭泣声。

在哄闹中,座位间传递着一张名单,上面写满了签名,单子上是雅克-夏尔·杜邦·德·勒尔对今天议事日程的建议。

雅克-夏尔·杜邦·德·勒尔已经八十岁。他腰弯背驼、步履蹒跚。他凭借老人的权威,登上讲坛,趁着一波波欢呼声之间的安静,宣读自己拟定的会议议事日程。

议事日程只是重申1848年6月28日的宣言:"卡韦尼亚克将军理应是国家的功臣。"他以五百零三张赞成票和三十四张反对票得以通过。

我是三十四个反对者之一。在计选票时,热罗姆一世的儿子走到我面前说:

"我想您弃权了吧?"

我回答:"从发言上看,我弃权了,但从投票上看,我并未弃权。"

他接着说:"啊!我们放弃了投票,普瓦提埃街代表也放弃了投票。"

我握住他的手说:"您可以随心去做,但我不能弃权。我在评判路易-尤金·卡韦尼亚克时,法兰西也在评判我。我希望自己的行动是最好的证明,投票就是我的行动。"

第11章

1849年

第1节 冬季花园

1849年2月

1849年2月,在四处蔓延的悲痛和恐惧中,露天游乐会在巴黎举行。人们通过跳舞募捐帮助穷人。1849年1月29日,威胁暴乱者的大炮仍然在训练准备开炮时,一个慈善舞会吸引了巴黎所有人。人们来到冬季花园。

冬季花园的景象如下:

一个诗人说这座花园是"放在玻璃橱柜的夏天"。花园由一个巨大的铁笼做成。笼子上装有玻璃,里面有两个交叉的长廊,足有四五个大教堂那么大,入口处是用地毯和挂毯装饰的木制画廊。

一进花园,就有一道光照得人眼花缭乱。在这道光中,可以看到各种缤纷的花和在热带不同海拔生长的奇特树木。来自原始森林中的香蕉树、棕榈树、雪松,宽大的树叶、巨大的荆棘和奇异的枝杈缠绕在一起。在花园里,森林本身就是原始的。巴黎最漂亮的女人和最美的女孩在光照下旋转跳舞,就像一群蜜蜂在阳光下飞舞。

一盏巨大的、闪闪发光的黄铜枝形吊灯照着衣着绚丽的人群,或者更确切地说，那盏灯就像倒种在玻璃屋顶上的、由黄金和火焰做成的大树，闪闪发光的叶子悬在人们头顶。一大圈烛台、火炬架和旋转的焰火在吊灯周围闪闪发亮，像围绕太阳的行星。画廊里有一个管弦乐队。乐队奏乐的声音很大，玻璃窗也跟着作响。

但真正让冬季花园与众不同的是，人们透过充斥着灯光、音乐和嘈杂声的前台，似乎像透过一层模糊的、耀眼的面纱，可以看到一个巨大的、细长的拱门。拱门像一个隐蔽又神秘的岩洞，岩洞里有大树、一条小路、一小片灌木丛和一个喷泉。喷泉喷出的水像钻石一样闪闪发光。岩洞尽头就是花园的尽头，像火红的橘子一样的红点在叶间闪闪发光。一切都像场梦。走近看，小灌木丛中的灯笼成了巨大的、发光的郁金香。它们与山茶花和玫瑰花交织在一起。

坐在花园的椅子上，脚踩在草地和苔藓上，人们感到温暖的气息从脚下的草地和苔藓下的热格栅中升起。人们好像突然踏上了一个巨大的火炉。在火炉里，大部分树枝还在燃烧。草地旁边，有一丛灌木在喷泉喷出的水中抖动。长廊里的鲜花和地毯中都有灯。树林里有森林神、裸体女神、九头蛇等各种雕像，它们像这个地方一样，给人一种似有似无的幻觉。

人们在舞会上做什么呢？他们一会儿舞蹈，一会儿献殷勤，最重要的是谈论政治。

晚上，大概有五十名代表出席舞会。戴着黑手套的、关注黑人利益的代表维克多·舍尔歇陪着戴白手套的黑人代表路易西·马蒂厄。人们评论说："哦，互助互爱！他们换了手！"

政客们靠在壁炉架上宣布，一篇题为《贵族》的反动文章即将面世。他们讨论了当时正在审判的布雷亚事件[①]。这起谋杀案最让这些严肃的人震惊的是，目击者中有一个叫"伦克卢"的铁匠和一个叫"莱克莱"的锁匠。

这就是人们把微不足道的事变成天大的事的实例。

---

① 1848年6月25日，布雷亚将军遭到暗杀。当时，他在与枫丹白露垒的叛乱分子和谈。——原注

维克多·舍尔歇

路易西·马蒂厄

第2节 杀害布雷亚将军的凶手

1849年3月

在布雷亚谋杀案中被判死刑的人被关在旺夫堡。五个谋杀犯分别是：努里是个十七岁的穷孩子。他的父母在疯癫中死去。他是革命造就英雄、暴乱造就杀人犯的巴黎流浪汉类型。戴是独眼、独臂、瘸腿，是个比塞特医院的穷人。三年前，他做过头部穿孔手术。他有一个八岁的、可爱的小女儿。拉尔的绰号为"消防员"，他的妻子在他被判刑后的第二天被关进监禁，在入狱前生了一个孩子。肖帕尔是个书商助理，因涉嫌参与卑鄙下流年轻人的闹事而入狱。最后是小瓦普鲁，他提出了不在场证明。如果其他四个人的证词有效，那么他可以证明在六月的那三天，自己根本不在枫丹白露。

这些不幸的可怜人被关在旺夫堡的一个大炮塔里。面对死刑，他们非常绝望，被迫信仰上帝。在炮塔里，有五张折叠床和五把灯心草根做的椅子。在地牢里少得可怜的家具中，还有一座祭坛。祭坛立在地牢尽头的箱子对面的门前，在阳光照射的通风孔的下面。祭坛上只有一尊挂着丝带的石膏圣母雕像。在这里，没有灯芯，因为人们担心囚犯们会用床垫上的稻草烧门。囚犯们对着祭坛祈祷、敬拜。因为努里还没有受洗，所以他希望在死前受洗。肖帕尔正在教努里基本教义。

祭坛旁是一块铺在两个支架上的木板。这张满是弹孔的木板曾经是城堡的靶子，现在是囚犯们的餐桌。这种做法既残酷又欠考虑，因为木板不断提醒囚犯们死期将至。

几天前，囚犯们收到一封匿名信。信中告诉他们炮塔中央的石板下面是一口井。井与旺夫修道院延伸到沙蒂永的古老地下通道相连，他们只要抬起石板，就可以逃出去。

囚犯们按信中内容查看石板，发现敲击石板时，下面会发出空响，就像石板盖在洞口上。不过，或许因为警察得知他们收到了这封信，或许因为其他原因，从收到信时起，他们受到的监视比以往更严，因此，无法按照信中的建议逃出监狱。

狱卒和牧师与他们须臾不离。身体的看守者和灵魂的守护者紧密团结，人类的正义多么可悲！

夏尔-路易·拿破仑·波拿巴

将涉嫌布雷亚谋杀案的犯人处以死刑是极大的错误，是断头台的再现。人们推翻了断头台，而资产阶级又把它立起来。这是个致命的错误。

夏尔-路易·拿破仑·波拿巴宽容仁慈。布雷亚谋杀案的修正和起诉原本就容易拖延。巴黎大主教马里-多米尼克-奥古斯特·西博尔是受害者布雷亚的继承人，他乞求饶恕罪犯们。约定俗成的规矩占上风：必须让国家放心；必须重建秩序、重建法制、重建信心！当时，社会仍处于以暴力手段统治的低级阶段。根据宪法规定，内阁成员曾探讨过这件事，提出赞成执行死刑的意见。戴和拉尔的法律顾问克勒松等候夏尔-路易·拿破仑·波拿巴召见。克勒松既有同情心又很善辩。为了几个犯人，为了尚未成为寡妇的妻子们，为了尚未成为孤儿的孩子们，他恳求夏尔-路易·拿破仑·波拿巴宽恕犯人，还为此落了泪。

夏尔-路易·拿破仑·波拿巴默默地听克勒松讲，然后握住他的手说："我很伤心！"

当晚，内阁召开会议。大家的讨论持续了很久，也很激烈。只有一位部长反对使用绞刑架。夏尔-路易·拿破仑·波拿巴支持这位部长的观点。讨论一直持续到22时。不过，大多数人支持使用绞刑架。最后，司法部部长奥迪隆·巴罗签署了对三名犯人——戴、拉尔和肖帕尔执行死刑的命令。努里和小瓦普鲁被减刑为终身监禁。

会议确定于第二天早上即周五执行死刑。

议长办公室立即将命令转达给警务局长。警务局长必须与军事当局协调行动，因为判决是由军事法庭审判的。

警务局长派人去请刽子手，但没有找到。1849年2月，刽子手搬出了马莱圣马丁街的房子，因为他以为自己像废除断头台一样被免职了。没人知道他后来怎么样。

警署的人寻找刽子手新住所花了很长时间。在他们最终找到刽子手住处时，刽子手不在家，他去巴黎歌剧院看《魔鬼的小提琴》了。

当时，已接近午夜。因为没有刽子手，死刑不得不推迟一天。

其间，肖帕尔之前在街垒交的朋友——拉蜡比代表接到了通知，让他拜见夏尔-路易·拿破仑·波拿巴。夏尔-路易·拿破仑·波拿巴签署了肖帕尔的赦免书。

行刑时，警务局长召见刽子手，因需要他时找不到人而责备他。

刽子手说："我沿着大街走时，看到一张黄色的大海报在宣传《魔鬼的小提琴》。我心里想：'嘿！那一定是个奇怪的音乐作品。'因此，我去歌剧院了。"

就这样，一张海报拯救了一个人。

有些细节很可怕。

周五晚上，以前被称作"低贱工作者"[①]的人正在枫丹白露堡垒搭建断头台时，军事法庭的特派调查员在法庭书记员的陪同下赶往旺夫堡。

---

① 法兰西的刽子手被官方命名为高级工作人员。——原注

当时，即将被处死的戴和拉尔正在睡觉，他们和努里、肖帕尔在十三号炮塔。因为行刑延迟，被判刑的人没有被捆绑，而是在继续睡觉。周六5时，刽子手的助手们带着必要的东西来押解犯人。

刽子手的助手们进入十三号炮塔。这时，四个犯人都醒了。看守对努里和肖帕尔说："滚出去！"他们听明白了，既高兴又害怕，一路逃进毗邻的炮塔里。然而，戴和拉尔并不理解，他们坐起来，眼中充满恐惧，疯狂地四处张望。刽子手和助手什么都没说，扑到戴和拉尔身上，捆住了他们。被判死刑的人开始明白这意味着什么，他们发出凄厉的叫喊声。刽子手说："如果我们不把戴和拉尔绑起来，他们就会把我们吃掉！"

然后，拉尔突然倒下，开始祈祷。同时，刽子手宣读处决他们的命令。

戴继续挣扎，吓得哭着，狂叫着，曾经肆意杀人的人却害怕自己去死。

戴喊道："救命啊！救命！"他恳求士兵们，诅咒士兵们，以布雷亚将军的名义向士兵们申诉。

一个中士咆哮道："闭嘴！你个胆小鬼！"

犯人处决仪式十分隆重。我们要注意一点，1849年3月后，断头台第一次露面时，断头台由军队守卫。两个将军指挥二万五千个步兵和骑兵将断头台团团围住，七门大炮控制着通往枫丹白露枫堡垒前的圆形广场的各个街道。

戴先被处死，他的头颅被砍下。他的身体被解开束缚时，血喷涌而出，身体倒在摆板和装脑袋的篮筐之间的断头台上。

刽子手们既紧张又兴奋。一个平民说："每个人都会在断头台上失去理智，包括刽子手！"

最后入选进入下议院的近郊的人们非常兴奋。在近郊，墙上有人们用粉笔写的受欢迎的候选人名字。夏尔-路易·拿破仑·波拿巴是候选人之一。他的名字和弗朗索瓦-文森·拉斯帕伊、阿尔芒·巴贝的名字一起出现在露天公报上。行刑的第二天，各处的夏尔-路易·拿破仑·波拿巴的名字上都被划了一道红印。这是无声的抗议、责备和威胁。人民在等待上帝裁决。

第3节　安托南-马里·穆瓦纳自杀

1849年4月

1848年2月前,安托南-马里·穆瓦纳①靠雕刻小雕像为生。

小雕像!这就是我们过去突然想到的。贸易已经取代国家,历史是多么空洞,艺术是多么贫乏,因为不再有大人物,也不再有雕像了。

安托南-马里·穆瓦纳靠自己的双手谋生。他很贫穷,然而,他能给儿子保罗提供接受良好教育的机会,把他送到巴黎综合理工学院学习。1847年,艺术品生意已经不景气,他加了蜡像的生意。有人定一尊小雕像,有人定一幅肖像画,他总算能勉强糊口。

安托南－马里·穆瓦纳

---

① 安托南–马里·穆瓦纳,19世纪法兰西浪漫雕刻家。

1848年2月后，艺术品的生意彻底停滞。想要烛台模型或时钟模型的制造商，想要肖像的资产阶级，都不再需要安托南-马里·穆瓦纳。他该怎么办呢？安托南-马里·穆瓦纳竭力挣扎度日。他穿旧衣服，吃豆子和土豆，把小摆设、小玩意卖给商人。他先典当了手表，然后典当了银器。

安托南-马里·穆瓦纳住在布尔索尔街的小公寓里，可能是布尔索尔街八号，在拉布吕埃街的拐角。

安托南-马里·穆瓦纳的小公寓逐渐变空。

1848年6月后，安托南-马里·穆瓦纳请求政府订购。这件事拖了六个月，其间，换了三四个内阁，夏尔-路易·拿破仑·波拿巴还没有被提名当总统。最后，安托南-马里·穆瓦纳拿到莱昂·福谢的订单——一尊半身雕像。这样一来，他能够赚到六百法郎。但他被告知，因为国家资金紧缺，所以需要自己先垫资。

莱昂·福谢

第 11 章 1849 年 | 217

痛苦降临，希望破灭。

有一天，安托南-马里·穆瓦纳对十五岁时就嫁给了自己的年轻妻子说："我会自杀的。"

次日，安托南-马里·穆瓦纳的妻子在一件家具下找到一把装满子弹的手枪，她把枪拿走并藏了起来。安托南-马里·穆瓦纳后来好像又找到了手枪。

无疑，安托南-马里·穆瓦纳逐渐失去理智。他总是随身带着一根大头短棒和一把剃刀。有一天，他对妻子说："自杀很容易，用锤子敲自己就可以了。"

有一次，安托南-马里·穆瓦纳站起来，使劲打开窗户。他的妻子向前冲去，搂着他。

她问道："你打算干什么？"

"只是透透气！你呢？你想要干什么？"

她回答："我只是想拥抱你。"

1849年3月18日，这是一个周日。我想，就是在那天，安托南-马里·穆瓦纳的妻子对他说："我要去教堂。你愿意和我一起去吗？"

安托南-马里·穆瓦纳笃信宗教。他的妻子出于充满爱意的警觉，想尽可能地和他待在一起。

安托南-马里·穆瓦纳回答："等一下！"然后，他走进隔壁儿子的卧室。

几分钟过去了。突然，安托南-马里·穆瓦纳夫人听到一声类似门被关上的声音。她明白那是什么声音，震惊地高呼："是该死的手枪！"

她冲进丈夫进去的房间，却惊恐地退了出来。她看见一具尸体躺在地板上。

她疯狂地在屋子里跑着，尖叫着呼救。不过，没有人来，或许因为人们都出去了，或许因为街上的噪音，没人听到她的呼救。

她回到屋里，走进房间并跪在丈夫身边。枪几乎打飞了他的头，血淌在地板上，墙壁和家具上溅满了脑浆。

就这样，安托南-马里·穆瓦纳像大师让·古戎①一样去世了。此后，这个名字会让人想起两件事——可怕的死亡和惊人的天赋。

---

① 让·古戎，法兰西文艺复兴时期的雕塑家和建筑师。

第4节 参观旧上议院

1849年6月

1848年3至4月，路易·勃朗任卢森堡委员会主席。其间，该委员会的工人代表对自己取代的上议院席位持尊重态度。他们占了议员们的席位，却没有玷污这些位置。没有损害，没有冒犯，没有辱骂，没有撕破椅子上的天鹅绒，没有弄脏一块皮革。人民总是很情绪化，喜欢在墙上画画来表示自己的愤怒、喜悦和讽刺。不过，工人代表们行事严谨，不会做出格的事。在书桌的抽屉里，他们发现了议员们的笔和刀。他们既没有用刀，也没有用墨水。

一个上议院看守人对我说："他们很得体。"他们什么都没做，只有一个人留下了自己的印记。他在部长席中路易·勃朗的抽屉里写道：

"王室被废除了。

路易·勃朗万岁！"

这个献辞至今还在路易·勃朗的抽屉里。

议员们的软垫扶手椅上盖着饰有金色条纹的绿色天鹅绒。他们的书桌由桃花心木制成，上面盖着摩洛哥皮革，橡木抽屉里放着很多书写材料，但没有钥匙。每个贵族的桌上都嵌着一块绿色皮革，上面的名字镀了金。亲王们的席位在右边，在部长席位后面。不过，他们的桌子上没有名字，只有一个镀金板，上面写着"亲王席位"。这个镀金板和贵族的名字不是被工人撕掉的，而是根据临时政府的命令被撕掉的。

作为下议院前厅的房间里有几处改动。原本装在大楼梯上面的门厅里皮埃尔·皮热令人钦佩的作品《克罗托那的米罗》被送到了老博物馆，取而代之的是大理石的雕像。在第二个门厅里的路易·腓力一世的全身雕像下落不明。现在，在那里的是一尊脸、胳膊和腿都被镀金的庞培雕像。庞培雕像脚下是按传统放置的被暗杀倒地的盖乌斯·恺撒雕像。在第三个前厅里，原来挂的宪法创建者们的画像。画中有拿破仑·波拿巴、路易十八和路易·腓力一世。按亚历山大·奥古斯特·德鲁-罗兰的命令，这幅画被移走，挂上了从王室宝藏库借来的华丽的戈布兰挂毯。

上议院的旧厅紧挨着第三个前厅,于1805年建成。会堂又小又窄,昏暗隐蔽,由简陋的科林斯柱式①的柱子支撑。柱顶为白色,底座是桃花心木色。旧厅里配着法兰西第一帝国风格的长办公桌和绿色天鹅绒座椅,全由桃花心木制成,上面铺着白色大理石,用红色菱形圣安妮大理石——有白条纹的深蓝色大理石——点缀。这个充满回忆的大厅因宗教地位被保存下来。1840年,新厅建成后,旧厅被用来举行贵族法庭的私人会议。

在上议院的旧厅,米歇尔·内伊元帅曾接受审判。主持审判的议长的左侧竖起了护栏。米歇尔·内伊元帅站在栏杆后,老皮埃尔-安托万·贝里耶在他右侧,年长的安德烈·马里耶·让·雅克·迪潘在他左侧。米歇尔·内伊元帅站在地板的一块菱形大理石上。大理石上变化莫测的条纹看起来像是个骷髅头,这是个不祥的征兆。后来,这块菱形大理石被取出并被换成另一块。

1848年2月后,因为街道发生骚乱,所以士兵不得不被安置在宫殿里。旧参议院会堂成了警卫室。拿破仑·波拿巴时期参议员们的桌子和复辟时期的上议院议员们的桌子都在杂物堆放室里,显贵们的椅子成了士兵们的床。

1849年6月月初,我参观了上议院大厅,发现它还是我十七个月前离开时的样子。我最后一次坐在上议院大厅是1848年2月23日。

一切都是原来的样子,四周很寂静。议员们的软垫扶手椅空着,但摆得很整齐。有人可能会认为议员们十分钟前才结束会议。

---

① 科林斯柱式是古希腊的建筑风格,是顶部雕刻叶饰的细圆柱。

第 12 章

下议院人物素描

第1节 罗迪隆·巴罗

罗迪隆·巴罗一步步登上讲坛,他在开始雄辩的演讲前表现得很严肃。登上讲坛后,他把右手放在讲坛的桌上,把左手背在后面。这样一来,他就以一个运动员的姿态,侧着身子向下议院成员展示自己。他总是穿着黑色衣服,衣服熨得很平整,扣子扣得很严实。

他的演讲开始时比较缓慢,然后逐渐生动起来,就像他的思想一样。但在变得活泼时,他的声音逐渐嘶哑,他的思想也变得含糊不清。因此,听他演讲的人们有些不情愿,因为有些人跟不上他的思路,有些人听不明白他的演讲。他的演讲就像突然飞出一道闪电,把人照得头晕目眩。他和米拉博伯爵奥诺雷·加布里埃尔·里奎蒂的区别在于,在罗迪隆·巴罗演讲时,人们可以窥见闪电般的光彩,而后者演讲时,只能听到雷鸣般的声音,看不到一丝闪电。

第2节 阿道夫·梯也尔

阿道夫·梯也尔想以议会惯例对待人民、思想和革命事件。他在面对绝境和出乎预料的可怕剧变时,玩弄着古老的宪法把戏。他没有意识到一切已经彻底改变。

他发现我们这个时代和他统治的时代有个相似点，因此，他从这个相似点出发考虑事情。这种相似性的确存在，不过，其中存在着一种无法驾驭的骇人的东西。阿道夫·梯也尔没有意识到这一点，仍然按自己以往的方式行事。他一生做事的方式就是顺水推舟，顺势而行，遇事总是往好的方面想。眼下，阿道夫·梯也尔正努力玩同样的宪法把戏。然而，他不明白目前问题已经很严重，他已经陷入危机。

被打断时，阿道夫·梯也尔会很激动，会叉起双臂又放下，接着举起双手捂住嘴、鼻子、眼睛，然后耸肩，最后用双手不由自主地抱住后脑勺。

我对著名的政治家、杰出的演说家、平庸的作家、心胸狭窄的人——阿道夫·梯也尔一直抱有难以形容的羡慕、厌恶和蔑视之情。

第3节　朱尔斯·阿尔芒·迪福尔

朱尔斯·阿尔芒·迪福尔是桑特的一名大律师。1833年左右，他是自己家乡的首席律师，因此，他渴望在法律界得到认可。说话时，朱尔斯·阿尔芒·迪福尔带着乡下的浓重鼻音。因此，他到下议院时，人们觉得他的口音很古怪。不过，他的思路非常清晰，有时甚至发出耀眼的光芒。他的用词很精确，有时甚至显得坚毅果断。

朱尔斯·阿尔芒·迪福尔演讲时从容不迫，语调冷淡。他演讲中透出自信与十足的把握，冷静地解决讨论的各种难题。

朱尔斯·阿尔芒·迪福尔成功了。最初，他是人民的代表，后来当了部长。他并非圣贤，只是个严肃诚实的人。在任时，他从不渴求个人声望，只求廉洁公正。在讲坛上演讲时，他并非才华横溢，但很有权威。

朱尔斯·阿尔芒·迪福尔的为人和才能一样。从表面看，他庄重威严、朴素率直、沉着冷静。参加下议院会议时，他穿着深灰色的外套，衣扣扣得整整齐齐，系着黑领带，衬衫领子高到耳根。他的鼻子很大，嘴唇很厚，眉毛浓密，眼睛显得智慧又严肃，灰白的头发有些蓬乱。

第4节 尼古拉·阿内·忒阿杜勒·尚加尼耶

尼古拉·阿内·忒阿杜勒·尚加尼耶看起来像个法兰西学术院老院士,正如让-德-迪乌·苏尔特看起来像个年老的大主教一样。

尼古拉·阿内·忒阿杜勒·尚加尼耶六十四五岁,又高又瘦。他的声音温和,举止优雅、彬彬有礼,戴着像加斯东·奥迪夫莱-帕基耶那样的栗色假发。他的微笑像夏尔·贝里夫那样迷人。

尼古拉·阿内·忒阿杜勒·尚加尼耶

然而，尼古拉·阿内·忒阿杜勒·尚加尼耶行事草率，鲁莽自信，效率很高，态度坚决，灵巧狡猾，但少言寡语。

在下议院会议厅内，尼古拉·阿内·忒阿杜勒·尚加尼耶坐在左边最后一组第四排最靠边的位置，正好在亚历山大·奥古斯特·德鲁-罗兰的上方。

尼古拉·阿内·忒阿杜勒·尚加尼耶通常双臂交叉坐着。亚历山大·奥古斯特·德鲁-罗兰和乌格斯·费利西泰·罗伯特·德·拉梅内坐的座位可能是左派中最容易被激怒的人的座位。当下议院成员大声喊叫、小声抱怨、吼叫、咆哮和狂怒时，尼古拉·阿内·忒阿杜勒·尚加尼耶在打呵欠。

第5节　弗雷德里克·德·拉格朗日

据说，弗雷德里克·德·拉格朗日在嘉布遣大道开了枪。致命的火花点燃了人们的激情，引发了二月革命，因此，人们称他为"政治犯和人民代表"。

弗雷德里克·德·拉格朗日蓄着灰白胡须，他有一头长长的白发。他虽然慷慨，但他的慷慨显得与众不同；他充满暴力，却带着慈爱之心；他一边蛊惑人心，一边维护着正义。他心中有种激起仇恨的爱。他又高又瘦，远看很年轻，近看却是个老人。他满脸皱纹，表情显得惊慌失措。他声音嘶哑，神情慌乱，面色憔悴，目露凶光。他是山上的堂·吉诃德。他攻击风车，也就是说，攻击信誉、秩序、和平、商业、工业——一切与钱相关的东西。此外，他缺乏思想，逐渐从正义转向疯狂，从热诚转向威胁。他宣布、支持自己的观点。然而，他又收回、谴责自己的观点。他是从来没被人认真对待过，但有时不得不遭到悲惨对待的人。

第6节　皮埃尔-约瑟夫·蒲鲁东

1809年，皮埃尔-约瑟夫·蒲鲁东出生。他有一头稀疏、蓬乱、乱糟糟的金发，在他好看的高额头上卷起。他戴着眼镜，目光锐利坚毅，还显得焦躁不安。他的鼻子几乎扁平，会让人想起家犬。他下巴上的胡须会让人想到猴子。他的下唇很厚，看

皮埃尔－约瑟夫·蒲鲁东

起来是典型的坏脾气。他说话带有弗朗什-孔泰①口音。他说单词时，中间会快速说出音节，然后拖长最后一个音节。他在每个"a"上都会加一个降升调，就像夏尔·诺迪埃一样发音："honorable,remarquable"。②他表达能力很差，但写作能力很好。在讲坛上，他用手掌在手稿上兴奋地轻轻拍打。有时，他会很恼火，满嘴吐泡沫，但吐出的是冰冷的口水。他的表情和相貌的主要特点是拘束中又带着自信。

上述内容是我在他演讲时写下的。

安托万·图雷遇见皮埃尔-约瑟夫·蒲鲁东的情景如下：

皮埃尔-约瑟夫·蒲鲁东说："事情进展得不顺利。"

---

① 维克多·雨果的出生地是贝桑松。贝桑松是弗朗什-孔泰地区的首府。
② 这里是为了表示他们二人发音的共同特点而举的例词——在发"a"音时，发出延长音。"circumflex"意为"长音符号"，标在法语等语言的元音上，表示这个音应延长。

安托万·图雷质问:"您认为是什么给我们造成了麻烦?"

"社会主义者自然是问题的症结。"

"什么!社会主义者?不过,您不就是社会主义者吗?"

皮埃尔-约瑟夫·蒲鲁东突然喊道:"我是社会主义者?我从来都不是!"

"那么,说实话,您是什么身份?"

"我是金融家。"

第7节 路易·奥古斯特·布朗基

路易·奥古斯特·布朗基被判过刑,之后就不再穿衬衫了。十二年来,他穿着同样的衣服——监狱里穿过的破旧衣服。在他的社团中,他忧伤又自豪地展示着自己的衣服。他只换靴子和手套,它们总是黑色的。

因1848年5月15日参加游行示威被囚在万塞讷的八个月里,路易·奥古斯特·布朗基仅靠面包和生土豆糊口,除此之外,不吃其他食物。只有他的母亲偶尔能劝他喝点牛肉汤。

因为服刑的经历,路易·奥古斯特·布朗基频繁沐浴。他爱洁净又玩世不恭。他手脚都很小,从不穿衬衫,却总是戴着手套。

在路易·奥古斯特·布朗基身上最能体现出贵族被蛊惑人心的政客摧垮、伤害的情况。

路易·奥古斯特·布朗基的能力很强,非常诚实、表里如一。他为人严厉,要求苛刻,不苟言笑,即使在笑,也从不笑出声。他的冷嘲得到的是尊重,热讽赢得的是钦佩,轻蔑获得了爱戴。他能激发人们超凡的奉献精神。

路易·奥古斯特·布朗基身上体现的一切都是法兰西平民的素质。

可以说,路易·奥古斯特·布朗基是个文人,而且是个知识渊博的文人。有时,他似乎不是人,而是令人感到伤心的幽灵。由各种程度的痛苦产生的各种程度的仇恨似乎在他身上体现了出来。

第8节 阿尔方斯·德·拉马丁

1850年2月23日

开会期间,阿尔方斯·德·拉马丁来到我身边。他坐在阿尔贝过去常坐的、我旁边的位置。其间,他不时小声嘲讽讲坛上的演说者们。

阿道夫·梯也尔发言时,阿尔方斯·德·拉马丁咕哝道:"小流氓。"

然后,路易-尤金·卡韦尼亚克出现在讲坛上。阿尔方斯·德·拉马丁说:"你觉得他怎么样?""我认为他幸运、勇敢、忠诚、唠叨又愚蠢。"

路易-尤金·卡韦尼亚克讲完后,接着演讲的是伊曼纽尔·阿拉戈。议员们群情激愤。阿尔方斯·德·拉马丁评论道:"这个人无法完成要承担的事。他习惯加入混战,却不知如何脱身。风暴引诱他,随后会杀死他。"

随后,朱尔斯·法夫尔登上了讲坛。阿尔方斯·德·拉马丁说:"我不知道他们为什么觉得他很狡猾,他只是个坊间学者。"

伊曼纽尔·阿拉戈

阿尔方斯·德·拉马丁笑着从我抽屉里拿出一张纸，问我要了一支笔，又向皮埃尔-弗朗索瓦·萨瓦捷-拉罗什要了一小撮鼻烟，然后写了几行字。写完后，阿尔方斯·德·拉马丁登上讲坛，对着一直在攻击二月革命的阿道夫·梯也尔发表了严肃且目中无人的话。然后，他回到我们中间并和我握手。左派为他鼓掌，右派越来越愤怒。阿尔方斯·德·拉马丁冷静地将萨瓦捷·拉罗什的鼻烟盒里的鼻烟倒进自己的鼻烟盒里。

第9节　亨利·乔治·布莱·德·拉·默尔特

亨利·乔治·布莱·德·拉·默尔特粗壮结实又和蔼可亲。他秃顶，大腹便便，个子不高，鼻子很短，而且才能平平。他是哈尔德的朋友，他称哈尔德为"亲爱的"，称热罗姆一世为"陛下"。

亨利·乔治·布莱·德·拉·默尔特

1848年，下议院任命亨利·乔治·布莱·德·拉·默尔特为副总统。

亨利·乔治·布莱·德·拉·默尔的任命有点突然，令人感到意外。从宣誓就职后发表的熟记于心的长篇演说中可以看出，亨利·乔治·布莱·德·拉·默尔对自己的任职丝毫不意外。演说结束时，掌声响起，接着是一阵哄堂大笑。在场的人都笑了，亨利·乔治·布莱·德·拉·默尔特也笑了。下议院成员出于讽刺，而他出于真诚。

1848年1月20日晚，奥迪隆·巴罗便一直因自己没有当选副总统感到懊恼。现在，他耸了耸肩，满脸苦笑地注视着亨利·乔治·布莱·德·拉·默尔特演说结束时的场景。

下议院中的所有人都看着亨利·乔治·布莱·德·拉·默尔特，所有人都很高兴、很满足。从他们的表情中，可以看出他们在想："好吧，我从来没有认真对待他！他却挺把自己当回事！"

亨利·乔治·布莱·德·拉·默尔特宣誓时，响起了雷鸣般的掌声，大家都对他微笑。亨利·乔治·布莱·德·拉·默尔特看起来好像为共和国所倾倒，而下议院成员看起来并没有为他的任职叹服。

第10节　安德烈·马里耶·让·雅克·迪潘

安德烈·马里耶·让·雅克·迪潘有自己特有的机智，这也是高卢人特有的机智。他谙熟法律，天性活泼，不拘小节。反对普选法案的投票即将开始时，一个我忘了名字的多数派成员对他说："您是我们的议长，是伟大的法学家。您知道的比我多。因为我拿不定主意，所以请您告诉我这部法案真的与宪法相悖吗？"

安德烈·马里耶·让·雅克·迪潘似乎想了片刻，然后回答："不，法案不违反宪法。不过，它把宪法的衣服抬起！"

这让我想到我在讲坛上做关于教育法案的演讲时，安德烈·马里耶·让·雅克·迪潘对我说的话。当时，让-巴蒂斯特·博丹已经允许轮到他发言时让我去。因此，我走到议长席前知会安德烈·马里耶·让·雅克·迪潘。

安德烈·马里耶·让·雅克·迪潘说："啊！你要发言了！那就更好了！"然后，他指着正在讲坛上发表反对这部法案的朱尔斯·巴泰勒米-圣-希莱尔——他的发言冗长,而且都是不常见的法律用词——并说:"他在为你服务。他在做前期准备工作。他把法案的裤子拉掉了。这样一来,你就可以立刻——"

安德烈·马里耶·让·雅克·迪潘用右手手指轻敲左手指背,用富有表现力的手势结束了自己的话。

第13章

夏尔－路易·拿破仑·波拿巴

第1节 初次亮相

夏尔-路易·拿破仑·波拿巴抵达巴黎时，住在旺多姆广场。玛格丽特·乔治斯去见他，他们交谈了一段时间。其间，夏尔-路易·拿破仑·波拿巴把玛格丽特·乔治斯拉到一个窗口。从那里，可以看到顶上有拿破仑·波拿巴雕像的圆柱。他说："我整天盯着圆柱看。"

玛格丽特·乔治斯说："圆柱很高！"

1848年9月24日

1848年9月24日，夏尔-路易·拿破仑·波拿巴出席下议院。他坐在皮埃尔-昂热·维埃亚尔和莱奥诺·约瑟夫-哈温之间，在左边第三排第七个席位上。

夏尔-路易·拿破仑·波拿巴看起来很年轻，蓄着黑髭须和山羊胡，留着分头，戴着黑领带和白手套。他的翻领黑色大衣扣得整整齐齐。佩兰和莱昂·福谢在他正下方落座，他们一次也没回头。几分钟后，楼上旁听席的人们开始把望远镜对着夏尔-路易·拿破仑·波拿巴。夏尔-路易·拿破仑·波拿巴则透过自己的望远镜观望楼上旁听席的人们。

1848年9月26日

1848年9月26日15时15分，夏尔-路易·拿破仑·波拿巴登上讲坛。他穿着黑色大衣和灰色裤子，读着手里拿着的一张皱巴巴的发言稿。下议院的代表们恭敬地认真

热罗姆-拿破仑·波拿巴

倾听。夏尔-路易·拿破仑·波拿巴说"同胞"这个词时带有外国口音。他读完演讲稿后,几次响起"共和国万岁"的高呼。

夏尔-路易·拿破仑·波拿巴从容不迫地回到座位上。和他长得很像的热罗姆-拿破仑·波拿巴[①]俯在皮埃尔-昂热·维埃亚尔身前向他表示祝贺。

夏尔-路易·拿破仑·波拿巴坐了下来,而且没和两边的人打招呼。他沉默不语,似乎是忸怩不安,而非不爱说话。

1848年10月9日

下议院成员提出法兰西第二共和国总统问题时,夏尔-路易·拿破仑·波拿巴不在场。下议院成员讨论安托万·图雷修正案问题时——皇家成员不参与这个问题的讨论,他到场了。他坐在自己的席位上,在以前的老师——皮埃尔-昂热·维埃亚尔旁边,默默地听着。他一会儿用手托住下巴,一会儿捻胡子。

---

① 热罗姆一世的儿子。——原注

在混乱中，夏尔-路易·拿破仑·波拿巴突然站了起来，慢慢地走向讲坛。下议院的一半人喊道："投票！"另一半人喊道："发表意见！"

当时，萨尔朗在讲坛上。下议院主席说：

"萨尔朗愿意让夏尔-路易·拿破仑·波拿巴发表讲话。"

夏尔-路易·拿破仑·波拿巴在讲坛上讲了几句无关紧要的话，在一片惊愕的笑声中走下讲坛。

1848年11月

1848年11月19日，在布吉瓦尔，我在奥迪隆·巴罗的家中吃晚餐。

一起吃晚餐的有夏尔·弗朗索瓦·德·雷米萨、亚历西斯·德·托克维尔、埃米尔·德·吉拉尔丹、莱昂·福谢、奥迪隆·巴罗夫人和她母亲，还有一个英格兰议会议员和他丑陋却机智、有一口漂亮牙齿的妻子。

亚历西斯·德·托克维尔

其间，夏尔-路易·拿破仑·波拿巴、热罗姆-拿破仑·波拿巴和代表雅克·皮埃尔·阿巴图奇到了。

夏尔-路易·拿破仑·波拿巴蓄着黑髭须，显得很高贵，很冷淡，很文雅又很睿智，表现出一定程度的恭敬和高贵。他的举止像德意志人，无论从哪方面看，他与拿破仑·波拿巴毫无相似之处。

尽管晚餐氛围轻松愉快，但夏尔-路易·拿破仑·波拿巴吃得很少，说话很少，笑得也很少。

奥迪隆·巴罗夫人让夏尔-路易·拿破仑·波拿巴坐在自己左侧，英格兰议会议员坐在她右侧。

夏尔·弗朗索瓦·德·雷米萨坐在我和夏尔-路易·拿破仑·波拿巴之间。他对我说话的声音很大，足以让夏尔-路易·拿破仑·波拿巴听到：

"我向夏尔-路易·拿破仑·波拿巴致以最美好的祝愿。我投了路易-尤金·卡韦尼亚克一票。"

当时，夏尔-路易·拿破仑·波拿巴正喂奥迪隆·巴罗夫人的灵缇犬吃油炸小鱼。

第2节　夏尔-路易·拿破仑·波拿巴就任总统

1848年12月

1848年12月20日，夏尔-路易·拿破仑·波拿巴就任法兰西第二共和国总统的决定被公开宣布。

1848年12月20日前，巴黎的天气一直很好，使人觉得春天再次来临，而不是冬天即将开始。不过，公开宣布夏尔-路易·拿破仑·波拿巴就任总统那天天气骤变。1848年12月20日，这是一年中第一个寒冷的日子。普遍流行的迷信说法认为奥斯特利茨的太阳被乌云遮盖了。

任职公告的发布出人意料，因为原定于周五发布公告，但周三突然发布了公告。

1848年12月20日15时左右，部队堵住通往下议院的所有通道。一队步兵聚集在奥尔赛宫后面，一队骑兵沿着码头排成梯队。士兵们冻得发抖，看起来很不高兴。人

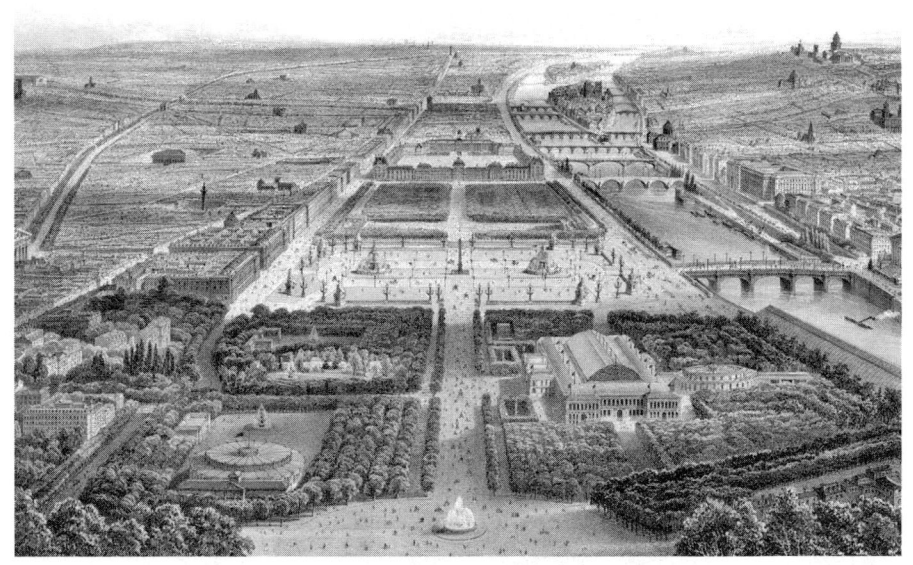

奥尔赛宫

们不安地聚在一起，不知道这意味着什么。几天来，人们隐约讨论着波拿巴主义者运动。据说，近郊的人们计划参加运动并前往下议院，他们会高喊口号："拿破仑皇帝万岁！"1848年12月19日，公债下跌了三法郎。为此，夏尔-路易·拿破仑·波拿巴异常惊慌地来见我。

下议院会议厅不像是议会，更像是个公共广场，里面有很多人。讲坛上的演讲者正讨论一个非常有用的法案，用来规范会议的宣传——《环球箴言报》的印刷局代替了前皇家印刷局作为国家印刷局的地位。不过，没有人听，正在演讲的人是议会中负责财务和内务的官员比胡·德·普齐。

突然，下议院会议厅出现骚动。一群议员从左侧门闯入，他们是被指定为数票委员会，返回会议厅宣布总统选举的结果。1848年12月20日16时，吊灯亮了，人山人海，所有的部长都在场。路易-尤金·韦尼亚克很平静，穿着一件黑色大衣，没有

让－雅克·法耶

佩戴任何东西，坐在自己的位置上。他把右手伸进扣着的大衣的胸前。巴斯蒂德不时在他耳边低语，但他一句也没有回应。奥尔良主教让-雅克·法耶坐在路易-尤金·韦尼亚克前面的一把椅子上。巴黎修道院院长朗格勒主教评论道："那不是主教的位置，是狗的位置。"

阿尔方斯·德·拉马丁没有出席会议。

委员会的特派调查员勒内·瓦尔德克-卢梭冷言冷语地进行演讲，听众也冷漠地、木然地听着。当他读到阿尔方斯·德·拉马丁的总票数为一万七千九百一十张时，右派发出一阵笑声。这是昨天不受欢迎的人对今天不受欢迎的人的刻薄嘲讽和伺机报复。

离开时，路易-尤金·卡韦尼亚克说了几句简短又不失尊严的话，得到了全体下议院议员的掌声。他宣布内阁成员已经集体辞职，自己也放下了手中的权力。他激动地感谢下议院。当时，几个代表哭了起来。

随后，阿尔芒·马拉斯特议长宣布"公民夏尔-路易·拿破仑·波拿巴"为法兰西第二共和国总统。

几个代表在夏尔-路易·拿破仑·波拿巴的席位周围鼓掌。下议院的其余成员保持沉默，他们仍念旧情，想着路易-尤金·卡韦尼亚克内阁。

阿尔芒·马拉斯特号召当选者宣誓就职时，引起了骚动。

夏尔-路易·拿破仑·波拿巴穿着紧扣着扣子的黑色大衣，胸前戴着人民代表徽章和荣誉军团星章。他从右边的门进来，走上讲坛，平静地重复着阿尔芒·马拉斯特议长向自己口述的誓言。他请上帝和人民作证，然后用令人不快的外国口音发表就职演说。整个演讲几乎没有得到任何低声的赞许。他为路易-尤金·卡韦尼亚克唱赞歌时，颂词倒是引起听众的兴趣，赢得了掌声。

几分钟后，夏尔-路易·拿破仑·波拿巴离开了讲坛。不过，不像路易-尤金·卡韦尼亚克那样在下议院成员的欢呼声中离开讲坛，而是在"共和国万岁"的巨大欢呼中离开讲坛。这时，有人高呼"宪法万岁"。

离开会议厅前，夏尔-路易·拿破仑·波拿巴和左边第八区自己以前的老师——皮埃尔-昂热·维埃亚尔握手。随后，下议院议长邀请委员会成员护送法兰西第二共和国总统夏尔-路易·拿破仑·波拿巴到自己的宫殿。这是总统应享的荣誉。这个词引起了山岳党的不满。我在座位上大声说："是因为责任！"

下议院议长宣布，法兰西第二共和国总统夏尔-路易·拿破仑·波拿巴已经委任奥迪隆·巴罗组建内阁。新任部长的姓名将在下议院会议上宣布。事实上，一份《环球箴言报》增刊将分发给当晚的与会代表们。

据说，在法兰西历史上有决定性的那天，所有的事都被注意到了。阿尔芒·马拉斯特议长称夏尔-路易·拿破仑·波拿巴为"公民"，称奥迪隆·巴罗为"先生"。

同时，以主管德旁索为首的门卫们、下议院的官员们、议会中负责财务和内务的官员们，其中有穿着全套制服的勒布勒东将军等，都聚集在讲坛下。几个代表也加入了他们的行列。一阵骚动表明夏尔-路易·拿破仑·波拿巴即将离开人群。几个代表站了起来。有人喊道:"坐下!坐下!"

夏尔-路易·拿破仑·波拿巴出去了。不满者为了表示自己的漠不关心,想继续讨论《印刷局法案》。不过,下议院的代表们太激动了,甚至无法坐下。会场大乱,代表们起身离开。会议室很快空了,当时是1848年12月20日16时30分,就职过程共进行了半个小时。

我独自离开下议院,回避被认为不屑得到部长职位。我穿过外厅,看到楼梯下有一群人,其中有夏尔·福布斯·勒内·德·蒙塔朗贝尔,还有穿着国民卫队中将制服的尼古拉·阿内·忒阿杜勒·尚加尼耶。尼古拉·阿内·忒阿杜勒·尚加尼耶刚护送夏尔-路易·拿破仑·波拿巴前往爱丽舍宫。我听到尼古拉·阿内·忒阿杜勒·尚加尼耶说:"一切顺利。"

我来到了革命广场。在那里,既没有军队,也没有人,一切都消失了。几个路人从香榭丽舍大道过来。夜又黑又冷,刺骨的寒风从河面吹来,厚厚的乌云在西边裂开,无声的闪电掠过地平线。十二月的风和八月的闪电就是那天的不祥预兆。

第3节 第一次官方晚宴

1848年12月24日

1848年12月23日晚,夏尔-路易·拿破仑·波拿巴举办了第一次官方晚宴。那天是周六。

圣诞节假期期间,下议院休会了。我待在图尔德奥弗涅街的新住处,全神贯注地忙着杂事。这时,一个骑兵送来一封写给我的信。我打开信,看到如下内容:

值勤勤务军官荣幸邀请尼古拉·阿内·忒阿杜勒·尚加尼耶将军于周六19时在爱丽舍宫参加晚宴。

我在下面写道:"错送给了维克多·雨果先生。"然后,我让送信的骑兵把信送

珀西尼公爵吉恩·吉尔伯特·维克多·菲亚林

回去。一个小时后，夏尔-路易·拿破仑·波拿巴的昔日战友、现任他私人秘书的珀西尼公爵吉恩·吉尔伯特·维克多·菲亚林又送来一封信。他在信中对错送邀请函深表歉意并说我是受邀者之一。送给我的邀请函被错送给了科西嘉岛的代表安托万·普格列西-孔蒂。

珀西尼公爵吉恩·吉尔伯特·维克多·菲亚林送来的信的信头上有"总统之家"字样。

我注意到邀请函的形式与路易·腓力一世的邀请函形式一模一样。因为我不想显得冷漠，而且既然距晚宴开始只剩半小时，所以我穿戴整齐前往爱丽舍宫。

我到达爱丽舍宫时，七点半的钟声敲响了。

途中，我瞥见了毗邻爱丽舍宫的普拉兰公馆可怕的入口。镶嵌在帝国时期的两根多立克式①柱子间的宽阔的绿色马车入口紧闭着。光线昏暗,街灯的光模糊地勾勒出它的轮廓。爱丽舍宫入口处的双扇门被关了一扇,由两排士兵守卫。院子里几乎没点灯。一个穿着工作服、肩上扛着梯子的泥瓦匠穿过院子。右边外围建筑的窗户几乎都被打破了,被纸糊好。我从露天台阶上的门进去,三个穿黑大衣的仆人接待了我。一个仆人为我开门,一个仆人拿走了我的披风,另一个仆人说:"先生,请上二楼!"我登上台阶。台阶上铺着地毯,撒着鲜花,但被独有的寒冷和不安的气氛笼罩。这种感觉渗入到人们所到之处。

在二楼,一个引座员问道:

"先生是来参加晚宴的吗?"

我说:"是的,他们入席了吗?"

"是的,先生。"

"这样的话,我就走了。"

引座员大声说:"不过,几乎所有人都在宴会开始后到达。进去吧,他们在等您呢。"

我注意到这是沿袭拿破仑·波拿巴时期的军事和王室的守时制度。在拿破仑·波拿巴时代,7时就是指7时整。

我穿过前厅,走进客厅,然后走进宴会大厅。宴会大厅是方形的,饰以法兰西第一帝国风格的白色护墙板。墙上的雕刻和绘画的品位很差,其中包括画家路易·迪西的《玛丽·斯图尔特听里齐奥唱曲》。房间里有个餐具柜,中间有张圆角长桌子,大概有十五个客人坐在桌旁。

餐桌靠内那端被升高,夏尔-路易·拿破仑·波拿巴坐在那里。两个女人坐在他两边,右侧是哈雷-科阿特冈侯爵夫人,左侧是安托万·普格列西-孔蒂的母亲。

我进去时,夏尔-路易·拿破仑·波拿巴站了起来。我走到他跟前,紧握住对方的手。

夏尔-路易·拿破仑·波拿巴说:"我临时安排了这场晚宴,我只邀请了几个亲

---

① 多立克式为古典希腊建筑风格,柱身和柱头风格简朴。

密的朋友，您是其中之一。感谢您能来，您到我这里来，就像我去您那里一样，是很自然的事，谢谢您。"

阿尔芒·马拉斯特议长再次握住我的手。坐在尼古拉·阿内·忒阿杜勒·尚加尼耶将军旁边的莫斯科亲王拿破仑·约瑟夫·奈伊为我腾出位置让我坐下。为了让我能赶上其他人，后面的菜会晚上。因此，我吃得很快。当时，已上了第二道菜。

坐在我对面的是前议员约瑟夫·马塞兰·卢利耶尔将军，还有安托万·普格列西-孔蒂代表和吕西安·缪拉。其他人我都不认识。其中有一个年轻的骑兵少校，戴着法兰西荣誉军团勋章。只有他穿着制服，其他人都穿晚礼服。夏尔-路易·拿破仑·波拿巴纽扣的扣孔上戴着一枚荣誉军团勋章的玫瑰形饰物。

餐桌边相邻的人们相互交谈。夏尔-路易·拿破仑·波拿巴似乎更喜欢和他右边的哈雷-科阿特冈侯爵夫人交谈。哈雷-科阿特冈侯爵夫人三十六岁，面容看起来和她的年纪相仿。她有一双漂亮的眼睛，头发不多，嘴巴很丑，但皮肤白皙，脖子匀称，有迷人的手臂、世界上最美的小手和漂亮的肩膀。目前，哈雷-科阿特冈侯爵夫

吕西安·缪拉

第13章 夏尔-路易·拿破仑·波拿巴

人和哈雷-科阿特冈侯爵分开了。十五年前，他们结了婚。她生过八个孩子，其中前七个孩子都是与哈雷-科阿特冈侯爵生的。在他们新婚时期，她甚至白天也常把丈夫从客厅叫到卧室，与她白日宣淫。有时，仆人会进来说："侯爵夫人叫侯爵先生。"哈雷-科阿特冈侯爵就会听从召唤，这使碰巧在场的同伴发笑。不过，哈雷-科阿特冈侯爵夫人和哈雷-科阿特冈侯爵现在已经分手。

莫斯科亲王拿破仑·约瑟夫·奈伊小声对我说："她以前是热罗姆-拿破仑·波拿巴的情妇，现在是夏尔-路易·拿破仑·波拿巴的情妇。"

我回答："好吧，认错拿破仑家族的人是常事。"

蹩脚的俏皮话并未妨碍我边吃边观察。

坐在夏尔-路易·拿破仑·波拿巴旁边的两个女士坐在方形椅子上，总统的椅子上有一个小圆顶，我得出一些推论。我看了看其他椅子，发现包括我的四五个客人的椅子与他的椅子相似，椅子上覆盖着用镀金钉钉着的红色天鹅绒。我注意到一件更重要的事——每个人都称他为"阁下"和"陛下"。我曾称他为"亲王"，这有点煽动的意味。

我们离开餐桌时，夏尔-路易·拿破仑·波拿巴让我转达对我妻子的问候，同时，他还为晚宴饭菜简单而不住地道歉。

夏尔-路易·拿破仑·波拿巴说："我还没安顿好。前天，我到这里时，睡觉都没有床垫。"

夏尔-路易·拿破仑·波拿巴很好地为自己开脱。晚餐很简单，餐具是普通的白色瓷器和粗糙的银器，已被磨损，也并不小巧。桌子中间是个十分精美的碎纹花瓶，按路易十六时期的低俗品位镀金。

不过，我们听到了从隔壁大厅传来的音乐。

夏尔-路易·拿破仑·波拿巴对我们说："这是个惊喜，是歌剧院音乐家在演奏。"

一分钟后，用水笔写的节目单在宾客间传阅，节目单显示会演奏以下五首曲子：

《为"穆埃特"祈祷》

《霍滕斯王后的曲调幻想曲》

《"罗贝尔·布鲁斯"的最后乐章》

《共和国进行曲》

《"胜利"快步曲》

当时,像所有法兰西人一样,我非常不安,我不由自主地对《共和国进行曲》后面的《"胜利"快步曲》发表评论。

晚宴结束了,但我腹中空空。

我们走进大客厅。我来时穿过的小客厅把大客厅和宴会大厅分开。

大客厅非常丑,客厅是白色的,挂毯上有人物图案,仿效庞培时代的风格。除了上面铺着织锦和金饰品的扶手椅很有品位,其他家具都是拿破仑·波拿巴时期的风格。客厅的另一头有三扇拱形窗,装着三面形状相同的大镜面,上面挂着垂饰,中间的那面镜子是一扇门。窗帘是白色的精美绸缎,上面的绣花很华丽。

我和莫斯科亲王拿破仑·约瑟夫·奈伊在谈论社会主义、民主社会主义、共产主义时,夏尔-路易·拿破仑·波拿巴走过来把我拉到一边。

夏尔-路易·拿破仑·波拿巴问我对时局有什么看法。我保守地告诉他,开端不错,任务艰巨且责任重大,他要做的就是安抚资产阶级,使人民满意。要使前者安宁,使后者工作,使大家能生活下去。在波旁家族、路易·腓力一世、法兰西第一共和国政府的短期管理后,需要一个伟大的政府来管理。拿破仑·波拿巴用战争创造了一个伟大的政体,那么他——夏尔-路易·拿破仑·波拿巴应该用和平创建一个伟大的政体。三个世纪以来,法兰西人一直声名显赫,不希望苟且偷生。路易·腓力一世不明白人民的崇高精神和民族自豪感,这是他垮台的主要原因。总之,夏尔-路易·拿破仑·波拿巴必须粉饰和平。

夏尔-路易·拿破仑·波拿巴问道:"如何粉饰和平?"

"用艺术、文学和科学的伟大成就,用工业和进步取得的胜利装点和平。民众的劳动可以创造奇迹,而且法兰西是富有征服精神的民族。当法兰西不用剑来征服时,就用精神去征服。了解这一点并采取相应行动,忽视这一点,你就会迷失方向。"

夏尔-路易·拿破仑·波拿巴若有所思地离开了。过了一会,他又回来并热情地感谢我,我们继续交谈。

我们谈到了新闻界。我建议夏尔-路易·拿破仑·波拿巴尊重新闻界并建立国家官方媒体。我说:"在宣传和辩论就是支配力量的时代,在报纸盛行的时代,一个政府如果没有官方报社进行媒体报道,只把自己局限于统治政权方面,会让我想起固执地用刀剑与大炮作战的骑士。他们总是被打败。我认为那样做很高贵,不过,您将认为那样做愚不可及。"

　　谈到拿破仑·波拿巴时,夏尔-路易·拿破仑·波拿巴说:"在这里,我最后一次见到他。我重新进入这个宫殿时,总是很激动。他把我带到他身边,把他的手放在我头上。当时,我七岁,就在楼下的大客厅里。"

　　接着,夏尔-路易·拿破仑·波拿巴谈到了马尔迈松城堡。他说:

　　"他们珍视它。约六星期前,我仔细参观了那里。我之所以能参观那里,得益于我先去布吉瓦尔拜访了奥迪隆·巴罗。

　　"奥迪隆·巴罗说:'跟我一起吃饭吧。'

　　"当时,正值15时。'很荣幸,晚饭前我们该做什么?'

　　"奥迪隆·巴罗建议道:'我们去看马尔迈松城堡吧。'

　　"我们就一起去了,当时,没有其他人跟着我们。到了马尔迈松城堡,我们按了门铃。一个守门人打开大门,奥迪隆·巴罗说:'我们想参观马尔迈松城堡。'

　　"守门人回答:'不行!'

　　"'您是什么意思?'

　　"'我接到了命令。'

　　"'谁下的令?'

　　"'城堡现在的女主人玛丽-克里斯蒂娜王后给现在城堡的主人下的命令。'

　　"'不过,这个先生是个外地人,他特意来参观这里。'

　　"'办不到!'

　　"奥迪隆·巴罗先生大声说:'好吧,皇帝的侄子竟然不能进,真是好笑!'

　　"守门人十分吃惊,吓得把帽子扔在地上。他是个老兵,守门是为他退伍安排的工作。

　　"守门人大喊道:'皇帝的侄子!请进!'

"他想吻我的衣服。

"我们参观了城堡,一切几乎还是老样子。我认出了一切——第一执政官①的书房、他母亲的房间、我的房间。几个房间的家具也没有改变,我发现了小时候坐的一把小扶手椅。"

我对夏尔-路易·拿破仑·波拿巴说:"您瞧,御座不见了,但扶手椅仍在。"

我们在谈话时,来了几个人,其中包括执行委员会前任财政部部长夏尔·迪克莱尔,一个我不认识的、身穿黑天鹅绒衣服的老妇人和英格兰使者诺曼比侯爵乔治·菲普斯。夏尔-路易·拿破仑·波拿巴很快带诺曼比侯爵乔治·菲普斯去了隔壁客厅。我看见路易·腓力一世也把诺曼比侯爵乔治·菲普斯叫到一边。

诺曼比侯爵乔治·菲普斯

---
① 即拿破仑·波拿巴。

夏尔-路易·拿破仑·波拿巴在客厅里显得很胆怯,很不自在。他在人群中走来走去,像个尴尬的陌生人,而不是主人。然而,他的言谈很得体,有时也很诙谐。

夏尔-路易·拿破仑·波拿巴努力让我说出对他管理的看法,但我什么都没说。我既没说好,也没说不好。

此外,管理只是个面具,或者更确切地说,是后面藏着一个淘气鬼的屏障。阿道夫·梯也尔在背后操纵,这将困扰夏尔-路易·拿破仑·波拿巴。他必须与八个试图削弱他权力的部长做斗争。每个人各行其是。在这些大臣中,有一些公开与他作对。圣乔治广场制定出来任命提名、提拔人员名单和事务安排,而他要做的就是全盘赞成接受并签署文件。

1848年12月23日,夏尔-路易·拿破仑·波拿巴向莫斯科亲王拿破仑·约瑟夫·奈伊抱怨这件事。夏尔-路易·拿破仑·波拿巴诙谐地说:"他们想把我变成法兰西共和国的阿尔伯特亲王。"①

奥迪隆·巴罗悲恸且沮丧。1848年12月24日,他垂头丧气地离开了会议室。莫斯科亲王拿破仑·约瑟夫·奈伊遇到了他。

他说:"你好!情况如何?"

奥迪隆·巴罗回答:"为我们祈祷吧!"

莫斯科亲王拿破仑·约瑟夫·奈伊说:"唷!太让人难过了!"

奥迪隆·巴罗接着说:"我们要怎么办?我们如何重建正在崩溃的旧社会?努力支撑只会使它加速垮掉。如果你碰碰它,它就会倒塌。唉!为我们祈祷吧!"

然后,他举目望天。

1848年12月24日10时左右,我正要离开爱丽舍宫时,夏尔-路易·拿破仑·波拿巴对我说:"等一下。"然后,他走进隔壁房间。过了一会儿,他拿着一些材料出来,把材料放在我手里,说:"这是给维克多·雨果夫人的。"

夏尔-路易·拿破仑·波拿巴拿的是今天要举行的家具艺术馆入场券。

回家的路上,我想了很多。我想到突如其来的举动、对礼节的考验;资产阶级、共和国和帝国的混合体;今天被称为"共和国总统"的具有深不可测分量的表面;

---

① 阿尔伯特亲王,萨克森-科堡-哥达王朝的阿尔伯特王子,维多利亚女王的丈夫。

他周围亲近的人们；他位置的整个处境。不同的人们能用不同方式称呼他：亲王、陛下、先生、阁下和公民。他是这种情形中最奇特、最具特色的要素之一。

这时，发生的每件事都在这个人身上留下了印记。他为达目的不择手段。

第4节 第一个月

1848年1月

夏尔-路易·拿破仑·波拿巴任期的第一个月即将结束。目前情况如下：

昔日的波拿巴主义者突然出现。从政治角度来说，他们在向玛蒂尔德·波拿巴·德米多夫公主献殷勤。他们是朱尔斯·法夫尔、阿道夫·比约和尼古拉·卡尔特

阿道夫·比约

雷。奥尔良公爵夫人和两个孩子住在埃姆斯的一间小房子里,生活简朴,但过得很好。人们对二月事件的看法不断涌现。1849年是令人失望的一年,它破灭了1848年的所有愿望:将军们想要大赦,智者想要裁军。立宪会议成员任期将满,他们气势汹汹。弗朗索瓦·基佐正在出版《论法兰西的民主》。路易·腓力一世在伦敦,教皇庇护九世在耶德,奥迪隆·巴罗掌权,资产阶级已经失去巴黎,天主教已经失去罗马。天空乌云密布,阴雨绵绵,偶尔出现一缕阳光。奥齐兹小姐在圣马丁门扮演夏娃时全身赤裸。弗雷德里克·勒迈特在那里演《阿德雷旅馆》。五分等于七十四苏,土豆售价八分一蒲式耳①,市场上一条梭子鱼卖二十个苏。亚历山大·奥古斯特·德

教皇庇护九世

---

① 蒲式耳是农作物的容量单位,一蒲式耳约合八加仑。

普鲁士国王腓特烈·威廉四世

鲁-罗兰正试图使法兰西卷入战争，皮埃尔-约瑟夫·蒲鲁东竭力使法兰西破产。路易-尤金·卡韦尼亚克将军身穿灰色马甲参加会议，用很大的象牙望远镜盯着旁听席的妇女来消磨时间。阿尔方斯·德·拉马丁的《杜桑·卢维杜尔》收益为二万五千法郎。夏尔-路易·拿破仑·波拿巴为曾逮捕他的阿道夫·梯也尔和谴责他的路易-马蒂厄·莫尔举行了盛大的宴会。维也纳、米兰和柏林变得越来越平静。革命火势渐弱，而且从表面上看似乎正在熄灭，但人民的革命激情还在燃烧。普鲁士国王腓特烈·威廉四世正准备再次攫取夏尔-路易·拿破仑·波拿巴的权杖。俄罗斯帝国

俄罗斯帝国皇帝尼古拉一世

皇帝尼古拉一世已经剑拔弩张。勒阿弗尔发生了地震,费康发生了霍乱。艾蒂安·阿纳尔即将离开体育馆剧院,法兰西学术院提名保罗·德·诺瓦耶继任弗朗索瓦-勒内·德·夏多布里昂的职位。

第5节 摸索前进

1849年1月

1849年1月28日,在奥迪隆·巴罗举办的舞会上,阿道夫·梯也尔走到莱昂·福谢面前说："让某人做个省长吧。"莱昂·福谢做了个鬼脸。这对他来说很容易。他说："阿道夫·梯也尔，我持反对意见。"阿道夫·梯也尔反驳说："真滑稽！这正是夏尔-路易·拿破仑·波拿巴在我说'让莱昂·福谢当部长'时给我的答复。"

在舞会上，人们注意到夏尔-路易·拿破仑·波拿巴紧跟着皮埃尔-安托万·贝里耶，随后把他带到没人的地方。夏尔-路易·拿破仑·波拿巴看起来像在跟随皮埃尔-安托万·贝里耶，而皮埃尔-安托万·贝里耶仿佛在躲避夏尔-路易·拿破仑·波拿巴。

1849年1月28日23时，夏尔-路易·拿破仑·波拿巴对皮埃尔-安托万·贝里耶说："我们去看歌剧吧。"

皮埃尔-安托万·贝里耶说："这会引起流言蜚语。人们会认为我与您关系暧昧！"

夏尔-路易·拿破仑·波拿巴笑着答道："呸！人民代表不可侵犯！"

夏尔-路易·拿破仑·波拿巴独自离开。下面四行诗流传开来：

> 枉费力气帝王涂粉，
>
> 垂下眼帘拂下裙袍，
>
> 贝里耶避开，
>
> 拿破仑-普第花。

1849年2月

尽管夏尔-路易·拿破仑·波拿巴有世界上最美好的愿望，显然也有足够的智慧和才能实现愿望，但我担心他会发现任务太艰巨而无法完成。他对法兰西、这个世纪、这种新精神，尤其是对这片土地和这个时期都毫无了解。夏尔-路易·拿破仑·波拿巴只是看着在起作用的智者，看着巴黎，看着发生的事，看着人们、局势和各种思想，却无法理解。他是被称为"亲王"的无知者和被称为"流亡者"的外国人。对仔细审视他的人来说，夏尔-路易·拿破仑·波拿巴的神情气质更像病人而非统治者。

夏尔-路易·拿破仑·波拿巴的面部特征或举止丝毫没有波拿巴家族的影子。

他很可能不是波拿巴家族的成员。奥坦丝·德·博阿尔内①无拘无束的性格特点被他继承。昨天，圣徒亚历克西斯·吉尼亚尔对我说："他让人想起荷兰！"夏尔-路易·拿破仑·波拿巴确实有荷兰人的冷漠。

夏尔-路易·拿破仑·波拿巴对巴黎一无所知。因此，我第一次见到他时，他对我说："我一直在找您。我去了您以前的住所。孚日广场是什么？"

我说："那是皇家广场。"

夏尔-路易·拿破仑·波拿巴继续问："啊！那是个古老的地方吗？"

夏尔-路易·拿破仑·波拿巴想见皮埃尔-让·德·贝朗热，他去了帕西两次，却没能在皮埃尔-让·德·贝朗热家里找到他。热罗姆一世比较幸运，拜访时赶上皮埃尔-让·德·贝朗热在家。热罗姆一世问皮埃尔-让·德·贝朗热：

"你对我的兄弟有什么建议？"

"遵守宪法。"

"他应该避免什么？"

"违反宪法。"

热罗姆一世无法让皮埃尔-让·德·贝朗热说出别的。

1850年12月5日，我在法兰西剧院看戏。拉谢尔小姐在演《阿德里安娜·莱科芙勒尔》。热罗姆一世坐在我旁边的包厢里。中场休息时，我拜访了他，我们一起聊天。他对我说："夏尔-路易·拿破仑·波拿巴疯了，他怀疑朋友们会把自己送到敌人手中。他怀疑家人，而且完全听命于旧保王党的意见。我一回到英格兰，路易·腓力一世就在杜伊勒里宫热情接待我，比夏尔-路易·拿破仑·波拿巴在爱丽舍宫的接待更热情。几天前，我当着夏尔-路易·拿破仑·波拿巴一个大臣的面对他说：'请记住！你当总统候选人时，这个先生——我指着阿希尔·富尔德——到我住的阿尔及尔街来拜访我，还以阿道夫·梯也尔、路易-马蒂厄·莫尔、迪韦吉耶·德·奥拉纳、皮埃尔-安托万·贝里耶和托马斯·罗伯特·比若的名义请我和他们一起支持总统。阿希尔·富尔德告诉我，你永远不会得到宪法的支持。在路易-马蒂厄·莫尔看来，你是个白痴，阿道夫·梯也尔认为你是个笨蛋，只有我才能把大家团结起来，战胜

---

① 夏尔-路易·拿破仑·波拿巴的母亲。

奥坦丝·德·博阿尔内

皮埃尔-让·德·贝朗热

路易-尤金·卡韦尼亚克。我拒绝了。我告诉他们,你代表着青年和未来,你至少还有二十五年的时间,而我不一定能活八年或十年。我是一个病人,不想被打扰。那就是这些人当时正在做的事,也是我做过的事。你都忘了!你让这些先生成了主人!你把堂弟、我的儿子——在下议院上为你辩护,全心全意为你争取候选人资格的人——赶了出去!你扼杀了普选。普选使你拥有现在的地位!我相信我会像路易-马蒂厄·莫尔一样说你是个白痴,像阿道夫·梯也尔一样说你是个傻瓜!"

他停了一会,然后继续说:"维克多·雨果先生,你知道他是如何回应我的吗?他说:'你会明白的!'没人知道那个人到底想什么!"

第 14 章

围困巴黎之日记摘录

1870年9月1日，布鲁塞尔

清晨，夏尔·雨果带着朱尔斯·阿尔塞纳·阿诺德·克拉勒蒂[①]、阿希尔·普鲁斯特和弗雷德里·奥古斯特·巴托尔迪出发去维尔通，卡里尼昂附近还在战斗。他们想看看能为战斗做些什么。他们会在明天回来。

1870年9月2日

夏尔·雨果和朋友们今日未归。

1870年9月3日

昨日，色当战役失败后，夏尔-路易·拿破仑·波拿巴被捕。他被囚禁在色当，向普鲁士国王威廉一世投降。1870年8月2日，在萨雷布吕克，他把战争当成儿戏。

现在，拯救法兰西可能就是拯救欧洲。

报童带着巨大的海报边喊边走。海报上写着："拿破仑三世被捕入狱。"

9月3日5时，夏尔·雨果和朋友们已归。

9月3日9时，夏尔·雨果和我参加流亡者的会议。

会议的主题是用三色旗还是红色旗？

---

① 朱尔斯·阿尔塞纳·阿诺德·克拉勒蒂，法兰西文学家，法兰西剧院的导演。

色当战役

奥托·冯·伊斯麦护送被俘的拿破仑三世

1870年9月4日

巴黎方面公开宣布罢免夏尔-路易·拿破仑·波拿巴。

13时,在我家举行了流亡者的会议。

15时,我收到一份来自巴黎的电报。电报上写着:"带着孩子们。"意思是"过来"。

朱尔斯·克拉勒蒂和阿希尔·普鲁斯特与我们共进晚餐。

其间,一封署名"弗朗西斯·雨果"的电报到达。电报称已经组建了临时政府,主要成员为:朱尔斯·法夫尔、莱昂·甘贝塔和阿道夫·梯也尔。

1870年9月5日

6时,有人送给我一封署名为巴尔比厄的电报。电报上询问我到达巴黎的时间。我让夏尔·雨果回复说我将于21时到达巴黎。我要带孩子们一起去,我们将乘14时35分出发的火车。

据报纸报道,除了阿道夫·梯也尔,临时政府成员都是巴黎的代表。

中午,当我离开布鲁塞尔去巴黎时,在拉蒙恩广场,一个年轻的法兰西人突然走过来和我搭讪,说:

"先生,他们告诉我您就是维克多·雨果。"

"是的。"

"有件事劳烦您指教,我想知道目前去巴黎是否稳妥。"

我回答:"先生,这太轻率了。不过,您应该去。"

我们于16时进入法兰西境内。

18时30分,在泰尔涅,我们吃了一块面包、一小块奶酪、一个梨并喝了一杯葡萄酒。朱尔斯·克拉勒蒂坚持要付钱,他说:"我特别想在你回到法兰西的日子里请你吃顿饭。"

途中,我在树林里看到了法兰西士兵的营地。在那里,人马混杂。我对他们喊道:"军队万岁!"然后,我哭了。

每隔一段时间,我们就能遇到开往巴黎的、满载士兵的火车。当日过去了

莱昂·甘贝塔

二十五列火车，其中一列火车经过时，我们把全部给养送给了士兵们，包括面包、水果和酒。白天，阳光灿烂。晚上，月光皎洁。

我们于21时35分抵达巴黎，一群人在等我。我受到了热烈欢迎，随后做了四次演讲，其中一次是在一家咖啡厅的阳台上，三次是在马车上。

不断壮大的人群护送我到弗罗绍大道的保罗·默里斯家。离开他们时，我对他们说："一个小时内，你们使我二十年的流亡生活获得了足够的回报。"

他们唱《马赛曲》和《出征曲》。

他们高喊:"维克多·雨果万岁!"

从火车北站到拉瓦尔街,我花了两个小时。

我们于午夜抵达保罗·默里斯的家。我准备在他家停留。我和旅伴们还有维克多一起吃饭。次日2时,我才上床睡觉。

黎明时,我被一场可怕的暴风雨惊醒,窗外电闪雷鸣。

我将和保罗·默里斯一起吃早饭。然后,我们将在纳瓦林街的纳瓦林旅店吃晚餐。我们全家住在纳瓦林旅店。

1870年9月6日,巴黎

我有无数的拜访者,也有无数的信。

雷伊问我是否愿意加入三人领导小组。这三个人将是我、亚历山大·奥古斯特·德鲁-罗兰和维克多·舍尔歇。我拒绝并说:"我是不可能加入的。"

我给雷伊讲了几件事。他说:"您记得吗?您在博丹①被杀害的那个街垒处时,是我接待的您。"我回答:"我记得非常清楚。然后,我在博丹街垒上背诵了未发表的一首诗的开头几行。"

黎明时分,街垒苍白。

我到达时,还冒着烟。

雷伊握着我的手说:博丹死了……

突然,雷伊泪如泉涌。

1870年9月7日

路易·勃朗、埃德蒙·德阿尔顿-希、西奥多·福兰·德·邦维尔和其他人来拜访我。

市场的女人们为我买了束花。

---

① 路易·波拿巴发动政变期间,人民代表博丹于1852年12月2日在圣安东尼郊区的街垒处被杀害。——原注

古斯塔夫·保罗·克吕瑟雷将军

1870年9月8日

我接到警告，声称有人要暗杀我。我耸了耸肩，表示我并不在乎。

早上，我写了《致德意志人的信》。我打算明天就寄出。

古斯塔夫·保罗·克吕瑟雷将军来访。

10时，我去《呼声报》办公室校对《致德意志人的信》。

1870年9月9日

我接待了来访的蒙福尔将军。古斯塔夫·保罗·克吕瑟雷和蒙福尔将军请我给他们指示。我被要求去接见谋求官职者，他们向我要职位。我回答："我不是什么大人物。"

第 14 章 围困巴黎之日记摘录 | 261

我见了费韦尔上尉,他是爱丽丝①姐姐范妮的丈夫。他曾是战俘,现在假释出狱。所有报纸都刊登了《致德意志人的信》。

1870年9月10日

埃德蒙·德阿尔顿-希、路易·于尔巴克和我们共进午餐。后来,我们去了协和广场。在斯特拉斯堡的戴着花冠的塑像脚下,有一个登记簿。每个人都在公开答谢

路易·于尔巴克

---

① 夏尔·雨果的妻子。——原注

的正式决议上签了名。我写上自己的名字,人群立刻包围了我。不久前的那个夜里的欢迎即将重演,我匆忙赶到马车上。

人群中有个人是亨利·塞努斯基。

1870年9月11日

美国公使馆秘书威克姆·霍夫曼来访。美国驻法使者伊莱休·本杰明·沃什伯恩曾派他问我,如果他以"官方"名义出面干涉并会见普鲁士国王威廉一世,是否会造成不良影响。我让他去找朱尔斯·法夫尔。

伊莱休·本杰明·沃什伯恩

1870年9月12日

拜访者中有弗雷德里克·勒迈特。

1870年9月13日

巴黎军队在检阅,我独自待在房间。检阅部队穿过大街小巷,一路唱着《马赛曲》和《出征曲》。我听到人们高喊:

> 法兰西人必须为祖国而活,
> 法兰西人必须为祖国而牺牲①。

听着这样的高喊,我不由落泪。勇敢的人们!你们去哪里,我就去哪里。

美国总领事和威克姆·霍夫曼来访并受到接待。

朱莉②从根西给我写信说,1870年7月14日,我种的橡子发芽了。1870年9月5日,我返回巴黎时,欧洲合众国的橡树拔地而起。

1870年9月14日

法兰西文学协会的成员来访,他们希望我担任协会主席。教育部部长朱尔斯·西蒙来访。皮尔上校来访。他指挥着一支志愿者队伍和其他来访者。

1870年9月16日

一年前的今天,即1869年9月16日,我曾在洛桑召开和平大会。今天早上,我写了《向法兰西人呼吁》,借此呼吁反对入侵并誓死抗战。

出门时,我发现了在蒙马特区俘获的热气球,它被用来监视围攻者。

---

① 出自《出征曲》。——原注
② 维克多·雨果的嫂子。——原注

1870年9月17日

巴黎周围的森林都在燃烧。夏尔·雨果去查看炮台并感到很满意。我在《呼声报》办公室存了两千零八十八法郎三十生丁,为捐给根西的伤员。这笔钱由法兰西领事H.塔珀寄出。

我在《呼声报》办公室还存了一只手镯和一对金耳环,匿名让一个妇女送给伤员,另外还有让娜①的一枚小小的挂在脖子上的金质勋章。

1870年9月20日

夏尔·雨果和家人于昨日离开了纳瓦林旅店,在里沃利街一百七十四号安顿下来。夏尔·雨果和妻子,还有维克多,每天都会和我一起吃饭。

昨天,巴黎开始遭到进攻。

上午,莱昂·甘贝塔和朱尔斯·费里拜访了我。

朱尔斯·费里

---

① 维克多·雨果的孙女。——原注

我去法兰西学术院签署了鼓励巴黎人民抵抗到底的宣言。

我不会接受任何有限的候选人资格，我会诚心接受巴黎的候选人资格。我希望投票不是由各区提出地方候选人，而是列出整个巴黎的候选人名单。

我去教育部拜见朱尔斯·西蒙夫人，她正为老朋友维克多·博伊斯哀悼。我陪乔治和让娜在花园里玩。

晚上，纳达尔来看我，找我拿一些信，他要把信放到一个热气球里。这些信将于后天，即1870年9月20日被送出。热气球将带着我的三份演讲稿：《致德意志人的信》《致法兰西人的信》《致巴黎人的信》。

1870年10月6日

被纳达尔称为"芭贝"的热气球将带走我的信。热气球在早上出发。不过，由于风力不够，热气球迫降，准备明日升起。据说，朱尔斯·法夫尔和莱昂·甘贝塔会乘热气球离开。

昨晚，美国总领事约翰·M.里德将军拜访了我。他已经见过在普鲁士营地的美国将军安布罗斯·彭希德。看来，普鲁士人已经表示出对凡尔赛宫的尊重，而且不敢进攻巴黎。我们意识到，也能看到这一点。

1870年10月7日

早上，在克利希大道上散步时，我看到一个热气球在通往蒙马特区的一条街道的尽头。我走过去，一小群人围着一个大的方形空地。蒙马特区如峭壁一样高耸的墙壁把这块空地围得严严实实。在这里，人们正在给三个热气球充气。一个是黄色的大热气球，一个是中等规模的白色热气球，还有一个是黄红条纹相间的小热气球。

在人群中，有人低声说，莱昂·甘贝塔要走了。我看见莱昂·甘贝塔在靠近黄色热气球的人群里，穿着一件厚重的大衣，戴着一个海豹皮帽。他坐在一块铺路石上，穿着一双毛皮衬里的长筒靴子，取下肩上斜挎的皮包并钻进热气球里。然后，一个年轻人——热气球驾驶员，把皮包绑在莱昂·甘贝塔头上的绳索上。

当时，正值10时30分，天气晴朗，阳光明媚，从南方吹来的微风宜人。突然，黄色热气球上升了，热气球里有三个人，其中一个是莱昂·甘贝塔。然后，白色热气球载着三人上升了，其中一人挥舞着三色旗。莱昂·甘贝塔的热气球下挂着一条长长的三色旗。人们高呼："共和国万岁！"

两个热气球上升了一段距离，白色的热气球比黄色的热气球升得高。然后，热气球开始下降。压载物被热气球上的人们抛出，但热气球继续下降。热气球消失在蒙马特山后。因为热气球太重或风力不够强，所以或许会降落在圣丹尼平原上。

最终，莱昂·甘贝塔等人还是启程了，热气球再次上升。

我们参观了巴黎圣母院，巴黎圣母院的修复令人赞叹。

巴黎圣母院

我们还参观了圣雅克塔。马车停在那里时，前几天遇到的代表团的一个来自第十一区的代表走过来告诉我，第十一区已经同意我的意见。他得出结论——我坚持全市就候选人名单进行投票是正确的，恳求我按照自己的条件接受提名。他想知道如果政府拒绝选举应该怎么做，是否应该诉诸武力？我说，如果发生内战，就等于为国外正针对我们发动的战争帮忙，还会将巴黎交给普鲁士人。

在回家路上，我给家里的小孩们买了一些玩具——给乔治买了一个站在岗楼上的、穿阿拉伯式制服的法兰西轻步兵，给让娜买了一个会睁眼闭眼的玩具娃娃。

1870年10月8日

我收到了路易丝·科利特从维也纳绕过诺曼底寄来的一封信。自巴黎被围攻以来，这是我收到的第一封来自外界的信。

路易丝·科利特

埃内斯特·毕加尔

巴黎已经有六天没有糖了，肉类自今日起限量供应，我们将每人每天限量十二盎司①。

推迟建立巴黎公社的消息在巴黎引起了骚乱，不过，没有引起恐慌。普鲁士大炮不断低沉地轰鸣，炮声使我们更团结。

财政部部长埃内斯特·毕加尔让秘书通知我要"接见他"。这是他谦虚的说辞。我回复说我将于1870年10月10日即周一早上去拜见他。

---

① 重量单位。一磅等于十六盎司。因为这里为零点七五磅，所以就是十二盎司。

1870年10月9日

第九区的五名代表以区的名义保护我。

1870年10月10日

埃内斯特·毕加尔来看我。我让他把在当铺典当的所有物品发给穷人,每样东西的价格要低于十五法郎。目前,法令规定的特例很荒谬。譬如,对亚麻布价格的规定就很不正常。我告诉他穷人等不及了,他答应我明天就颁布法令。

没有莱昂·甘贝塔的消息,我们开始感到不安。风把他带到了普鲁士人占领的东北部。

1870年10月11日

我得知了关于莱昂·甘贝塔的好消息,他降落在亚眠附近的埃皮纳斯。

昨晚,巴黎的示威游行结束后,我经过一群聚集在路灯下的人时,听到这样一句话:"看来是维克多·雨果和其他人……"我继续往前走,没有继续听,因为我不想被人认出来。

晚饭后,我给朋友们读了法语版的《惩罚集》[①]。

1870年10月12日

天气开始变冷。指挥一个营的巴尔比厄给我们带来了一个他的士兵杀死的普鲁士士兵的头盔。头盔让小让娜非常震惊,像小让娜这样天使般的孩子对外面的世界一无所知。

今天早上应我的要求为穷人颁布的法令刊登在《政府公报》上。

我走出卡鲁塞尔时,见到了财政部部长的秘书乔治·帕兰。他告诉我为穷人颁布的这项法令要花费八十万法郎。

我回答:"八十万法郎不算什么,劫富济贫。"

[①] 这版书的第一首诗是1870年8月31日在布鲁塞尔写的《即将回到法兰西》。——原注

1870年10月13日

我遇见了泰奥菲勒·戈蒂埃。我已经多年没有见他。我拥抱了他,他十分紧张。我请他和我一起吃饭。

1870年10月14日

圣克卢城堡昨日被烧毁!

我去克莱出版社最后一次订正法文版的《惩罚集》,该版将在周二面世。埃米尔·阿利克斯[①]医生给我带来了一个他在蒙鲁日附近的路障后捡到的普鲁士炮弹的弹壳。那颗炮弹炸死了两匹马。炮弹的弹壳重二十五磅,乔治拿着它玩时被压住了手指,哭得很厉害。

今天是耶拿-奥厄施泰特战役五十四周年[②]。

圣克卢城堡被烧毁

---

① 维克多·雨果的医生。
② 1816年10月14日。耶拿-奥厄施泰特战役为法兰西第一帝国皇帝拿破仑·波拿巴指挥的法军与第四次反法同盟交战的著名战役。该战役表现了拿破仑·波拿巴杰出的军事才华。

1870年10月16日

没有黄油了,也没有奶酪了,牛奶所剩无几,鸡蛋也差不多吃完了。

以我的名字命名奥斯曼大道的报道已经得到确认,我还没有亲自去看。

1870年10月17日

明天,一个名为"维克多·雨果"的邮政热气球将在协和广场升空,我要用这个热气球往伦敦寄封信。

1870年10月18日

我去参观了帝皇大道。我童年时代的房子和花园都不见了。

现在,有一条街通过了该旧址。

1870年10月19日

路易·勃朗和我一起吃饭。他带来了前任代表们的一项声明并让我签字。我说除非声明以不同的方式起草,否则我不会签字。

1870年10月20日

法兰西文学协会委员会来访。今天,法兰西第三共和国第一批邮票开始发行。

上午,法语版的《惩罚集》出现在巴黎。

报纸宣布"维克多·雨果"热气球降落在比利时。这是第一个越过国界的邮政热气球。

1870年10月21日

据说,1870年10月13日,亚历山大·大仲马在位于勒阿弗尔的他儿子家里去世。亚历山大·大仲马才华横溢、为人慷慨。他的死使我非常伤心。

路易·勃朗和布里夫再次向我谈起代表宣言,我的意见是最好推迟。

没有什么比巴黎军队的起床号更迷人。黎明时,人们先听到附近传来一阵鼓声，接着是号角的优美旋律，听起来像是战时的号角声。然后，一切都静止了。二十秒后，鼓声再次响起，然后号角响起，但仿佛离得比较远了。然后，再次沉默。过了一会儿，在更远的地方，传来同样的号角声和鼓声。声音越来越微弱，但还能听清。停了一会儿，鼓声和号角声再次响起，只是离得很远。然后，又听到了鼓声和号角声。声音从地平线尽头传来，隐隐约约的，像是回声。天亮了，"拿起武器"的呐喊声响起。这时，太阳升起，巴黎苏醒。

1870年10月22日

两天内，五千本《惩罚集》售罄。我已经授权再印三千本。

小让娜做了鬼脸。她鼓起腮帮子，举起双臂，样子十分可爱。

巴黎版《惩罚集》第一版的五千册给我带来五百法郎的收益。我将五百法郎捐给《世纪报》，作为为巴黎需要的大炮的捐赠。前任代表安托万·菲利克斯·马泰和冈邦请我参加一个会议。前任代表们将是会议的核心成员，他们说，如果我不参加，会议就不可能召开。但我觉得这样的会议弊大于利，我想自己应该拒绝。

我们吃用各种方式烹饪的马肉。我在一家菜馆的橱窗里看到了这样的字样："马肉香肠"。

1870年10月23日

第十七营求我带头为购买一门大炮而设的"每人一苏"募捐活动捐第一个苏。他们计划筹集三十万苏，即一万五千法郎，用来购买一门口径为二十四厘米、射程为八千五百米的炮——等于克虏伯炮的射程。

马雷夏尔中尉来收集捐款。他手里端着一个法老时期的埃及缟玛瑙杯，上面刻着月亮、太阳、北斗七星和南十字星座，杯柄是两个狗头人身的恶魔。一个人要用一生的时间雕刻这个杯子。我捐了钱。当时，在场的埃德蒙·德阿尔顿-希和保罗·默里斯先生及太太，还有两个仆人马里耶特和克莱芒丝都捐了钱。第十七营想把这门大炮叫"维克多·雨果"，不过，我告诉他们叫"斯特拉斯堡"。这样一来，普鲁士人将受到斯特拉斯堡的炮击。

我们和第十七营的军官们聊得很愉快。圣杯的两个狗头人身的恶魔肩负把灵魂带到地狱的责任。我说:"好吧,我把威廉一世和奥托·冯·俾斯麦交给他们处理。"

爱德华·蒂埃里来访。他来请我允许他朗诵《斯泰拉》为住在法兰西剧院的伤员们募捐。我让他自由朗诵《惩罚集》的任何部分,这让他感到很吃惊。我还提出,朗诵获得的捐款用于购买一门大炮。

夏尔·弗洛凯来访。他在市政厅工作,我托他告诉政府把瓦勒里昂堡改称为"蒙特斯特拉斯堡"。

1870年10月24日

阿道夫·勒·弗洛将军来访。我接待了各种代表团。

1870年10月25日

公开朗诵《惩罚集》是为一门将被命名为"惩罚"的大炮募捐。我们正在做准备。

我曾对勇敢的罗斯坦[①]非常不客气,但他很喜欢我,因为我的做法是正确的。他因违反国民卫队纪律被逮捕。他有一个六岁的儿子需要照顾。父亲在监狱里,孩子该怎么办?我叫他把儿子送到罗汉馆给我。他今天把孩子送来了。

1870年10月26日

1870年10月26日6时30分,从监狱里出来的罗斯坦来接他的小亨利。父子得以见面,都非常高兴。

1870年10月28日

埃德加·基内来看我。

维克多·舍尔歇和以他的名字命名的护卫舰的指挥官法尔西与我一起吃饭。晚饭后,正值20时30分,我和维克多·舍尔歇去了他家——谢兹街十六号。在那里,

---

① 他是个工匠,是维克多·雨果的朋友。——原注

奥托·冯·俾斯麦

埃德加·基内

我们见到了埃德加·基内、亚历山大·奥古斯特·德鲁-罗兰、安托万·菲利克斯·马泰、冈邦、拉马克和布里夫。这是我第一次和亚历山大·奥古斯特·德鲁-罗兰见面。我们就成立俱乐部的问题进行了非常礼貌的争论。他赞成,而我反对。我们握手言和。我回到家时,已是午夜。

1870年10月29日

法兰西文学协会委员会成员——弗雷德里克·勒迈特、朱尔斯·布雷东、拉方丹和法瓦尔小姐,准备买第三门大炮并取名为"维克多·雨果"。我反对取这个名字。

我已经授权印制第四版《惩罚集》三千本。这样一来,截至目前,仅巴黎就印制了一万一千本《惩罚集》。

朱尔斯·布雷东

1870年10月30日

我收到了法兰西文学协会的信。信上要求我授权公开朗诵《惩罚集》，所得收益将为巴黎购买一门取名为"维克多·雨果"的大炮。我答应了。在早上的回信中，我要求把这门大炮叫"沙托丹"，而非"维克多·雨果"。朗诵将在圣马丁门举行。

朱尔斯·布雷东来了。我给他读了《赎罪》这首小诗，这是他要朗诵的内容。保罗·默里斯夫妇和埃德蒙·德阿尔顿-希出席了朗诵会。

据说，梅茨投降。弗朗索瓦·阿基利·巴赞的军队已经投降。

朗诵《惩罚集》的广告已经张贴。拉斐尔·费利克斯告诉我明天要进行排练的时间。为了这场朗诵会，我为女士们租了一个七座包厢。

晚上，我在市政厅前遇见了第六区区长古斯塔夫·肖代，他去参加洛桑和平会议。他和菲利伯特·奥德布兰在一起，我们伤心地谈论着梅茨被占领的事。

1870年10月31日

在市政厅，发生了小规模的冲突。路易·奥古斯特·布朗基、埃米尔·弗卢朗和路易·夏尔·德莱克吕兹妄图推翻路易-朱尔斯·特罗许和朱尔斯·法夫尔的临时政权。我拒绝和他们结盟。

人们蜂拥而至。我的名字在拟定的政府成员名单上。我坚持拒绝担任职务。

埃米尔·弗卢朗和路易·奥古斯特·布朗基将一些政府官员困在市政厅里一整天。

午夜时，一些国民卫队成员从市政厅来接我"去主持工作"。他们说，让我去"主持新政府"。我说自己坚决反对这种夺取政权的企图并拒绝去市政厅。

3时，埃米尔·弗卢朗和路易·奥古斯特·布朗基离开市政厅。然后，路易-朱尔斯·特罗许进入市政厅。

巴黎公社成员将通过选举产生。

1870年11月1日

我们已将原定于周二在圣马丁门举行的《惩罚集》朗诵会推迟了几天。

法军在梅茨向普鲁士军队投降

弗朗索瓦·阿基利·巴赞

路易-朱尔斯·特罗许

早上，路易·勃朗向我咨询公社应该如何管理。

我昨天拒绝接受他们向我提出建议的态度受到报纸的一致赞扬。

1870年11月2日

政府要求我做出明确答复。

路易·勃朗和我的儿子们来跟我谈这件事。

亚历山大·大仲马去世的报道被证实是谣言。

1870年11月4日

我被请求担任第三区和第十一区区长，我拒绝了。

我去圣马丁门参加《惩罚集》的排练。弗雷德里克·勒迈特、玛丽·洛朗夫人、莉娅·费利克斯夫人和迪格雷夫人等都参加了排练。

1870年11月5日

今天，进行了《惩罚集》的公开朗诵。朗诵会的收入要用来买一门保卫巴黎的大炮。

第三、第十一和第十五区想让我竞选区长，我拒绝了。

普罗斯佩·梅里美在戛纳去世。亚历山大·大仲马并未离世，不过，他瘫痪了。

1870年11月7日

第二十四军希望我为其买一门大炮。

1870年11月8日

昨晚，我拜访完阿道夫·勒·弗洛将军回家时，第一次穿过杜伊勒里桥。这座桥是我离开法兰西后建成的。

1870年11月9日

在圣马丁门，为我命名的"沙托丹"大炮朗诵《惩罚集》的净收益为七千法郎。净收益已经扣除支付服务员、消防员和灯光的费用。

卡伊军工厂在制造格林型新型机关枪。

小让娜开始咿咿呀呀地说话。

另一场为再买一门大炮的《惩罚集》朗诵会将在法兰西剧院进行。

1870年11月11日

佩里加尔小姐今天排练《波林·罗兰》。在明天，圣马丁门将再次朗诵《惩罚集》，她会朗诵《波林·罗兰》。我乘马车顺路把佩里加尔小姐送回家，然后去参加明天在法兰西剧院的朗诵排练。弗雷德里克·勒迈特、莫巴特、塔亚德、拉塞桑尼尔、沙利、玛丽·洛朗夫人、莉娅·费利克斯夫人、鲁塞伊夫人、拉斐尔·费利克斯和法兰西文学协会委员会成员都在圣马丁门剧场。

排练结束后，圣马丁门救护站的伤员通过玛丽·洛朗夫人问我能否去看他们。我说："非常愿意。"然后，我去看望伤员了。

伤员们正躺在几间屋子里，其中主屋是剧院里有大圆镜的演员休息厅。1831年，在那里，我给演员朗诵过《玛莉昂·德·洛麦》①。当时，弗朗索瓦-路易·克罗尼耶是指挥。多瓦尔夫人和博卡热夫人也参加了那次朗诵。我一走进休息厅就对伤员说："我羡慕你们。除了渴望拥有你们的伤，我什么都不想要。我向你们致敬。你们是法兰西的孩子，共和国的宠儿，为祖国受苦受难的精英。"

伤员们似乎很感动，我和他们一一握手。一个伤员伸出了他伤残的手腕。另一个伤员失去了鼻子；有一个伤员早上刚经历过两次痛苦的手术。几个小时前，一个非常年轻的男子被授予军人奖章。一个正在恢复的伤员对我说："我是弗朗什—孔泰人。"我说："我也是弗朗什—孔泰人。"我拥抱了他。护士们穿着白色围裙，她们都是剧院里的女演员。当时，她们感动得热泪盈眶。

---

① 雨果第一部在舞台上演的戏剧作品。

1870年11月13日

晚上，我和保罗·默里斯夫妇、奥古斯特·瓦克里和路易·勃朗共进晚餐。我们于18时开饭，因为第二次朗诵《惩罚集》于19时30分在圣马丁门举行。我为保罗·默里斯夫人提供了一个包厢。

1870年11月14日

昨晚，《惩罚集》的收入共计八千法郎，其中不包括剧院收入。

好消息！路易·德奥雷勒·帕拉丁将军夺回了奥尔良并打败了普鲁士人。维克多·舍尔歇告诉了我这件事。

路易·德奥雷勒·帕拉丁

1870年11月15日

阿尔塞纳·何塞先生和儿子亨利·何塞来访。他打算在家里朗诵《斯泰拉》以帮助伤员。

瓦卢瓦告诉我,两次《惩罚集》的朗诵收入是一万四千法郎。这笔钱足以买三门大炮而非两门。法兰西文学协会成员希望第一门大炮按我的意愿命名为"沙托丹",第二门大炮命名为"小惩罚集",第三门大炮命名为"维克多·雨果"。我已经同意他们的提议。

皮埃尔·韦龙给我寄来了奥诺雷·杜米埃的精美画作。这幅画画的是《惩罚集》里消失的那个帝国。

1870年11月16日

据说,皮埃尔·朱尔斯·巴罗什在卡昂逝世。

爱德华·蒂埃里禁止在圣马丁门为在沙托丹的受害者和第二十四营购置大炮上演《艾那尼》五幕。爱德华·蒂埃里是个奇怪的绊脚石!

1870年11月17日

法兰西文学协会委员会成员来访。委员会成员请我授权在歌剧院朗诵《惩罚集》,以便为购买另一门大炮筹集资金。

在这里,我仅提一次,我授权给所有想朗诵或表演他们喜欢的我写的任何作品,而且我放弃在朗诵或表演中的版税,只要这些朗诵或表演是为购置大炮、救助伤员、资助救助站、举行研讨会、捐助孤儿院、帮助战争受害者或穷人募捐。

我决定为人民在巴黎歌剧院举办第三次《惩罚集》的朗诵。

1870年11月19日

玛丽·洛朗夫人来为我朗诵《穷人》。明天,她将在圣马丁门朗诵,为购置一门大炮募集资金。

亨利·何塞　　　　　　　　　　　　皮埃尔·韦龙

奥诺雷·杜米埃

皮埃尔·朱尔斯·巴罗什

1870年11月20日

昨晚，出现了北极光。

"大约瑟芬"①不再是我的邻居了。"大约瑟芬"刚被运到四十一号堡垒，二十六匹马才将"大约瑟芬"拖走。我因"大约瑟芬"的离开感到伤心。晚上，我能听到"大约瑟芬"低沉的声音，我觉得这是在跟我说话。我爱我的"大约瑟芬"和小让娜。

现在，小让娜能很清楚地叫"爸爸"和"妈妈"。

今天，国民卫队阅兵。

1870年11月21日

朱尔斯·西蒙夫人和萨拉·贝纳尔夫人来访。

萨拉·贝纳尔夫人

---

① 一门大炮。

晚饭后，来了许多来访者。因此，客厅里挤满了人。看来，路易·弗约侮辱了我。

小让娜开始用手和膝盖支起身子爬。她爬得很好。

1870年11月23日

朱尔斯·西蒙给我写信，说歌剧院方面将让我任选一天为人们免费朗诵《惩罚集》。我想在周日举行朗诵。不过，考虑到歌剧的演员和雇员为了自己的利益要在周日晚上举办音乐会，我选了周一。

弗雷德里克·勒迈特来访。他吻了我的手并哭了起来。

雨一直下了两三天。雨水淹没了平原，大炮的轮子陷入地下，因此，军队出击不得不推迟。两天来，巴黎人一直靠腌肉为生，一只老鼠能卖到八苏。

1870年11月24日

我授权法兰西剧院用自己的演员在明日为战争受害者上演《艾那尼》第五幕，圣马丁门的演员上演《卢克雷齐亚·波吉亚》最后一幕。此外，在中场休息时，朗诵《惩罚集》《沉思集》和《历代传说》的节选。

早上，法瓦尔小姐和我一起排练《睡着的博兹》。然后，我们去法兰西剧院为明天的演出排练。毋庸置疑，她的索尔演得很好，在《卢克雷齐亚·波吉亚》中的洛朗也演得很好。排练期间，德·弗拉维尼顺道来访。我对他说："早上好，亲爱的老同事。"他看着我，激动地叫道："您好！是您吗？您保养得多好啊！"我答道："流放有助于保养。"

我退了法兰西剧院送给我明天演出的包厢票。然后，我租了一个包厢，交给保罗·默里斯夫人支配。

晚饭后，新的巴黎警务局长克勒松拜访了我。克勒松是二十年前为谋杀布雷亚将军的凶手们辩护的律师。他跟我谈于28日即周一在巴黎歌剧院免费朗诵《惩罚集》的事。这恐怕会吸引所有郊区的居民——人太多，估计至少有二万五千人。不过，场内只能容纳三千人。那么其他人怎么办？政府为此感到不安。来的人多，而能入场的人少。因此，政府担心会拥挤，进而发生打斗并引起混乱。政府不会拒绝我，但想知道我是否会承担责任。无论我做什么，政府都不会拒绝。巴黎警务局长克勒松接到指示与我就此事进行沟通。

我对克勒松说："我们和奥古斯特·瓦克里、保罗·默里斯，还有我的两个儿子商量一下吧。"他答道："好。"我们六个人开了个会，决定在周日，也就是朗诵会的前一天，把三千张票发给午后到二十个区行政大楼门前的第一拨人。每个区都会按人口数量得到一定数量的门票。第二天，三千名来自各地的持票者将在歌剧院门口等候，这样一来，就不会有任何阻碍或麻烦。《政府公报》和《特别消息报》将向公众通知为维护公共秩序采取的措施。

1870年11月25日

莉娅·费利克斯小姐来排练《圣埃斯托》。她准备周一为人们朗诵《圣埃斯托》。

托尼·德雷维翁要发表演讲。他和法兰西文学协会成员会一起来见我。

从美国远道而来的美国代表团成员表达了自己对美国共和党政府和尤利西斯·S.格兰特总统抛弃法兰西的愤慨。我说："美国欠法兰西很多！"一个在场的美国人说："美国的一切都归功于法兰西。"

这几天，我一直能听到炮声，今天加倍了。

保罗·默里斯夫人需要一些家禽和兔子，以抵御即将到来的饥荒。她正在我的小花园里给它们做笼子。造笼子的木匠刚才进了我的房间，他说："我想摸你的手。"我把他两只手都拉过来，放到我手里。

1870年11月27日

法兰西学术院已经恢复工作。我接到了正式通知，今后将每周二举行一次特别会议。

人们在做鼠肉馅饼，据说很好吃。

一颗洋葱要一苏，一颗土豆也要一苏。

他们已经不再让我授权朗诵自己的作品。因为这些作品在未经我允许的情况下到处被朗诵。他们做得很对，我的作品不属于自己而属于公众。

1870年11月28日

诺埃尔·帕尔费让我帮忙购买大炮"沙托丹"。当然,我将尽全力帮助!

《惩罚集》在巴黎歌剧院的朗诵是免费的。听众很多,有人把一个镀金花环扔到舞台上,我把它给了乔治和让娜。女演员用普鲁士样式的头盔收集铜币,共计一千五百二十一法郎三十五生丁。

埃米尔·阿利克斯从巴黎植物园给我们带来了一只羚羊腿,味道非常棒。

晚上,突围部队要出击了。

1870年11月29日

我听到大炮彻夜轰鸣。

诺埃尔·帕尔费

今天，我的花园里有了家禽。

突围部队的计划推迟了。迪克罗在马恩河上架的桥的桥锁被普鲁士人炸开，桥被冲走了。

1870年11月30日

大炮彻夜轰鸣，战斗还在继续。

昨晚午夜时，当我从罗汉馆穿过黎塞留路回家时，看到国家图书馆的另一边有一座很高的房子，房子六楼的一扇窗户开着。当时，街道空无一人，漆黑一片，窗户里却有很亮的灯光，仿佛是一盏煤油灯发出的。光出现了几次，然后，那扇窗户被关上了，街上又变得漆黑一片。那是信号吗？

巴黎的东西南三面都传来大炮的轰鸣声，这是因为普鲁士军队包围我们后发起了三次进攻。拉龙西埃正在袭击圣丹尼，约瑟夫·维洛尼正在袭击库尔布瓦，迪

约瑟夫·维洛尼

克罗正在袭击马恩河。据说，拉龙西埃横扫热讷维耶半岛，迫使撒克逊团放下武器。约瑟夫·维洛尼摧毁了普鲁士在布吉瓦尔以外的军事战壕。迪克罗已经渡过马恩河，夺回了蒙特迪，差不多可以控制马恩河畔的维利耶尔。一听到炮声，人们就渴望到战斗现场去。

晚上，尤金·佩尔坦派儿子卡米耶·佩尔坦代表政府通知我，明天的军事行动将是决定性的。

1870年12月1日

路易丝·米歇尔似乎已经被捕，我会尽一切可能救她。保罗·默里斯夫人正为这件事四处奔走。早上，她出去就是为了这件事。

埃德蒙·德阿尔顿-希来看我。

我们的晚餐是熊肉。

我已经写信给警务局长，让他释放路易丝·米歇尔。

今天没有打仗。普鲁士军队在占领的地方修建了防御工事。

1870年12月2日

路易丝·米歇尔被释放。因此，她来感谢我。

昨晚，伯诺瓦-康斯坦德·科克兰来拜访我并朗诵了《惩罚集》中的几个片段。

天寒地冻，皮卡勒喷泉水池的水完全结冰。

黎明时，炮声重新响起。

11时30分，炮声变得越来越猛烈。

昨天，埃米尔·弗卢朗给我写信。今天，维克多·亨利·罗什福尔给我写信。他们要来找我了。

公共事业部部长多里安和卡米耶·佩尔坦来和我共进晚餐。

今晚有好消息！卢瓦尔的军队到达蒙塔日。巴黎军队把普鲁士人从阿弗隆高原上赶走。人们在各区行政大楼门口高声宣读胜利的消息。

胜利了！我已经筋疲力尽！

尤金·佩尔坦

路易丝·米歇尔被捕

伯诺瓦－康斯坦德·科克兰

维克多·亨利·罗什福尔

1870年12月3日

弹片伤了皮埃尔·雷诺将军的脚,他因此逝世。

我告诉维克多·舍尔歇,如果我儿子们所在的国民卫队的炮兵部队要去前线,那么我想和儿子们一起出征。炮兵部队抽签决定哪个组去,其中四个组要出征。中签的其中一个组是维克多在的第十组,我会随第十组出征。夏尔·雨果不再需要奔赴前线的炮兵部队中,这是好事,他会留在后方照顾两个孩子。我会命他留下。奥古斯特·瓦克里和保罗·默里斯是第十组的成员,我们将一起参加战斗。我让人给我做件披风,因为我怕夜晚寒冷。

我给乔治和让娜在墙上做了一些手影。看到手影和由我的侧脸做出的各种鬼脸时,让娜高兴地笑了。不过,当明白影子是我做的时,她又哭又叫,似乎说:"我不想让你成为一个幽灵!"可怜又可爱的天使!也许她对即将到来的战斗有预感。

昨天,我们吃了牡鹿肉。前天,我们吃了熊肉。大前天,我们吃了羚羊肉。这些肉都是巴黎植物园送来的。

23时,炮轰开始,炮声猛烈且短促。

1870年12月4日

我在门上贴了一张通知,通知要采取的预防措施。通知的标题是"遇到轰炸怎么办"。

战斗暂停了,我军再次越过马恩河。

小让娜已经爬得很好,还能非常清楚地叫"爸爸"。

1870年12月5日

我刚看到一个华丽的灵车经过。灵车上盖着黑天鹅绒布,上面绣着银星围着的"H"。即使罗马人也会为这样的灵车感到自豪。

泰奥菲勒·戈蒂埃来和我吃饭。晚饭后,西奥多·福兰·德·邦维尔和弗朗索瓦·科佩来访。

有一个不幸的消息,奥尔良又被夺走了。没关系,我们会坚持下去。

1870年12月7日

我邀请泰奥菲勒·戈蒂埃、西奥多·福兰·德·邦维尔和弗朗索瓦·科佩共进晚餐。晚饭后,夏尔·阿瑟利诺来了。我给他们朗诵了《花月》和《罗马的堕落》。

1870年12月8日

《祖国在危急中》已经不再出版。路易·奥古斯特·布朗基说是因为没有人读它。

出版商莫里斯·拉沙特先生来告诉我下本书的报价。他将路易·勃朗编纂的《词典》和《革命史》送给我,我送给他《小拿破仑》和《惩罚集》。

1870年12月9日

我在夜里醒来,然后写了一些诗句。这时,我听到了大炮的轰鸣声。

邦德斯来看我。凡尔赛的《泰晤士报》记者给他写信说,轰炸巴黎的大炮已经到了,是克房伯炮,在武器库等待被运送。据这个英格兰人说,在凡尔赛总部的普鲁士弹药库里,大炮排得像"地窖里的瓶子"。

我从一份报纸上抄写了以下内容:

"维克多·雨果先生已经表明,打算与两个儿子所属的国民卫队的炮兵部队徒步离开巴黎出征。

"国民卫队的第一百四十四营全体士兵去弗罗绍大道的他的住所。两个代表在等他。

"可敬的公民们意图阻止维克多·雨果实施自己的计划,这是维克多·雨果前段时间在《致德意志人的信》中宣布的计划。

"代表告诉维克多·雨果:'每个人都能参加战斗,但并非每个人都能写出《惩罚集》,因此,请您待在家里。您对法兰西来说很珍贵,请您珍惜自己的生命。'"

我不记得这个营的番号,它不是第一百四十四营。下面是该营少校向我宣读的:

"巴黎国民卫队禁止维克多·雨果上前线,因为每个人都能上前线,但只有维克多·雨果能做维克多·雨果做的事。"

"禁止"令人感动,也令人着迷。

1870年12月11日

罗斯坦来看我,他的胳膊挂着绷带。他在克雷泰伊受了伤。当时,在晚上,一个德意志士兵向他冲去,用刺刀刺穿了他的胳膊。罗斯坦将刺刀刺进了德意志士兵的肩膀,他们跌倒并滚到一个沟里。后来,他们二人成了好朋友。罗斯坦会说蹩脚的德语。

"你是谁?"

"我是符腾堡人,今年二十二岁,我父亲是莱比锡的钟表匠。"

他们在沟里待了三个小时,流血挨冻并互相帮助。受伤的罗斯坦把刺伤自己的人作为战俘带了回去。罗斯坦去医院看他,他们互相尊重。他们曾想杀死对方,但现在他们会为对方去死。

要是不让国王之间发生争端该多好啊!

雷伊来访。亚历山大·奥古斯特·德鲁-罗兰集团彻底解体,党派的争斗消失了,现在只有共和国。这样挺好。

我送给保罗·默里斯夫人一些荷兰奶酪。今天天气是雨夹雪。

1870年12月12日

1851年,我到了布鲁塞尔。

1870年12月13日

从昨天起,巴黎靠煤油照明。

夜晚的炮击非常猛烈。

1870年12月14日

今天化冻了。炮击不断。

晚上,我们欣赏了弗朗西斯科·戈雅《战争的灾难》。这是艺术评论家菲利普·布尔蒂带给我的。作品很棒,但令人惊骇。

弗朗西斯科·戈雅

菲利普·布尔蒂

1870年12月15日

司法部部长埃马纽埃尔·阿拉戈来看我。他通知我，1871年2月15日前，会提供鲜肉，但今后巴黎只有黑面包。接下来五个月中，人们会吃够这种面包的。

埃米尔·阿利克斯给我带来了一枚纪念我回法兰西的纪念章。纪念章一面是带翅膀的天才人物和"自由、平等、博爱"的字样，另一面的边缘上写着"呼吁全民民主"，中间刻着"致维克多·雨果，表示感谢他的祖国赠，1870年9月"。

这种纪念章街上有售，每枚五生丁。纪念章上有个小环，可以挂在链条上。

1870年12月16日

晚上，佩尔波尔[①]来了。我请他替我去马扎监狱看望埃米尔·弗卢朗并给他带一本《小拿破仑》。

马扎监狱

---

① 《勒拉佩尔报》的编辑之一。——原注

1870年12月17日

《自由报》呼吁路易·勃朗和我进入政府并声称我们有责任这样做。我的责任取决于我的良心。

我看见"穿甲剑"号炮艇从艺术桥桥下经过,沿塞纳河北上。"穿甲剑"号是很好的炮艇,大炮看起来非常壮观。

1870年12月18日

我为小乔治和小让娜设计了一盏神奇的灯。

在为第十四营举办的一场演出中,法瓦尔夫人朗诵了《斯泰拉》,我的版税为一百三十法郎。我的代理人不顾我的指示拿走了版税,我命他把钱给营里的疾病基金管理组织。

皮埃尔-朱尔斯·谢策尔写信说:"印刷厂快要关闭了,因为我没有更多的煤来保持印刷机的正常运转。"

我授权再印三千本《惩罚集》。《惩罚集》在巴黎的印数达两万两千本。

1870年12月20日

流动国民卫队①的布雷顿上尉因被指控为懦夫被撤职。他的中校控告了他。他要求军事法庭裁决,但要求先去前线作战。布雷顿的同伴们明天早上离开。布雷顿恳求我从战争部部长那里得到许可,让他战死沙场。我已经给阿道夫·勒·弗洛将军写信。布雷顿很可能可以参加明天的战斗。

1870年12月21日

3时,我听到部队出发去参加战斗的号角声。什么时候我可以参加战斗呢?

1870年12月22日

昨天是个好日子。行动仍在继续,可以听到来自东方和西方的大炮轰鸣声。

---

① 流动国民卫队,又称"移动警卫",旨在成为一个机构,实际上征募所有能够避免服兵役的人。

小让娜开始滔滔不绝地说话，而且表现力很强。不过，我不能理解她说的话。她笑了。

利奥波德·阿尔芒·雨果①给我送来了十三个新鲜鸡蛋。我要留给小乔治和小让娜。

路易·勃朗来和我吃饭。他代表埃德蒙·亚当、路易·茹尔当、亨利·塞努斯基和其他人来告诉我，他和我必须去找路易-朱尔斯·特罗许，命他要么拯救巴黎，要么辞职，我拒绝了。我应该摆出仲裁者的姿态，更应该防止战斗的发生。这场战斗可能会赢。路易·勃朗与我的想法一致，和我们一起吃饭的保罗·默里斯、奥古斯特·瓦克里与我的儿子们也和我们的想法一致。

1870年12月23日

我和亨利·罗什福尔一起进餐。1869年8月，我在布鲁塞尔见过他后，就没再见过他。乔治没有认出自己的教父。我非常兴奋，因为我非常喜欢亨利·罗什福尔。他才华横溢、勇猛无比。这是一顿很愉快的晚餐。如果巴黎被占领，我们都将被监禁在普鲁士城堡中。如果根西和施潘道被占领，一切就顺其自然吧。

我在卢浮宫百货公司花十九法郎买了一个带兜帽的披风，以便去防御工事时穿。

我的家里挤满来访者。今天，一个叫勒·热尼塞尔的画家来拜访我。他告诉我，1848年，我救了他。他是六月起义的参与者。

夜里，炮击猛烈。

1870年12月24日

天很冷，浮冰顺着塞纳河向下漂流。

现在，巴黎人只能吃黑面包。

1870年12月25日

大炮彻夜轰鸣。

---

① 维克多·雨果的兄弟阿贝尔·约瑟夫·雨果的儿子。

今天，巴黎有一则新闻：一篮牡蛎刚到巴黎，售价为七百五十法郎。

在爱丽丝和保罗·默里斯夫人卖物品以帮助穷人的集市上，一只小火鸡售价为二百五十法郎。

塞纳河结冰了。

1870年12月26日

路易·勃朗拜访了我，然后，夏尔·弗洛凯先生也来了。他们敦促我呼吁政府成员有所作为，否则就辞职。我再次拒绝了。

路易·科赫为了帮助穷人，在市场花二十五法郎买了张《呼声报》。亨利·塞努斯基用三百法郎买了本《惩罚集》。

1870年12月27日

早上，炮火猛烈，普鲁士人发动了一次攻击，这是个好兆头。等待让我们恼火，也让普鲁士人不耐烦。普鲁士人扔向蒙鲁日堡十九颗炮弹，却没有炸死一个人。

德尔菲娜·乌加德夫人和我们共进晚餐。她为大家唱《祖国》。我送德尔菲娜·乌加德夫人回位于沙巴奈路的家。然后，我回家休息。

门房对我说："先生，他们说今晚炸弹会落在附近。"

我答道："没关系，我正期待着。"

1870年12月29日

枪炮声彻夜持续且激烈，普鲁士人继续进攻巴黎。

泰奥菲勒·戈蒂埃有一匹马被征用，要被吃掉。泰奥菲勒·戈蒂埃写信求我救他的马。我请部长批准他的请求。

我救了那匹马。

有一个不幸的消息——亚历山大·大仲马死了。德意志的报纸已确认了这个消息。1870年12月5日，亚历山大·大仲马在位于迪耶普附近的普伊斯的儿子家中去世。

敦促我进入政府的请求空前高涨。司法部部长埃马纽埃尔·阿拉戈拜访我并留下和我吃饭，我们边吃边谈。路易·勃朗晚饭后到访。我坚持拒绝接受任职。

除了埃马纽埃尔·阿拉戈和通常周四与我一起吃饭的朋友，亨利·罗什福尔和布卢姆也来了。只要我还在世，我就会邀请他们每周四来吃饭。吃甜点时，我祝亨利·罗什福尔身体健康。

炮火声不断增强，法兰西军队被迫撤离阿弗隆高原。

1870年12月31日

早上，埃德蒙·德阿尔顿-希拜访了我，看来迪克罗将军想见我。

三天内，普鲁士人发送了一万二千枚炮弹。

昨天，我吃了一些老鼠，然后不停地打嗝。我写了如下四行诗：

> 啊，老鼠小姐们，
> 我靠你们生存。
> 你的微笑会让我死去，
> 你的肉让我活着。

自下星期起，巴黎的洗衣房都将关门，因为没有煤。

炮艇指挥官法尔西和我一起吃饭。

天气很冷。三天来，每当我不得不外出时，就穿上披风并戴上兜帽。

我给小让娜买了娃娃，也给乔治买了一篮玩具。

炮弹开始摧毁罗尼堡。炮弹落在巴黎，普鲁士人今天向我们发射了六千枚炮弹。

在罗尼堡，石笼边忙着的水手正扛着一袋土。一颗炮弹把土袋子从他肩膀上打了下来。水手开玩笑说："非常感谢，但我不累。"

1870年12月5日，亚历山大·大仲马去世。我翻阅自己的日记，发现12月5日就是日记中写在弗罗绍大道，有一辆带有"H"字样的大灵车从我面前经过的那天。

我们甚至连马肉都吃不上了，或许是狗肉，又或许是老鼠肉。我开始胃疼。我们吃的不知道是什么东西！

瓦洛瓦代表法兰西文学协会来征求我的意见——如何处理从三次朗诵《惩罚集》的收益中剩下的三千法郎，其他钱已经用于购买枪支。我告诉他，我要把钱全交给朱尔斯·西蒙夫人，作为战争受难者的基金。

1871年1月1日

路易·勃朗通过报纸发函，告诉我当前的形势。

小乔治和小让娜看到一篮新年礼物感到很惊愕，从篮子里取出的玩具铺满了整张桌子。孩子们摸摸这个，拿拿那个，高兴得不知道该拿哪个。乔治几乎欣喜若狂。夏尔·雨果说："他是欢喜过度！"

我很饿，也很冷。这样很好，我承受的是人民正在承受的痛苦。

毋庸置疑，我吃不惯马肉，但我还是吃了一些。因此，我腹部绞疼。吃甜点时，我做了两行对句，给自己解闷：

晚餐让我担心，也搅扰着我，
我吃了马肉，也想起了马鞍。

普鲁士人正在轰炸圣丹尼。

1871年1月2日

杜米埃和路易·勃朗与我们共进午餐。

路易·科赫给姑姑送了一份新年礼物——几棵卷心菜和一对活鹌鹑！

午餐时，我喝了鹌鹑红酒汤。巴黎植物园的那头大象被杀了，当时，大象掉了泪。似乎知道人们会吃掉它。

普鲁士人继续每天向我们发射六千枚炮弹。

1871年1月3日

罗汉馆两个房间的供暖费是每天十法郎。

山岳党再次要求路易·勃朗和我加入政府并领导政府。我继续拒绝。

目前,巴黎法兰西学术院有十二名成员,其中有塞居尔侯爵阿纳托尔·亨利·菲利普[①]、弗朗索瓦·米涅、朱尔斯·阿尔芒·迪福尔、豪森维尔伯爵约瑟夫·奥索宁·伯纳德·德·克莱伦[②]、欧内斯特·勒古韦、阿尔佛雷德-奥古斯特·古维列-弗勒里、亨利·奥古斯特·巴尔比耶和吕多维克·维泰。

月夜,天气很冷。普鲁士人彻夜轰炸圣丹尼。

从周二到周日,普鲁士人向我们发射了二万五千枚炮弹。这些炮弹需要

欧内斯特·勒古韦

---

① 塞居尔侯爵阿纳托尔·亨利·菲利普,法兰西行政长官和文学家。
② 豪森维尔伯爵约瑟夫·奥索宁·伯纳德·德·克莱伦,法兰西政治家和作家。

二百二十节火车车厢运输。每发炮弹六十法郎,合计一百五十万法郎。对堡垒造成的损失估计达一千四百法郎。子弹使近十人丧生。也就是说,每个死者让普鲁士人付出了十五万法郎的代价。

1871年1月5日

轰炸越来越猛烈。伊西和旺夫正在遭受炮轰。

因为没有煤,无法将衣服烤干,所以不能洗衣服。我的洗衣妇让马里耶特给我说:

"如果维克多·雨果有足够的权力和影响力,能为我向政府要一点煤的话,我就能洗他的衬衫。"

除了周四的常客,我还邀请了路易·勃朗、亨利·罗什福尔和保罗·德·圣维克多共进晚餐。朱尔斯·西蒙夫人送给我一份格鲁耶尔干酪,这简直是奢侈品。我们总共十三个人一起吃饭。

1871年1月6日

昨天吃甜点时,我一边送给女士们一些小糖果,一边说:

> 多亏了布瓦西埃,亲爱的女士们,
> 带给我们快乐,我们倒在你的脚下。
> 因为人们用炮弹夺取要塞,
> 用糖果得到弱者。

巴黎的市民出于好奇,参观了被轰炸的地区。他们看炮弹落下就像看烟花表演。国民卫队士兵不得不阻止人们参观。普鲁士人正在轰炸巴黎圣宠谷医院,炮弹点着了卢森堡的木制货棚,货棚里全是伤员。因此,人们不得不为伤员脱掉衣服,包扎好伤口,然后把他们送到柏林慈善医院。巴尔比厄看见伤员1时左右到达那里。

十六条街道已经遭到炮弹轰炸。

1871年1月7日

帝皇大道遭到了猛烈的轰炸，炮弹穿过了我童年时曾是花园的地方。我差点在那里中弹。

我的洗衣妇无法生火，也无法洗衣服。她想向第九区区长乔治·克莱蒙梭要一些煤并说自己会付钱，我表示了支持：

"为保卫巴黎，我愿放弃一切，愿在饥寒交迫中死去，甚至愿不换衬衫。不过，我把自己的洗衣妇托付给第九区区长。"

我签了名字。第九区区长乔治·克莱蒙梭给她拨了一些煤。

乔治·克莱蒙梭

1871年1月8日

卡米耶·佩尔坦给我们带来了政府的好消息,法军夺回了鲁昂和第戎,朱塞佩·加里波第在努依获胜,路易·弗雷德黑贝在巴波姆取胜。一切顺利。

过去,我们吃棕面包。现在,我们吃黑面包。人人吃的都一样,这很好。

昨天的消息是由两只鸽子带来的。

一颗炸弹炸死了沃吉哈赫街一所学校里的五个孩子。

《惩罚集》的演出和朗诵不得不停止。剧院没有煤气和煤,因此无法照明,也无法取暖。

朱塞佩·加里波第

1870年12月30日，西班牙国王阿梅迪奥·费迪南多·玛利亚、热那亚公爵阿梅杜斯来到西班牙，这一天是根据胡安·普里姆·普拉茨①的心愿选定的。也正是在这一天，胡安·普里姆·普拉茨在马德里中弹身亡。

今天的轰炸很猛烈。一颗炸弹飞进圣叙尔皮斯教堂的圣母教堂。我母亲的葬礼在圣叙尔皮斯教堂举行，我的婚礼也在这里举行。

1871年1月10日

普鲁士炮轰奥登剧院。

齐夫拉送给我一块落在奥特伊的炸弹外壳，上面标有字母"H"。我可以用炸弹外壳做墨水台。

1871年1月12日

罗汉馆要我从今天起支付每人八法郎的晚餐费。加上葡萄酒、咖啡、火等，每人需要支付十三法郎的晚餐费。

中午，我们吃了象排。

维克多·舍尔歇、亨利·罗什福尔、布卢姆和所有周四的常客与我们一起用餐。晚饭后，路易·勃朗和卡米耶·佩尔坦一起来拜访我。

1871年1月13日

一枚鸡蛋售价两法郎七十生丁，大象肉每磅四十法郎，一袋洋葱售价八百法郎。

法兰西文学协会要求我出席在市政厅举行的、向巴黎赠送大炮的仪式，我不愿参加并请求谅解。

我们花了一天时间寻找别的旅馆，却找不到合适的，旅馆都停业了。我们在罗汉馆一周的花费——包括被打碎窗玻璃的费用——高达七百零一法郎五十生丁。

---

① 胡安·普里姆·普拉茨，西班牙军事领袖和政治人物，曾短暂担任西班牙总理，直至被刺杀。在1868年革命中发挥了重要作用，导致了波旁王朝伊莎贝拉二世的下台。

胡安　首里姆　首拉茨遇刺身亡

一个贫苦的女人对刚被炸倒的树评论如下：

"这棵倒霉的绿树遭到炮轰，它没想到要面对这种状况，因此，一直在哭！"

1871年1月15日

一场疯狂的轰炸正在进行。

我写了一首题为《在马戏团》的诗。晚饭后，我把诗念给我周日的客人们听。他们想让我发表这首诗，我会把诗交给报社。

1871年1月17日

轰炸持续了三天三夜。

小让娜很生气，因为我不让她玩我的怀表。

所有报纸都在刊登我的诗——《在马戏团》，这首诗可能会派上用场。

早上，路易·勃朗拜访了我。他敦促我、埃德加·基内和他一起向政府施压。我回答："我觉得推翻政府比支持政府更危险。"

1871年1月18日

克虏伯兵工厂正在造专门用来对付热气球的大炮。

我的小花园里有只公鸡。昨天，我们一起吃午饭时，路易·勃朗听见公鸡的叫声。他停下来说：

"听！"

"什么？"

"公鸡的啼叫。"

"那又如何？"

"难道你没听见它在说什么吗？"

"它在叫：'维克多·雨果！'"

我们听了听，都笑了。路易·勃朗说得没错，公鸡的啼叫听起来像是在叫我的名字。

我给家禽喂面包屑，不过，它们不愿吃。

早上，普鲁士军队袭击蒙特图。晚上，他们再次从我们手中夺走了蒙特图。

1871年1月20日

对蒙特图的攻击中断了持续的轰炸。

面包店外，一个十四岁的孩子在人群中因窒息而死。

1871年1月21日

路易·勃朗来看我，我开了个会。局势正变得严峻，巴黎市长征求我的意见。

路易·勃朗和我们一起吃饭。晚饭后，我们举行了一次会议。艾米·劳塞达特上校也参加了这次会议。

1871年1月22日

普鲁士人正在轰炸圣丹尼。

市政厅前示的示威游行队伍混乱且喧嚣。路易-朱尔斯·特罗许正在撤退。罗斯坦告诉我，布雷顿的流动守卫团正向人们开火。我对此表示怀疑。如果有必要，我准备亲自去一趟。

我刚回来，双方就同时发起了进攻。我对征求我意见的战斗人员说："我交付给法兰西人的枪都是对付普鲁士人的。"

罗斯坦对我说："我把自己的部队交给您指挥，我们有五百人。你想让我们去哪里？"

我问："你们现在在哪里？"

他回答："我们已经聚集在圣丹尼附近，那里正遭受轰炸。现在，我们在拉维莱特。"

我说："那就原地待命。我应该派你们去的地方就是那里。不要对抗市政厅，你们要抵抗普鲁士进军。"

1871年1月23日

昨晚,在我的住处举行了一次讨论会。除了我周日的客人,亨利·罗什福尔和他的秘书穆罗与我们共进晚餐,雷伊和冈邦在晚上到达。雷伊希望我支持亚历山大·奥古斯特·德鲁-罗兰提出的海报计划。冈邦带来的是由五十名成员组成的共和党联盟计划。我明确表示不赞成任何一方。

安托万·尚齐战败,夏尔-丹尼·布尔巴基取得胜利。不过,夏尔-丹尼·布尔巴基没有向巴黎进军。我想我可以猜出他为何这样做。

轰炸似乎暂停了。

1871年1月24日

早上,埃米尔·弗卢朗拜访了我。他征求我的意见,我回答:"对局势不要太悲观。"

1871年1月25日

据报道,埃米尔·弗卢朗拜访我后,在离开我家时被捕。

我吩咐给乔治和让娜煮两个鸡蛋。

早上,多里安到罗汉馆看望我的儿子们。他告诉我们来自巴黎外的可怕消息——法兰西即将宣布投降。安托万·尚齐被打败了,路易·里昂·费代尔布被击败了,夏尔-丹尼·布尔巴基遭到反击后也撤退了。

1871年1月27日

维克多·舍尔歇告诉我,他已经辞去炮军团上校职务。

他们又来要求我带头游行示威,反对市政厅。谣言四起,我劝每个人保持冷静并团结一致。

1871年1月28日

在凡尔赛的预备性谈判或交涉过程中,奥托·冯·俾斯麦问朱尔斯·法夫尔:"你如何看待向我提议和平的傻瓜?"

天气又变冷了。

亚历山大·奥古斯特·德鲁-罗兰通过布里夫说他想和我和解。

小让娜身体不适,可爱的小乖乖!

晚上,利奥波德·阿尔芒·雨果告诉我,教皇庇护九世和自己的兄弟朱尔斯·约瑟夫·雨果①谈起了我。教皇庇护九世一看见朱尔斯·约瑟夫·雨果,就问他:"你姓雨果吗?"

"是的,神父。"

"你是维克多·雨果的亲戚吗?"

"我是他的侄子,神父。"

"他多大年纪了?"当时是1857年。

"五十五岁。"

"唉!他太老了,无法皈依教会了!"

夏尔·雨果告诉我,朱尔斯·西蒙和两个儿子通宵达旦地起草了下议院可能的候选人名单。

亨利·塞努斯基把自己变成法兰西公民!

1871年1月29日

早上,报社刊发了昨天签署的停战协议。1871年2月5日至1871年2月18日,下议院成员将被选出。1871年2月12日,在波尔多开会。

小让娜稍微好些了。她看到我时,会露出一点笑容。

邮局取代热气球送信,但信上没有盖邮戳。下雪了,结冰了。

1871年1月30日

小让娜身体状况仍然很差,她无法玩耍。

佩里加尔小姐给让娜带来了一个新鲜鸡蛋。

---

① 维克多·雨果的兄弟阿贝尔·约瑟夫·雨果的儿子。

1871年1月31日

小让娜还在生病,她患有轻微的肠胃黏膜炎。埃米尔·阿利克斯医生说炎症会持续四五天。

我的侄子利奥波德·阿尔芒·雨果和我们一起吃饭,他给我们带来了一些腌制的牡蛎。

1871年2月1日

小让娜好些了,她对我微笑了。

1871年2月2日

巴黎选举推迟到1871年2月8日。

我一直胃痛,吃不惯马肉。昨天,我对坐在我旁边吃饭的埃内斯特·勒菲弗夫人说:"这些动物的肉让我难受。我对马爱恨交加。"

1871年2月4日

天气越来越暖和了。

晚上,众多客人来访。莱昂·甘比塔来宣布共和党候选人名单。

1871年2月5日

共和党候选人名单于早上在各个刊物刊出,我的名字排在首位。

邦卡尔死了。

晚上,小让娜的感冒好了。

我招待了周日常客。我们的晚餐是鱼、黄油和白面包。

1871年2月6日

夏尔-丹尼·布尔巴基战败自尽,他死得很悲壮。

晚上，路易·勃朗给我读了一则新闻——亚历山大·奥古斯特·德鲁-罗兰将退出下议院。

1871年2月7日

我们吃了三四罐储存的蜜饯。

1871年2月8日

迄今为止，下议院还在举行各种选举。我和保罗·默里斯去克劳泽尔街投票。

在投降书上签字后，奥托·冯·俾斯麦一离开朱尔斯·法夫尔，就走进两个秘书等他的房间，说："那个讨厌的家伙死了。"

我把文件整理好，准备离开。

小让娜非常高兴。

1871年2月11日

计票的进展很慢。

我们前往波尔多的时间已经推迟到1871年2月13日，即周一。

1871年2月12日

昨天，我第一次看到以我名字命名的林荫大道。这是旧奥斯曼大道的非常大的一部分。在奥斯曼大道上，四五个街角贴着指向"维克多·雨果大道"的标识。

今天，下议院在波尔多召开，巴黎选举的结果还没有公布。

虽然我还未被任命，但时间紧迫。因此，我希望明天动身去波尔多。路易·勃朗想和我们一起离开，我们打算带上他。

我的手提包里带着已经开始撰写的各种重要手稿和作品，其中包括《围困巴黎》和《祖父》。

1871年2月13日

昨天晚餐前,我给客人保罗·默里斯夫妇、奥古斯特·瓦克里、洛克罗伊、埃内斯特·勒菲弗夫妇、路易·科赫、维兰和其他人朗诵了两首诗。亨利·罗什福尔和维克多直到晚餐时才到。这两首诗是《围困巴黎》的节选,分别是《写给让娜》和《不,你不会占领阿尔萨斯和洛林》。

佩尔波尔给我带来了通行证。因为还未被宣布当选代表,所以我在自己的通行证上写道:"维克多·雨果,持证人。"普鲁士人要求说明通行证持有者的资质。

早上,我怀着沉重的心情离开了弗罗绍大道,也离开了保罗·默里斯。自我1870年9月5日到巴黎以来,保罗·默里斯总是盛情招待我。

第15章

在波尔多召开的下议院之日记摘录

1871年2月14日

我们0时10分离开,在13时15分到达埃唐普。其间,我们等了两个小时并吃了午饭。

午饭后,我们回到客车车厢。一群人围着车厢,一队普鲁士士兵挡住了人群。人们认出了我,高呼:"维克多·雨果万岁!"我把手伸出窗外并朝他们挥手,摘帽高呼:"法兰西万岁!"然后,一个蓄着白胡子的人——有人说他是埃唐普的普鲁士司令——摆着威胁的架势向我走来,用德语跟我说了些话。他肯定是想吓唬我。我一会儿盯着这个普鲁士人,一会儿看着人群。我提高声音重复高呼:"法兰西万岁!"因此,所有人满怀热情地高呼:"法兰西万岁!"普鲁士司令看上去很生气,但什么也没说,普鲁士士兵也没有采取任何行动。

这段路崎岖不平,旅途漫长且令人疲惫。客车车厢的灯光很暗,也没有暖气。在糟糕的环境中,人们能感觉到法兰西的破败。在维耶尔宗,我们买了一只野鸡、一只家鸡和两瓶酒作晚餐。然后,我们把自己裹在毯子和披风里,睡在座位上。

13时30分,我们到达波尔多,然后去寻找住所。我们租了辆马车挨个找旅馆。不过,旅馆都没有空房。我去了市政厅,询问相关住宿情况。有人告诉我,公共花园附近的圣莫尔街十三号,有个公寓要出租。我们去了圣莫尔街十三号,夏尔·雨果租了一个公寓,月租金为六百法郎,我们付了半个月的房租。接着,我们去找当晚的住处,但没有找到。19时,我们回到车站拿行李,却不知道应该在哪里过夜。我们回到了圣莫尔街。夏尔·雨果在那里和房东及房东的兄弟商量。房东的兄弟在附近的竞赛路三十七号有几间房,最后临时安排我们在那里过夜。

爱丽丝说:"数字十三紧贴着我们,一月里每周周四我们都有十三个人一起吃饭。我们2月13日离开巴黎,有十三个人乘火车,包括路易·勃朗、贝切特和两个孩子。我们现在住在圣莫尔街的十三号!"

1871年2月15日

14时,我去参加下议院会议。出来时,我发现广场上有一大群人等我。人们和站在大楼各个入口处的国民卫队士兵高喊着:"维克多·雨果万岁!"我回应说:"共和国万岁!法兰西万岁!"他们不断高呼口号。随后,这种热情变得疯狂。这是我到巴黎时遇到的热烈欢迎的场景重现,我感动得流下眼泪。我躲进了广场拐角处的一家咖啡馆里,躲开了欢呼。演讲时,我解释了为什么没有对人们讲话,并且乘着马车逃跑了。我用的就是这个词——逃跑。

满腔热情的人们高呼"共和国万岁!"。下议院代表们无动于衷,甚至带着愤怒走了出来。他们个个戴着帽子,而我周围的人们挥舞着脱下的帽子。

阿道夫·勒·弗洛、亨利·罗什福尔、爱德华·洛克鲁瓦[①]、阿尔弗雷德·约瑟夫·纳凯、埃马纽埃尔·阿拉戈、雷塞吉耶、夏尔·托马斯、弗洛科、尤金·佩尔坦和诺埃尔·帕尔费等代表来拜访我。

我在竞赛路三十七号的新住所休息。

1871年2月16日

今天,大会宣布了巴黎选举的结果。路易·勃朗以二十一万六千张选票排在第一当选,我以二十一万四千张选票当选,朱塞佩·加里波第以二十万张选票当选。

昨天,人们对我的热烈欢迎被多数派视为侮辱。因此,多数派在外边广场上

---

① 爱德华·洛克鲁瓦,法兰西政治家。他出生在巴黎,是演员兼剧作家约瑟夫·菲利普·西蒙的儿子。

进行了军事力量大展示，包括陆军、国民卫队、骑兵队。我到达前，发生了一件小事，右派的人要求保护下议院。防备谁？防备我吗？左派的人高喊着回应："共和国万岁！"

我正要离开时，得知广场上的人群在等我。为了避开热烈的欢迎，我从侧门出来。然而，人们看见了我，我立刻被一大群人围住，他们喊道："维克多·雨果万岁！"我回答："共和国万岁！"每个人，包括排成队列的国民卫队士兵们，都跟着喊了起来。我坐着马车离开，人们跟着马车走。

今天，下议院选出了各个委员会。朱尔斯·阿尔芒·迪福尔提出由阿道夫·梯也尔担任法兰西第三共和国行政首脑。

我们第一次在家里吃饭。我邀请了路易·勃朗、维克多·舍尔歇、亨利·罗什福尔和爱德华·洛克鲁瓦。亨利·罗什福尔不能来。晚饭后，我们去沙尔特龙码头的饭店参加一个左派会议。我的儿子们陪着我。会议讨论关于法兰西第三共和国行政首脑的问题。我在规定中增加了如下内容——由下议院任命并由下议院撤职。

早上，卡米耶·克勒梅将军给我们讲了军队的部署。

1871年2月17日

在下议院会议上，莱昂·甘贝塔走过来对我说："先生，我什么时候可以去拜访你？我有很多事要向你解释。"

阿道夫·梯也尔被任命为法兰西第三共和国行政首脑，今晚他将前往普鲁士司令部驻扎地凡尔赛。

1871年2月18日

拉法里-蒙巴顿大街召开了左派会议，会议选我担任主席。发言者有路易·勃朗、维克多·舍尔歇、伊波利特·朗格卢瓦上校[①]、尤金·亨利·布里松、爱德华·洛克鲁瓦、米利埃、乔治·克莱蒙梭、马丁·伯纳德和皮埃尔·茹瓦尼奥[②]。最后，我对

[①] 伊波利特·朗格卢瓦上校，法兰西将军，以其军事科学著作而闻名。
[②] 皮埃尔·茹瓦尼奥，法兰西著名记者和农业学家。

讨论进行总结。有人提出了一些沉重的问题——奥托·冯·俾斯麦与阿道夫·梯也尔签订的条约、和平、战争、对国民议会的不容忍及内阁辞职的情况等。

1871年2月19日

波尔多国家俱乐部主席邀请我主持他的沙龙。

我的房东波特夫人非常漂亮，她送给我一束花。

阿道夫·梯也尔任命了自己的部长们，接受了"法兰西第三共和国行政首脑"这个含糊其词又让人无法理解的头衔，大会将休会。下次开会时，我们会在自己的住处收到通知。

1871年2月20日

我走出下议院时，人们再次向我欢呼。人群瞬间壮大，我被迫躲在马丁·伯纳德邻近下议院一条街道上的住处。

我在第十一委员会，地方行政官职的问题出乎意料地出现了。他请我们不要反对。我讲得很好，令第十一委员会成员们感到害怕。

小让娜比以往任何时候都可爱。现在，她根本不想离开我。

1871年2月21日

我在竞赛路的女主人波特夫人每天早上让自己的小女儿送我一束花。

我只要有时间，就会带小乔治和小让娜出去玩。我很可能被称为"维克多·雨果，人民的代表和保姆"。

晚上，我主持了激进左派会议。

1871年2月25日

晚上，在雅克·贝尔路的学术院大厅里，举行了激进左派和政治左派的会议。发言人分别是路易·勃朗、埃马纽埃尔·阿拉戈、艾蒂安·瓦舍罗、让·布吕内、贝特

艾蒂安·瓦舍罗

蒙、拿破仑·佩拉①、尤金·亨利·布里松、莱昂·甘贝塔和我。我怀疑，让激进左派和政治左派合为一体或者至少达成"友好协定"的概率不大。维克多·舍尔歇、埃德蒙·亚当和我一起走回家。

1871年2月26日
我六十九岁了。
我主持了一次左派会议。

1871年2月27日
我已经辞去激进左派主席的职务，以便让会议完全独立自主。

1871年2月28日
今天，阿道夫·梯也尔在讲坛上读了奥托·冯·俾斯麦与阿道夫·梯也尔签订

---

① 拿破仑·佩拉，法兰西作家和历史学家。

的条约。条约太可怕了。明天我要发言,我的名字在名单上排第七位。不过,朱尔斯·格雷维对我说:"你只要想发言,就去发言,议员们会听取你的意见。"

晚上,下议院委员会在开会。我在第十一组,并且发了言。

1871年3月1日

今天,有一个令人感到悲哀的会议。法兰西第二帝国、法兰西这个国家都不复存在了。奥托·冯·俾斯麦与阿道夫·梯也尔签订的条约得以通过。我发了言。

路易·勃朗在我之后发了言,他的发言很精彩。

我邀请了路易·勃朗和夏尔·勃朗共进晚餐。

晚上,我不再主持在拉法里-蒙巴顿路举行的会议。这次会议由维克多·舍尔歇主持。我在会上发言并对自己的发言感到满意。

1871年3月2日

夏尔·雨果回来了。今天没有开会,和平条约的签订已经打开了普鲁士这张网。我收到了一包来自巴黎的信和报纸,里面有两张《勒拉佩尔报》。

我们一家五口人一起吃饭。饭后,我去开会了。

鉴于法兰西四分五裂,下议院应被取缔。下议院造成了伤害,却无力弥补。那么,就建立一个新的下议院取代它吧。我想辞职。不过,路易·勃朗不想辞职。莱昂·甘贝塔和亨利·罗什福尔与我的想法一致。我们进行了辩论。

1871年3月3日

早上,因悲痛去世的斯特拉斯堡市长下葬。

路易·勃朗在三个代表尤金·亨利·布里松、夏尔·弗洛凯和库尔内的陪同下来拜访我。他们向我请教辞职方面的问题该怎么办。亨利·罗什福尔、菲利克斯·皮亚和其他三个人打算辞职。我赞成辞职,不过,路易·勃朗不赞成辞职。剩下的左派成员似乎都不赞成辞职。

左派开会。

朱尔斯·格雷维

菲利克斯·皮亚

当我爬上楼梯时,听到一个右派人士对另一个我只看得到背部的人说:"路易·勃朗很可恶,但维克多·雨果更糟糕。"

我们和夏尔·雨果一起吃饭。夏尔·雨果邀请了路易·勃朗、朱斯坦-安德烈·拉凡屠容和亚历克西斯·布维耶。

后来,我们去参加了拉法里-蒙巴顿街举行的会议。下议院议长向阿尔萨斯和洛林即将退休的成员发表告别演说。我提议无期限保留他们的席位,这个提议得到一致赞成。席位问题得以解决,然而,会上的人似乎还抓着这个问题。我们会重新考虑这个问题。

朱斯坦-安德烈·拉凡屠容

1871年3月4日

左派举行会议，米利埃提出了一项弹劾国防政府的动议。路易·夏尔·德莱克吕兹提出同样的动议。最后，米利埃说，不支持推进这个动议的人"要么是受骗者，要么是同谋"。

维克多·舍尔歇站起来说：

"既不是受骗者，也不是共犯。你撒谎！"

1871年3月5日

召开了下议院会议。

会议在傍晚举行，路易·勃朗没有对巴黎前政府进行正式弹劾，而是要求进行调查。我同意他的意见，我们都签了字。

左派召开会议，他们说巴黎发生了大规模的骚乱。政府通常每天收到来自巴黎的至少十五份电报，而到今天22时为止没收到任何电报，发给朱尔斯·法夫尔的六封电报也没有任何回应。我们决定，如果还是目前这种令人焦虑的情况，并且我们无法了解当前局势，那么路易·勃朗或我将直接向政府询问巴黎的局势。

阿尔萨斯和洛林的本地人组成的一个代表团来感谢我们。

1871年3月6日

中午，我们在夏尔·雨果家里吃午餐。我带着两个女士去参加下议院会议。会上谈论将下议院转移到凡尔赛或枫丹白露。议员们不敢去巴黎。我在第十一委员会会议上发言，我差点被选为理事。我得到十八票，但一个叫吕西安·布兰的先生得了十九票。

1871年3月8日

我已经递交了辞去代表职务的辞呈。

会议在拉法里街举行。我提议，我们应拒绝讨论巴黎的局势，并且应该起草一份宣言，由大家签字，宣布如果下议院设在巴黎以外的地方，我们就会辞职。我的计划没有被采纳。会议催促我明天发言，我拒绝了。路易·勃朗会在会上发言。

会上讨论了朱塞佩·加里波第的问题。朱塞佩·加里波第是在阿尔及利亚当选的。有人提议他的当选无效，我要求发言。我发言时，右派开始骚动。他们喊道："肃静！秩序！"面对这样的愤怒，我做了个手势并说："三星期前，你们拒绝听朱塞佩·加里波第发言。现在，你们拒绝听我发言，够了，我会辞职的。"

这是我最后一次去参加左派的会议。

1871年3月9日

上午，在法兰西学术院大厅见面的温和左派的三名成员代表自己的党派来拜访我。二百二十名成员一致恳求我撤回辞职申请。保罗·贝斯蒙担任发言人。我感谢他们，但婉言谢绝了。

保罗·贝斯蒙

然后，另一个会议的代表们也来了，他们恳求我撤回辞职申请。豪森维尔伯爵加布里埃尔·保罗·德·克莱伦和夏尔·弗朗索瓦·德·雷米萨所属的中左派会议成员一致要求我撤回辞职申请。塔尔热担任发言人。我感谢他们，但婉言谢绝了。

路易·勃朗登上了下议院的讲坛，庄严又郑重地为我致告别辞。

1871年3月10日

两天内，路易·勃朗进行了发言——昨天是关于我辞职的问题，今天是关于巴黎问题。他的发言郑重而庄严。

1871年3月11日

我们为离开这里做准备。

1871年3月12日

许多人拜访我，我的公寓里水泄不通。米歇尔·莱维来找我要本书，奥登剧院的副导演费利克斯·亨利·迪凯内尔来找我要《吕·布拉斯》。

我们可能明天就要走了。

夏尔·雨果、爱丽丝和维克多去了趟阿卡雄，晚饭前回来。

小乔治一直身体不适，但现在好多了。

路易·勃朗和我一起吃饭，他打算去巴黎。

1871年3月13日

昨晚，我一夜未眠。我像毕达哥拉斯一样思考数字问题，想起了从1871年1月1日起，"13"就与我们的行动奇妙地联系在一起。我还想到我13日将离开这座房子。这时，屋子里响起了我之前在夜间听过两次的敲门声——敲三下，好像是锤子敲在木板上的声音。

我们和路易·勃朗在夏尔·雨果家吃午饭。

然后，我去看亨利·罗什福尔，他住在朱代克街八十号。他中过丹毒，当时情况

热尔曼·卡斯

很糟,现在正在康复。和他在一起的有亚历克西斯·布维耶和穆罗。我邀请他们一起吃饭,也要求他们把我的请柬发给朱尔斯·克拉勒蒂、吉耶莫和热尔曼·卡斯。我离开前,我想和他们握手告别。

离开了亨利·罗什福尔的家,我在波尔多随处溜达。这里的教堂很美,部分设计是罗马风格,还有饰有花纹的塔。杜科利斯街的罗马建筑壮美华丽,被称为"加连宫"。

维克多来和我拥抱告别。18时,他和路易·勃朗一起出发去巴黎。

18时30分,我去了朗塔饭店。亚历克西斯·布维耶、穆罗和热尔曼·卡斯到了,随后,爱丽丝也到了。在那里,我们等着夏尔·雨果。

19时,夏尔·雨果去世了。

朗塔饭店为我们服务的侍者进来告诉我有人想见我。在前厅里,我看到了波

特——夏尔·雨果租住的莫尔街十三号公寓的房东。波特低声对我说,让跟在我身后的爱丽丝离开。爱丽丝回到了前厅,波特对我说:

"您要坚强,夏尔·雨果先生——"

"他出什么事了?"

"他死了!"

死了!我简直无法相信。夏尔·雨果!我靠在墙上。

波特告诉我夏尔·雨果乘马车去了朗塔饭店,不过,他告诉车夫先到波尔多咖啡馆。到了波尔多咖啡馆,车夫一打开车门,就发现夏尔·雨果死了。他中风了,血管多处破裂,血从他的鼻子和嘴巴里流出,流得浑身都是。叫来的医生说夏尔·雨果已经断气。

我无法相信,我说:"他是在昏睡。"我仍然抱着希望,回到客厅,告诉爱丽丝我要出去一趟,很快就会回来。然后,我跑向圣莫尔街。我刚到那里,他们就把夏尔·雨果带来了。

天啊!我亲爱的夏尔·雨果!他死了……

我去接爱丽丝,我悲痛欲绝!

两个孩子正熟睡着。

1871年3月14日

我又读了13日早晨我在前一天晚上听到敲门声时写下的话。

夏尔·雨果被放在圣莫尔街一栋房子的一楼客厅里。他躺在一张床上,房子里的女人们在床单上洒满鲜花。两个邻居——爱戴我的工人——请求为遗体彻夜守灵。法医一看到遗体,就哭了起来。

我给保罗·默里斯发了一份电报,内容如下:

保罗·默里斯,瓦卢瓦街18号——

有一个不幸的消息——夏尔·雨果于3月13日突发中风去世。请你告诉维克多,让他马上回来。

地方长官通过官方线路发了这封电报。

我们将带夏尔·雨果离开。离开前，他被安置在停尸房。

亚历克西斯·布维耶和热尔曼·卡斯正帮我做这些令人心碎的准备工作。

16时，夏尔·雨果的遗体被放进棺材。我阻止他们去接爱丽丝。我吻了心爱的儿子的额头，然后，防腐蚀铅片被焊接起来。接着，他们盖上了棺材的橡木盖，用螺丝拧紧。这样一来，我再也见不到夏尔·雨果了。不过，他的灵魂还在。我如果不相信灵魂存在，就无法活下去。

我和孙辈们——小乔治和小让娜一起吃饭。

我安慰了爱丽丝，和她一起哭了。我第一次用"你"称呼她。

1871年3月15日

我已经两个晚上彻夜难眠。昨晚，我依旧难以入睡。

昨晚，埃德加·基内来看我。他一看见客厅里夏尔·雨果的棺材，就说："我向你告别，伟大的心灵、杰出的才华、纯洁的灵魂、美丽的脸庞、善良的心灵——维克多·雨果的儿子！"

我们一起谈论这个已经逝去的伟大灵魂。我们很平静。守夜人一边听我们谈论，一边哭泣。

吉伦特省的地方长官来拜访我，我没有接待他。

10时，我去了圣莫尔街十三号，夏尔·雨果的灵车在那里。亚历克西斯·布维耶和穆罗在等我。我走进客厅，吻了夏尔·雨果的棺材。然后，棺材就被带走了。一辆马车载着我和这些先生。到达墓地时，棺材从灵车中取出，六个人抬着棺材。我和亚历克西斯·布维耶、穆罗摘帽并紧跟棺材。大雨滂沱，我们紧跟着棺材往前走。

在一条长长的长满梧桐树的深巷子尽头，我们找到了停尸房。这是一个只有门口有亮光的地下室，往下走五六步就到了停尸处。门口排着几口棺材，夏尔·雨果的也排在门口等着。抬棺材的人进去了，我要跟着进去时，保管员对我说："不许任何人进去。"我明白，我尊重死者的独处地。亚历克西斯·布维耶和穆罗带我回到圣莫尔街十三号。

爱丽丝昏倒了，我给她闻醋并拍打她的手。她醒了过来，说："夏尔，你在哪里？"

我痛不欲生。

1871年3月16日

中午，维克多·巴尔比厄和路易·米一起到了，我们默默地抱着哭泣。维克多·巴尔比厄递给我一封保罗·默里斯和奥古斯特·瓦克里写的信。

我们决定把夏尔·雨果葬在拉雪兹神父公墓，他会和我父亲葬在一起。那是我为自己留的地方。我写信给保罗·默里斯和奥古斯特·瓦克里，告诉他们我明天将带着棺材离开并于后天到达巴黎，维克多·巴尔比厄会在今晚离开并把信带给他们。

1871年3月17日

我们预计18时和夏尔·雨果离开波尔多。

我和维克多、路易·米去领夏尔·雨果的遗体，把遗体带到火车站。

1871年3月18日

我们昨天18时30分离开波尔多，今天10时30分到达巴黎。

报纸报道了我们中午到达的消息，我们被安排在火车站的一个候车厅里，朋友和其他人前来迎接我们。

中午，我们前往拉雪兹神父公墓。我摘帽跟着灵车，维克多陪着我。我的朋友都跟着我，人们也跟着我。游行队伍经过时，有人喊："脱帽！"

在巴士底广场，国民卫队士兵自发地在灵车周围形成了一支仪仗队。他们交叉双臂。国民卫队成员列队到墓地。他们举着枪，向国旗敬礼。鼓声隆隆，号角响起。等到我走过去后，人们高呼："共和国万岁！"

到处都是街垒，因此，我们绕了很远。墓地附近聚了很多人，在人群中，我认出了罗斯坦和米利埃。他们面色苍白，非常伤心。他们走过来安慰我。在两座坟墓之间，一个人向我伸手并大声说："我是古斯塔夫·库尔贝。"我看到一张充满活力、热情洋溢的脸。他眼含热泪,朝我微笑致意。我热情地握了握他的手,这是我第一次见到古斯塔夫·库尔贝。

棺材从灵车上取下来,在被放进墓室前,我跪下来亲吻棺材。墓穴大开,一块石头被抬起,我凝视着父亲的墓。自从我被放逐后,再也没见到父亲的墓。父亲的纪念碑已经变黑了。洞口太窄了,只好锉锉那块石头。锉石头用了半个小时。其间,我凝视着父亲的墓和儿子的棺材。最后,可以放下棺材了。夏尔·雨果和我的父母还有兄弟们待在一起。

保罗·默里斯夫人带来一束白色的丁香花,将其放在夏尔·雨果的棺材上。奥古斯特·瓦克里发表了一篇优美又庄严的哀悼辞,路易·米还向夏尔·雨果致以感人的告别辞。鲜花被撒在坟墓上,人们围住了我。他们抓着我的手,人们是多么爱我,我又多么爱他们!贝尔维尔俱乐部递给我一份签有"俱乐部主席米利埃"和"秘书阿夫里"字样的吊唁函。

我们和保罗·默里斯还有奥古斯特·瓦克里坐着马车回家。我既悲伤又疲倦,整个人崩溃了。天佑我的夏尔·雨果!

译名对照表

Victor Hugo	维克多·雨果
Rembrandt Harmenszoon van Rijn	伦勃朗·哈尔曼松·凡·莱因
Charles X	查理十世
Rheims	兰斯
Jean-Charles Emmanuel Nodier	让-夏尔·伊曼纽尔·诺迪埃
Romancero	《歌谣集》
William Shakespeare	威廉·莎士比亚
Cid	《熙德》
Hernani	《艾那尼》
Mademoiselle Mars	玛尔斯小姐
Marguerite Georges	玛格丽特·乔治斯
Frederick Lemaitre	弗雷德里克·勒迈特
Kean Edmund	基恩·埃德蒙
Louis XVI	路易十六
Napoleon Bonaparte	拿破仑·波拿巴
Island of Elba	厄尔巴岛
Edgar Allan Poe	埃德加·爱伦·坡
Chamber of Peers	贵族院
Tuileries	杜伊勒里宫
Duchess of Orléans	奥尔良公爵夫人
Place de la Bastille	巴士底广场
Faubourg Saint-Antoine	圣安托万郊区
Regency	摄政统治
Assembly	国民议会

Odilon Barrot	奥迪隆·巴罗
Nicolas Anne Théodule Changarnier	尼古拉·阿内·忒阿杜勒·尚加尼耶
Pierre-Joseph Proudhon	皮埃尔-约瑟夫·蒲鲁东
Louis Auguste Blanqui	路易·奥古斯特·布朗基
Alphonse de Lamartine	阿尔方斯·德·拉马丁
Adolphe Thiers	阿道夫·梯也尔
Charles-Louis Napoléon Bonaparte	夏尔-路易·拿破仑·波拿巴
Republicans	共和党人
Royalists	保皇党
Élysée Palace	爱丽舍宫
Napoleon the Little	《小拿破仑》
Bordeaux	波尔多
Treaty of Frankfort	《法兰克福条约》
Charles Hugo	夏尔·雨果
Paul Maurice	保罗·莫里斯
Voltaire	伏尔泰
Germaine de Staël	杰曼·德·斯塔尔
Immanuel Kant	伊曼努尔·康德
Friedrich Schiller	弗里德里希·席勒
Ludwig van Beethoven	路德维希·冯·贝多芬
Jean-François Ducis	让-弗朗索瓦·迪西
Jacques Delille	雅克·德利尔
Moloch	莫洛克
Apollo	阿波罗
Iago	伊阿古
Pezare	佩扎雷
Horatio	霍雷肖
Norceste	诺西斯特
Desdemona	苔丝德蒙娜
Hedelmone	赫德尔蒙
Claire Duchess de Duras	迪拉斯公爵夫人克莱尔
Evariste Dumoulin	埃瓦里斯特·迪穆兰
Génin	热南

Nicolas Boileau	尼古拉·布瓦洛
St.Helena	圣赫勒拿岛
L'hôtel des Invalides	荣军院
Macbeth	《麦克白》
Théâtre-Français	法兰西剧院
Borysthenes	玻里斯提尼斯
Duke de Guyenne	吉耶纳公爵
Babylon	巴比伦
Gaudissius	戈迪修斯
Ozolian Locris	欧佐拉伊洛克里
Apollonius of Tyana	提亚纳的阿波罗尼奥斯
Bellona	贝洛娜
Phocis	福基斯
St.Remigius	圣雷米吉乌斯
Duke of Northumberland	诺森伯兰公爵
Hugh Percy	休·珀西
Battle of Waterloo	滑铁卢战役
Louis XIV	路易十四
Le Moniteur Universel	《环球箴言报》
Norman	诺曼人
Cymbalum Mound	《钦巴龙丘》
Ogive	奥吉夫
Elzevir	埃尔策菲尔
Soissons	苏瓦松
Saint-Jean-des-Vignes	圣让德威尼斯
Iliad	《伊利亚特》
Vesdre	韦德尔河
Amiens	亚眠
Chartres	沙特尔
St.Giles	圣吉尔斯
Lothario	洛塔里奥
Marshal de Lauriston	洛里斯东元帅
Jacques Alexandre Bernard Law	雅克·亚历山大·伯纳德·劳

Jean-François-Joseph Lecointe	让－弗朗索瓦－约瑟夫·勒库安特
Jacques Ignace Hittorf	雅克·伊尼亚斯·希托夫
Austerlitz	奥斯特利茨
Henri IV	亨利四世
Duke d'Angoulême	昂古莱姆公爵
Joseph de Villèle	约瑟夫·德·维莱勒
Duke d' Orleans	奥尔良公爵
Louis Philippe	路易·腓力
Louis Philippe I	路易·腓力一世
Duke de Bordeaux	波尔多公爵
Henri d'Artois	亨利·达托瓦
Henri Count of Chambord	香波伯爵亨利
Hémonin	埃莫宁
John Lackland	约翰·雷克兰
Philip Augustus	腓力·奥古斯都
King John	《约翰王》
Arabian Nights	《天方夜谭》
Faulconbridge	福康布里琪
Mudarra	穆达拉
Roger	罗歇
Ferdinand Eckstein	斐迪南·埃克斯坦
de Marcellus	马塞洛
Marquis d'Herbouville	埃布维尔侯爵
Arthur	亚瑟
Charles I	查理一世
Henry III	亨利三世
Father Guignard	吉尼亚尔神父
Mathieu Paris	马蒂厄·帕里斯
Richard Coeur de Lion	狮心王理查一世
Falcasius de Trente	法尔卡修斯·德·特伦特
Raphael Holinshed	拉斐尔·霍林斯赫德
Aimar V of Limoges	利摩日子爵艾马尔五世
Chaluz	查卢兹

Austria Limoges	奥地利利摩日
Duke of Austria	奥地利公爵
Constance	康斯坦丝
Vouziers	武济耶
Jehovah	耶和华
Paestum	帕埃斯图姆
Thebes	底比斯山
Babel	巴别塔
Rouen	鲁昂
St.Paul's, London	伦敦圣保罗
Count of Paris	巴黎伯爵
Prince Philippe	腓力亲王
Provisional Executive Council	临时执行委员会
Champs-Elysées	香榭丽舍大道
Executive Council of the Revolution	革命执行委员会
Louis XV	路易十五
Place Louis XV	路易十五广场
Place de la Revolution	革命广场
Place de la Concorde	协和广场
Place de Louis XVI	路易十六广场
Place du Garde-Meuble	王室宝藏库广场
Place des Champs-Elysées	香榭丽舍广场
Revolution of July	七月革命
Louis XVIII	路易十八
The book of Psalms	《诗篇》
St.Denis	圣丹尼
Madeleine Cemetery	玛德莱娜公墓
Jacques Roux	雅克·鲁
Capet	卡佩
Marseille Naval Fire Battalion	马赛海军火力营
Phrygian cap	弗里吉亚帽
Henry Essex Edgeworth	亨利·埃塞克斯·埃奇沃思
Rue du Bac	巴克街

Rue du Regard	拉雷格德街
Barrière du Maine	缅因的巴利耶尔
Charles de LéZardière	夏尔·德·勒扎迪埃
Sens	桑斯
Fontainebleau	枫丹白露
Essonnes	埃松
Colonel Galbois	加尔博瓦上校
Constantine	君士坦丁
Henri Gatien Bertrand	亨利·加蒂安·贝特朗
Colonel Galbois	加尔布瓦上校
Ferrès	费里
Puteaux	皮托
Boulevard Dim Mont-Parnasse	蒙帕纳斯大道
Pont Do La Concorde	协和桥
Louvre	卢浮宫
Louis XIII	路易十三
Mathurin Regnier	马蒂兰·雷尼耶
Le Constitutionnel	《立宪主义者报》
Santo Domingo	圣多明戈
Mardi Gras	狂欢节
Rue Saint Honoré	圣奥诺雷路
Palais-Royal	皇家宫殿
Rue de Chartres	沙特尔街
Carrousel	卡鲁塞尔
Michelot	米什洛
Rue du Jardinet	花园路
Merle Dorval	梅尔·多瓦尔
Don Diègue	狄埃格
Pierre Corneille	皮埃尔·高乃依
Georgina	乔治娅
Célimène	塞利梅纳
Clarisse Miroy	克拉丽丝·米鲁瓦
Porcher	波尔谢

Harel	阿雷尔
Trappists	特拉比斯会
Louise Beaudouin	路易丝·博杜安
Ruy Blas	《吕伊·布拉斯》
Atala Beaudouin	阿塔拉·博杜安
Porte Saint Martin	圣马丁门
Tiercelin	蒂耶尔瑟兰
Odry	欧德里
Emmanuel Lepeintre	伊曼纽尔·勒潘特
Alcide Tousez	阿尔西德·图斯兹
Sainville	桑维尔
Ravel	拉威尔
Étienne Arnal	艾蒂安·阿纳尔
Samson	参孙
François Pierre Guillaume Guizot	弗朗索瓦·皮埃尔·纪尧姆·基佐
Sir Robert Peel	罗伯特·皮尔爵士
Théâtre Historique	历史剧院
Ifiggnie	《伊菲格涅》
Rodogune	《罗多庚》
Lucrèce Borgia	《卢克雷齐亚·波吉亚》
Toulouse	图卢兹
Carpentras	卡庞特拉
Villemot	维尔莫
Victor Cousin	维克多·库赞
Narcisse-Achille de Salvandy	纳西斯-阿希尔·萨文蒂
Abel-François Villemain	阿贝尔-弗朗索瓦·维尔曼
Lucette	吕塞特
Jean de La Fontaine	让·德·拉·封丹
François Ponsard	弗朗索瓦·蓬萨尔
Lucrece	《柳克丽丝》
Jean-Pons-Guillaume Viennet	让-庞斯-吉劳姆·维耶内
Zaire	《扎伊尔》
Emile Deschamps	埃米尔·德尚

Joseph-Victor Leclerc	约瑟夫－维克多·勒克莱尔
Adolphe-Simonis Empis	阿道夫－西蒙尼·昂皮
Pierre-Simon Ballanche	皮埃尔－西蒙·巴朗什
Pierre-Antoine Lebrun	皮埃尔－安托万·勒布伦
Leon Gozlan	莱昂·戈兹朗
Jean-Jacques Ampère	让－雅克·安培
Palais Bourbon	波旁宫
General Louis-Eugène Cavaignac Party	路易－尤金·卡芬雅克将军派
Palais Mazarin	马扎林宫
François-René de Chateaubriand	弗朗索瓦－勒内·德·夏多布里昂
Jean Vatout	让·瓦图
Paul de Noailles	保罗·德·诺瓦耶
Legitimist	正统主义者
Juliette Récamier	朱莉·雷卡米耶
Marquis Françoise de Maintenon	弗朗索瓦·德·曼特农侯爵夫人
Gaston Audiffret-Pasquier	加斯东·奥迪夫莱－帕基耶
André Marie Jean Jacques Dupin	安德烈·马里耶·让·雅克·迪潘
Alfred de Musset	阿尔弗雷·德·缪塞
Désiré Nisard	德西雷·尼扎尔
Palmyre	帕尔米尔
Fanny	法妮
Seraphine	塞拉芬
Trappes	特拉佩
Delaporte	德拉波特
Cogniard	科尼亚尔
Avril	阿夫里尔
Aspasia	阿斯帕西亚
Alcibiades	阿尔西比亚德斯
Clytia	克丽蒂亚
Satan	撒旦
Saint Theresa	圣德肋撒
Messalina	麦瑟琳娜
Schinderhannes	施德汉纳斯

Poulailler	普拉勒
Astarte	阿斯塔蒂
Vouglans	沃格朗斯
Parent-Duchâtelet	帕伦特－沙特莱帕朗
Longus	朗格斯
Arnaud Berquin	阿诺德·贝尔坎
The Forest of Bondy	邦迪森林
Daphnis	达佛涅斯
Chloe	克洛伊
Saint Martin Canal	圣马丁运河
Tender	腾特河
Lignon	利尼翁河
Poulmann	鲍尔曼
Papavoine	帕巴维
Goton	戈顿
Rambouillet Palace	朗布依埃城堡
Hôpital de la Salpêtrière	硝石库慈善医院
Francesco Petrarch	弗兰齐斯科·彼特拉克
Manon	玛农
Cartouche	卡图什
Everallin	埃弗拉林
Fingal	芬戈尔
Clamart	克拉马尔
Tartarus	塔耳塔洛斯
Avernus	阿韦努斯
Nini Lassive	尼尼·拉什蒂
Fiesehi	菲塞希
Vesta	维斯塔
Toinon	图瓦农
Olympia	奥林匹亚
Imperia	因佩里亚
Thomasse-la-Maraude	托马斯－拉－马劳德
Saint Alphonse	圣阿方萨斯

Bicêtre Hospita	比塞特收容所
La Force Prison	拉福尔斯监狱
Madelonnettes	马德洛涅茨监狱
Malagutti	马拉古蒂
Ratta	拉塔
Isis	伊西斯
Juvisy	瑞维西
Louis Marie Baptiste Atthalin	路易·马里·巴蒂斯特·阿塔兰
Jean-de-Dieu Soult	让－德－迪乌·苏尔特
Cadiz	加的斯
Cortadura	科塔杜拉
Duke of Enghien	昂吉安公爵
Louis Antoine	路易·安托万
Denis-Auguste Affre	丹尼·奥古斯特·阿弗尔
Cardinal of Arras	阿拉斯的枢机主教
Hugues-Robert-Jean-Charles	于格－罗伯特－让－夏尔
Papal Nuncio	教廷大使
Dreux	德勒
Duke de Penthièvre	庞蒂耶夫尔公爵
Count de Beaujolais	博若莱公爵
Neuilly	讷伊
Maria Amalia	玛利亚·阿玛莉亚
Adélaïde d'Orléans	阿代拉伊德·德·奥尔良
Firmin-Rogier	菲尔明－罗吉耶
Duke de Brogue	布罗格公爵
Ferdinand de Lesseps	斐迪南·德·莱塞普
Comte d'Argout	阿古伯爵
Antoine Maurice Apollinaire	安托万·莫里斯·阿波里奈
Tangier	丹吉尔
Auteuil	奥特伊
Place d'Agueneau	阿盖诺广场
Baron de Mackau	马科男爵
Ange René Armand	安吉·勒内·阿尔芒

Prussian	普鲁士
Tahiti	塔希提岛
William IV	威廉四世
Duke of Clarence	克拉朗斯公爵
William Huskisson	威廉·赫斯基森
Jacobins'Club	雅各宾俱乐部
William Pitt	威廉·皮特
Coburg	科堡
Ibrahim Pasha	易卜拉欣帕夏
Charles V	查理五世
King of Morocco	摩洛哥国王
Prince Charles of Prussia	普鲁士亲王查理
Brussels	布鲁塞尔
Algeria	阿尔及利亚
Duke of Nemours	内穆尔公爵
Prince Louis	路易亲王
Pritchard	普里查德
Maximilien Robespierre	马克西米利安·罗伯斯庇尔
Poissy	普瓦西
Mignot	米格诺
Louviers	卢维耶
Decréteau	德克雷托
Jérôme Pétion de Villeneuve	热罗姆·佩蒂翁·德·维伦纽夫
Comte de Mirabeau	米拉博伯爵
Honoré Gabriel Riqueti	奥诺雷·加布里埃尔·里奎蒂
Noël Lefebvre-Duruflé	诺埃尔·勒菲弗－迪吕夫勒
Ferdinand Philippe	斐迪南·腓力
Joseph Merilhou	约瑟夫·梅里卢
Jacques-Charles Dupont de l'Eure	雅克－夏尔·杜邦·德·勒尔
Prince of Joinville	茹安维尔亲王
François d'Orléans	弗朗索瓦·德·奥尔良
Antoine Duke of Montpensier	蒙庞西耶公爵安托万
Duke of Aumale	奥马勒公爵

Henri d'Orléans	亨利·德·奥尔良
Austerlitz	奥斯特利茨
Friedland	弗里德兰
Mme de Dolokieu	多洛基夫人
Mme de Chanaleille	查纳莱尔斯夫人
María Luisa Fernanda	玛丽亚·路易莎·费尔南达
Anatole de Montesquiou	阿纳托尔·德·蒙太斯奎
Frédéric de Lagrange	弗雷德里克·德·拉格朗日
Baron Pedre Lacaze	佩德雷·拉卡兹男爵
Viscount Louis-Eugène Cavaignac	路易-尤金·卡韦尼亚克子爵
Marquis De Raigecourt	雷格库尔侯爵
Duke of Trévise	特于斯公爵
Édouard Mortier	爱德华·莫尔捷
Comte de Pontecoulant	蓬特库朗伯爵
Louis Gustave le Doulcet	路易·古斯塔夫·勒·杜尔塞
Marquis de Laplace	拉普拉斯侯爵
President Boyer	布瓦耶院长
Félix Barthe	费利克斯·巴尔特
Baron d'Oberlin	欧柏林男爵
Duck de Fesenzac	费岑萨克公爵
Charles Forbes René de Montalembert	夏尔·福布斯·勒内·德·蒙塔朗贝尔
Naples	那不勒斯
Baron Thenard	泰纳尔男爵
Fulchiron	福尔凯龙
Adolphe Nourrit	阿道夫·努里特
Baron Charles Dupin	夏尔·迪潘男爵
Polyeucte	《波利耶克特》
Glück	格吕克
Mozart	莫扎特
Neapolitans	那不勒斯人
Gilbert Duprez	吉尔伯特·杜普雷
Marquis de Boissy	布瓦西侯爵
Comte de Ségur	西格尔伯爵

Louis Philippe	路易·菲利普
Louis Emmanuel Dupaty	路易·纽曼努尔·迪帕蒂
Baron Feutrier	弗特里耶男爵
Antoine Français de Nantes	安托万·弗朗西斯·德·南特
Princess Françoise of Orléans	奥尔良的弗朗索瓦公主
Louis Philippe d'Orleans	路易·腓力·德·奥尔良
Duke Philipp of Württemberg	符腾堡腓力公爵
Princess Marie of Orléans	奥尔良的玛丽公主
Duchess Helene of Mecklenburg-Schwerin	梅克伦堡－施韦林公爵夫人海伦娜
Michel Ney	米歇尔·内伊
Duke of Elchingen	埃尔兴根公爵
Chiquette	奇凯特
Chicarde	奇卡德
Liadères	利亚德雷斯
Luisa Fernanda	路易莎·费尔南达
Leopold I	利奥波德一世
Madrid	马德里
Saint Cloud	圣克卢
La Closerie des Genêts	《金雀花龙骑士》
Mario	马里奥
Tagliafico	塔利亚菲科
Gaetano Donizetti	葛塔诺·多尼采蒂
The Elixir of Love	《爱情灵药》
Giorgio Ronconi	乔治·龙科尼
Dulcamara	杜尔卡马拉
Luigi Lablache	路易吉·拉布拉什
Alfred-Auguste Cuvillier-Fleury	阿尔佛雷德－奥古斯特·古维列－弗勒里
Count Dutaillis	迪塔伊伯爵
Monaco	摩纳哥
Trenitz	特伦茨
Wagram	瓦格拉姆
Order of the Golden Fleece	金羊毛骑士勋章
Carlotta Grisi	卡洛塔·格里西

Corbari	科尔巴里
Aubert	奥贝尔
Gioachino Rossini	焦阿基诺·罗西尼
Pavilion de Marsan	马尔桑馆
Duke de Brogue	布罗格公爵
Count Mole	莫尔伯爵
Théophile Gautier	泰奥菲勒·戈蒂埃
Les Burgraves	《老顽固》
Courbevoie	库尔布瓦
Adele Protat	阿黛尔·普罗塔
Rue de Tournon	图尔农街
Charles Nicolas Fabvier	夏尔·尼古拉·法维耶
Grenoble	格勒诺布尔
Restoration	复辟王朝
Charles Lallemand	弗朗索瓦·拉勒芒
Jean-François Allard	让-弗朗索瓦·阿拉尔
Vannova	万诺瓦
Achilles	阿喀琉斯
Ajax	埃阿斯
Némorin	内莫兰
De Pontécoulant	德·蓬泰库朗
De Chastellux	德·沙特吕
Franck-Carré	弗兰克-卡雷
Emile de Girardin	埃米尔·德·吉拉尔丹
Count of Montalivet	蒙塔利韦伯爵
Marthe Camille Bachasson	马特·卡米耶·巴哈松
Louis-Mathieu Mole	路易-马蒂厄·莫尔
Count de Mareuil	马勒伊伯爵
Aprospectus for champagne	《香槟暮股计划书》
Edmond d'Alton-Shée de Lignières	埃德蒙·德阿尔顿-希
Convention	国民公会
Rue de Lille	里尔街
Rue Bellechasse	柏歇斯街

Charles Francois de Rémusat	夏尔·弗朗索瓦·德·雷米萨
Vivien	维维安
Merruau	梅鲁乌
Franc d'Houdetot	弗兰克·德·乌德托
De Lagrenée	德·拉格勒内
Armand Marrast	阿尔芒·马拉斯特
Vignier	维尼耶
Ministry of Marine	海军部
Prévot	布雷沃
Rond-point	圆形广场
Municipal Guards	市政警卫
Napoleon Duchatel	拿破仑·迪沙泰尔
Antoine Eugène de Genoude	安托万·尤金·德·热努德
Salandrouze	萨兰德鲁泽
Progressists	进步主义者
Louis-Auguste Blanqui	路易·奥古斯特·布朗基
Gourgaud	古尔戈
Bank of Bordeaux	波尔多银行
Sauzet	索泽
De Belleyme	德·贝莱梅
Chambolle	尚博勒
Rue Saint Florentin	圣弗洛朗坦路
Princess de Liéven	利埃旺公主
De Talhouët	德塔霍特
Duchâtel	迪沙特
Etienne Arago	艾蒂安·阿拉戈
Rue Beaubourg	波堡街
Rue Saint Avoye	圣阿瓦街
Rue Saint Honoré	圣奥诺雷大道
Marché Saint Honoré	圣奥诺雷百货大楼
Carrousel	卡鲁塞尔
Jules Sandeau	朱尔斯·桑多
Quai de la Ferraille	费拉耶码头

Antony Thouret	安托万·图雷
Hotel de Ville	市政厅
Rue Rambuteau	朗比托路
Temple Quarter	坦普尔区
Mole Ministry	莫尔内阁
Place Royale	皇家广场
Column of July	七月柱
Faubourg Saint Antoine	圣安托万郊区
Marais	马雷区
Boulevard Bourdon	布尔登大道
Rue Saint Antoine	圣安托万路
Beaumarchais Theatre	博马舍剧院
Rue Saint Louis	圣路易路
Boulevard des Capucines	嘉布遣大道
Ernest Moreau	埃内斯特·莫罗
Rue Sainte Croix de la Bretonnerie	布列塔尼圣十字街
Reuilly Barracks	勒伊利兵营
Minimes Barracks	米尼姆兵营
General council	总理事会
Thomas Robert Bugeaud	托马斯·罗伯特·比若
Vincennes	万塞讷
Claude-Philibert Barthelot	劳德－菲利贝尔·贝特洛
Minister of the Interior	内政部部长
Quai de la Mégisserie	梅吉瑟里码头
Place du Carrousel	卡鲁索广场
Rue Saint Thomas du Louvre	卢浮宫圣托马斯街
Quai de la Monnaie	莫奈埃码头
Launaye	劳纳伊
Rue du Pas de la Mule	帕斯德拉穆勒街
Boulevard Beaumarchais	博马舍大道
Girondins	吉伦特派
Die for the fatherland!	《为祖国献身！》
Queen Victoria	维多利亚女王

History of the Girondins	《吉伦特派史》
National	《国民报》
Bastide	巴斯蒂德
Marion de Lorme	《玛丽昂·德·洛尔姆》
Didier	迪迪埃
Bocage	博卡热
Duke of Chartres	沙特尔公爵
Prince Robert	罗伯特亲王
Adolphe Crémieux	阿道夫·克雷米厄
Revolutionary Assembly	革命大会
Alexandre Auguste Ledru-Rollin	亚历山大·奥古斯特·德鲁-罗兰
Jacques-Charles Dupont de l'Eure	雅克-夏尔·杜邦·德·拉厄尔
Etienne Joseph Louis Garnier-Pages	艾蒂安·约瑟夫·路易·加尼耶-帕热斯
Republican Government	共和制政府
Proelucent clarius astris	"克雷利乌斯·阿斯特里斯"号
Ville de Paris	巴黎市
Marseillaise	《马赛曲》
Paul Meurice	保罗·默里斯
François-Désiré Froment-Meurice	弗朗索瓦-德西雷·夫劳门特-默里斯
David d'Angers	大卫·德昂热
Louis Blanc	路易·勃朗
Place de Grève	格里夫广场
Salle Saint Jean	圣约翰堂
Auguste Vacquerie	奥古斯特·瓦克里
Duke of Decazes and Glücksburg	迪卡泽斯和格拉克斯堡公爵
Élie-Louis	埃利-路易
Luxembourg	卢森堡
Faubourg Saint Jacques	圣雅克近郊
Rue Verneuil	维诺尼尔街
Hotel des Capucines	卡普辛官邸
Rue de Bourgogne	勃艮第大道
Rue Hillerin-Bertin	希勒林-贝尔坦路
Northern Railway	北方铁路公司

Lille	里尔
Ostend	奥斯坦德
Boulogne	布伦港
Durand Saint-Amand	杜兰·圣-阿芒
Théodore Gudin	西奥多·居丹
De Gérante	德·杰兰特
Scribe	斯克里布
Denormandie	德诺尔芒迪
Louis Hersent	路易·埃尔桑
Philippe Egalité	腓力·埃加利特
Westphalia	威斯特伐利亚
Jerome I	热罗姆一世
Governor of the Invalides	荣军院院长
Rue d'Alger	阿尔格大街
Iron Crown	铁皇冠
Order of Westphalia	威斯特伐利亚勋章
Henri Georges Boulay de la Meurthe	亨利·乔治·布莱·德·拉·莫瑞
Alexandre Dumas	亚历山大·大仲马
Princess Mathilde Bonaparte Demidoff	玛蒂尔德·波拿巴·德米多夫公主
Quai des Tuileries	杜伊勒里码头
Pavillon de Flore	弗洛尔殿
Porte Saint Denis	圣丹尼门
Place Baudoyer	波多耶广场
Laripaud	拉里波德
Rue des Tournelles	图尼尔街
Belley	贝莱
Cul-de-sac Guéménée	古埃梅涅胡同
Martignon	马尔蒂尼翁
Charras	沙尔拉
François Négrier	弗朗索瓦·内格里耶
Rue Chauchat	肖夏街
Galiote	加利奥特
Rue du Pont-aux-Choux	白菜桥街

Boulevard du Temple	圣殿大道
Théâtre de la Gaîté Montparnasse	蒙帕纳斯喜剧剧院
Rue d'Angoulême	昂古莱姆路
Château des Flours	弗洛城堡
Edouard Bertin	爱德华·贝尔坦
National Assembly	国民议会
Rue du Bac	巴克街
De Preuille	德·普雷耶
Henry V	亨利五世
Jean de Berri	让·德·贝里
Pilorge	皮洛尔热
Marie Thérèse Infirmary	玛丽·特蕾莎收容所
Saint Malo	圣马洛
Rue Saint Dominique	圣多米尼克街
Jules Favre	朱尔斯·法夫尔
Charles Coquerel	夏尔·科克雷尔
Bishop of Quimper	坎佩尔主教
Jules Barthélemy-Saint-Hilaire	朱尔斯·巴泰勒米－圣伊莱尔
Salle Voisin	萨莱·瓦赞
Pierre Leroux	皮埃尔·勒鲁
Mountain	山岳党
Rue Taitbout	泰部街
Rue de Poitiers	普瓦提埃街
Landrin	德林
Flandrin	弗朗德林
Jardin d'Hiver	冬季花园
Victor Schoelcher	维克多·舍尔歇
Louisy Mathieu	路易西·马蒂厄
Aristo	《贵族》
Brea	布雷亚
Lenclume	伦克卢
Laclef	莱克莱
Fort of Vanve	旺夫堡

Nourry	努里
Bicetre Hospital	比塞特医院
Chopart	肖帕尔
Abbey of Vanves	旺夫修道院
Châtillon	沙蒂永
Marie-Dominique-Auguste Sibour	马里-多米尼克-奥古斯特·西博尔
Cresson	克勒松
Prefect of Police	警务局长
Rue des Marais Saint Martin	马莱圣马丁街
The Devil's Violin	《魔鬼的小提琴》
Larabit	拉蜡比
Barrière de Fontainebleau	枫丹白露堡垒
François-Vincent Raspail	弗朗索瓦-文森·拉斯帕伊
Armand Barbès	阿尔芒·巴贝
Antonin-Marie Moine	安托南-马里·穆瓦纳
Rue de Boursault	布尔索尔街
Rue Labruyèreat	拉布吕埃街
Leon Faucher	莱昂·福谢
Jean Goujon	让·古戎
Pierre Puget	皮埃尔·皮热
Milo of Crotona	《克罗托那的米罗》
Pompey	庞培
Julius Caesar	盖乌斯·恺撒
Gobelin	戈布兰
Corinthian	科林斯柱式
Saint Anne	圣安妮
Pierre-Antoine Berryer	老皮埃尔-安托万·贝里耶
Odilon Barrot	罗迪隆·巴罗
Jules Armand Dufaure	朱尔斯·阿尔芒·迪福尔
Saintes	桑特
Nicolas Anne Théodule Changarnier	尼古拉·阿内·忒阿杜勒·尚加尼耶
Charles Brifaut	夏尔·贝里夫
Franc-Comtois	弗朗什-孔泰

Emmanuel Arago	伊曼纽尔·阿拉戈
Pierre-François Savatier-Laroche	皮埃尔－弗朗索瓦·萨瓦捷－拉罗什
Henri Georges Boulay de la Meurthe	亨利·乔治·布莱·德·拉·默尔特
Gaulish	高卢人
Jean-Baptiste Baudin	让－巴蒂斯特·博丹
Jules Barthélemy-Saint-Hilaire	朱尔斯·巴泰勒米－圣－希莱尔
Pierre-Ange Vieillard	皮埃尔－昂热·维埃亚尔
Léonor-Joseph Havin	莱奥诺·约瑟夫－哈温
Perrin	佩兰
Jérôme-Napoléon Bonaparte	热罗姆－拿破仑·波拿巴
Sarrans	萨尔朗
Bougival	布吉瓦尔
Alexis de Tocquevillede	亚历西斯·德·托克维尔
Jacques Pierre Abbatucci	雅克·皮埃尔·阿巴图奇
Austerlitz	奥斯特利茨
Palais d'Orsay	奥尔赛宫
Bonapartist	波拿巴主义者
Royal Printing Office	皇家印刷局
State Printing Office	国家印刷局
Bureau de Puzy	比胡·德·普齐
Jean-Jacques Fayet	让－雅克·法耶
Bishop of Langres	朗格勒主教
René Waldeck-Rousseau	勒内·瓦尔德克－卢梭
Lebreton	勒布勒东
Printing Office Bill	《印刷局法案》
Rue de la Tour d'Auvergne	图尔德奥弗涅街
duc de Persigny	珀西尼公爵
Jean Gilbert Victor Fialin	吉恩·吉尔伯特·维克多·菲亚林
Corsica	科西嘉岛
Antoine Pugliesi-Conti	安托万·普格列西－孔蒂
Household of the President	总统之家
Praslin	普拉兰
Mary Stuart listening to Rizzio	《玛丽·斯图尔特听里齐奥唱曲》

Hallays-Coëtquen	哈雷-科阿特冈
Prince de la Moskowa	莫斯科亲王
Napoléon Joseph Ney	拿破仑·约瑟夫·奈伊
Joseph Marcellin Rulhières	约瑟夫·马塞兰·卢利耶尔
Lucien Murat	吕西安·缪拉
Priere de la "Muette"	《为"穆埃特"祈祷》
Final de "Robert Bruce"	《"罗贝尔·布鲁斯"的最后乐章》
Marche Republicaine	《共和国进行曲》
"La Victoire,"Pas Redoublé	《"胜利"快步曲》
Château de Malmaison	马尔迈松城堡
Marie-Christine	玛丽-克里斯蒂娜
Charles Duclerc	夏尔·迪克莱尔
Marquess of Normanby	诺曼比侯爵
George Phipps	乔治·菲普斯
Place Saint Georges	圣乔治广场
Prince Albert	阿尔伯特亲王
Adolphe Billault	阿道夫·比约
Nicolas Carteret	尼古拉·卡尔特雷
Ems	埃姆斯
Constituent Assembly	立宪会议
On Democracy in France	《论法兰西的民主》
Pope Pius IX	教皇庇护九世
Gaete	耶德
L'Auberge des Adrets	《阿德雷旅馆》
Toussaint L'Ouverture	《杜桑·卢维杜尔》
Vienna	维也纳
Milan	米兰
Berlin	柏林
Frederick William IV	腓特烈·威廉四世
Nicholas I	尼古拉一世
Fécamp	费康
Hortense de Beauharnais	奥坦丝·德·博阿尔内
Alexis Guignard	亚历克西斯·吉尼亚尔

Place des Vosges	孚日广场
Pierre-Jean de Beranger	皮埃尔-让·德·贝朗热
Théâtre Français	法兰西剧院
Adrienne Lecouvreur	《阿德里安娜·莱科芙勒尔》
Achille Fould	阿希尔·富尔德
Rue d'Alger	阿尔及尔街
Achille Proust	阿希尔·普鲁斯特
Frédéric Auguste Bartholdi	弗雷德里·奥古斯特·巴托尔迪
Virton	维尔通
Carignan	卡里尼昂
Sedan	色当
Wilhelm I	威廉一世
Sarrebrück	萨雷布吕克
Napoleon III	拿破仑三世
François Hugo	弗朗西斯·雨果
Léon Gambetta	莱昂·甘贝塔
Barbieux	巴尔比厄
Tergnier	泰尔涅
Avenue Frochot	弗罗绍大道
Chant du Depart	《出征曲》
Rue Laval	拉瓦尔街
Rue Navarin	纳瓦林街
Baudin	博丹
Théodore Faullain de Banville	西奥多·福兰·德·邦维尔
Letter to the Germans	《致德意志人的信》
Gustave Paul Cluseret	古斯塔夫·保罗·克吕瑟雷
Le Rappel	《呼声报》
Montfort	蒙福尔
Captain Feval	费韦尔上尉
Louis Ulbach	路易·于尔巴克
Strasburg	斯特拉斯堡
Henri Cernuschi	亨利·塞努斯基
Wickham Hoffman	威克姆·霍夫曼

Elihu Benjamin Washburne	伊莱休·本杰明·沃什伯恩
Guernsey	根西
Société des Gens de Lettres	法兰西文学协会
Jules Simon	朱尔斯·西蒙
Colonel Piré	皮尔上校
Lausanne	洛桑
Peace Congress	和平大会
Appeal to Frenchmen	《向法兰西人呼吁》
Montmartre	蒙马特区
Jeanne	让娜
Hotel Navarin	纳瓦林旅馆
Rue de Rivoli	里沃利街
Jules Ferry	朱尔斯·费里
Victor Bois	维克多·博伊斯
Nadar	纳达尔
John M.Read	约翰·M.里德
Ambrose Burnside	安布罗斯·彭希德
Versailles	凡尔赛宫
Boulevard de Clichy	克利希大道
Saint Denis	圣丹尼
Tour Saint Jacques	圣雅克塔
Louise Colet	路易丝·科利特
Normandy	诺曼底
Ernest Picard	埃内斯特·毕加尔
Epineuse	埃皮纳斯
Les Châtiments	《惩罚集》
Journal Officiel	《政府公报》
Georges Pallain	乔治·帕兰
Château of Saint Cloud	圣克卢城堡
Emile Allix	埃米尔·阿利克斯
Montrouge	蒙鲁日
Battle of Jena-Auerstedt	耶拿–奥厄施泰特战役
Boulevard Haussmann	奥斯曼大道

Havre	勒阿弗尔
Siècle	《世纪报》
Antoine Félix Mathé	安托万·菲利克斯·马泰
Gambon	冈邦
Krupp	克虏伯炮
Lieutenant Maréchal	马雷夏尔中尉
Mariette	马里耶特
Clémence	克莱芒丝
Otto von Bismarck	奥托·冯·俾斯麦
Edouard Thierry	爱德华·蒂埃里
Stella	《斯泰拉》
Charles Floquet	夏尔·弗洛凯
Mont Valérien	瓦勒里昂山
Mont Strasbourg	蒙特斯特拉斯堡
Adolphe Le Flô	阿道夫·勒·弗洛
Rostan	罗斯坦
Pavilion de Rohan	罗汉馆
Edgar Quinet	埃德加·基内
Farcy	法尔西
Rue de la Chaise	谢兹街
Jules Breton	朱尔斯·布雷东
Lafontaine	拉方丹
Favart	法瓦尔
L'Expiation	《赎罪》
Metz	梅茨
François Achille Bazaine	弗朗索瓦·阿基利·巴赞
Raphael Felix	拉斐尔·费利克斯
Gustave Chaudey	古斯塔夫·肖代
Philibert Audebrand	菲利伯特·奥德布兰
Émile Flourens	埃米尔·弗卢朗
Louis Charles Delescluze	路易·夏尔·德莱克吕兹
Louis-Jules Trochu	路易-朱尔斯·特罗许
Lia Felix	莉娅·费利克斯

Duguéret	迪格雷
Prosper Mérimée	普罗斯佩·梅里美
Cannes	戛纳
Pont des Tuileries	杜伊勒里桥
Cail works	卡伊军工厂
Pauline Roland	《波林·罗兰》
Maubart	莫巴特
Taillade	塔亚德
Lacressonnière	拉塞桑尼尔
Charly	沙利
Rousseil	鲁塞伊
Marion de Lorme	《玛莉昂·德·洛麦》
François-Louis Crosnier	弗朗索瓦－路易·克罗尼耶
Louis d'Aurelle de Paladines	路易·德奥雷勒·帕拉丁
Arsène Houssaye	阿尔塞纳·何塞
Henry Houssaye	亨利·何塞
Valois	瓦卢瓦
Pierre Veron	皮埃尔·韦龙
Honoré Daumier	奥诺雷·杜米埃
Pierre Jules Baroche	皮埃尔·朱尔斯·巴罗什
Caen	卡昂
Les Pauvres Gens	《穷人》
Sarah Bernhardt	萨拉·贝纳尔
Louis Veuillot	路易·弗约
Les Contemplations	《沉思集》
La Légende des Siècles	《历代传说》
Booz Endormie	《睡着的博兹》
Doña Sol	索尔
De Flavigny	德·弗拉维尼
Sacer Esto	《圣埃斯托》
Tony Révillon	托尼·德雷维翁
Ulysses S.Grant	尤利西斯·S.格兰特
Noel Parfait	诺埃尔·帕尔费

Jardin des Plantes	巴黎植物园
Ducros	迪克罗
Marne	马恩河
Rue de Richelieu	黎塞留路
Laroncière	拉龙西埃
Joseph Vinoy	约瑟夫·维洛尼
Courbevoie	库尔布瓦
Gennevilliers Peninsula	热讷维耶半岛
Bougival	布吉瓦尔
Montédy	蒙特迪
Eugène Pelletan	尤金·佩尔坦
Camille Pelletan	卡米耶·佩尔坦
Louise Michel	路易丝·米歇尔
Benoît-Constant Coquelin	伯诺瓦-康斯坦德·科克兰
Pigalle	皮卡勒
Victor Henri Rochefort	维克多·亨利·罗什福尔
Dorian	多里安
Montargis	蒙塔日
Pierre Renault	皮埃尔·雷诺
François Coppée	弗朗索瓦·科佩
Charles Asselineau	夏尔·阿瑟利诺
Floréal	《花月》
L'Egout de Rome	《罗马的堕落》
La Patrie en Danger	《祖国在危急中》
Maurice Lachâtre	莫里斯·拉沙特
Dictionary	《词典》
The History of the Revolution	《革命史》
Bondes	邦德斯
Times	《泰晤士报》
Créteil	克雷泰伊
Leipsic	莱比锡
Francisco Goya	弗朗西斯科·戈雅
Disasters of War	《战争的灾难》

译名对照表 | *359*

Philippe Burty	菲利普·布尔蒂
Pelleport	佩尔波尔
Mazas Prison	马扎监狱
Electeur Libre	《自由报》
Pierre-Jules Hetzel	皮埃尔－朱尔斯·谢策尔
La Garde nationale mobile	流动国民卫队
Breton	布雷顿
Léopold Armand Hugo	利奥波德·阿尔芒·雨果
Edmond Adam	埃德蒙·亚当
Louis Jourdan	路易·茹尔当
Spandau	施潘道
Grands Magasins du Louvre	卢浮宫百货公司
Le Genissel	勒·热尼塞尔
Louis Koch	路易·科赫
Delphine Ugalde	德尔菲娜·乌加德
Patria	《祖国》
Rue de Chabanais	沙巴奈路
Dieppe	迪耶普
Puys	普伊斯
Blum	布卢姆
Fort of Rosny	罗尼堡
Marquis de Ségur	塞居尔侯爵
Anatole Henri Philippe	阿纳托尔·亨利·菲利普
François Mignet	弗朗索瓦·米涅
Joseph Othenin Bernard de Cléron	约瑟夫·奥索宁·伯纳德·德·克莱伦
Ernest Legouvé	欧内斯特·勒古韦
Henri Auguste Barbier	亨利·奥古斯特·巴尔比耶
Ludovic Vitet	吕多维克·维泰
Paul de Saint Victor	保罗·德·圣维克多
Georges Clémenceau	乔治·克莱蒙梭
Rouen	鲁昂
Dijon	第戎